21世纪高等职业教育精品教材·工商管理类

企业文化基础

（第四版）

丁雯 编著

东北财经大学出版社
Dongbei University of Finance & Economics Press

大连

图书在版编目（CIP）数据

企业文化基础 / 丁雯编著. —4版. —大连：东北财经大学出版社，2021.2
（2022.7重印）

（21世纪高等职业教育精品教材·工商管理类）
ISBN 978-7-5654-4107-3

Ⅰ．企…　Ⅱ．丁…　Ⅲ．企业文化-高等职业教育-教材　Ⅳ．F272-05

中国版本图书馆CIP数据核字（2021）第027827号

东北财经大学出版社出版
（大连市黑石礁尖山街217号　邮政编码　116025）
网　　址：http：//www.dufep.cn
读者信箱：dufep@dufe.edu.cn
大连市东晟印刷有限公司印刷　　东北财经大学出版社发行

幅面尺寸：185mm×260mm　　字数：286千字　　印张：13.5
2021年2月第4版　　2022年7月第3次印刷

责任编辑：郭海雷　　责任校对：石建华　刘东威　魏　巍
封面设计：张智波　　版式设计：冀贵收

定价：33.00元

教学支持　售后服务　　联系电话：（0411）84710309
版权所有　侵权必究　　举报电话：（0411）84710523
如有印装质量问题，请联系营销部：（0411）84710711

第四版前言

习近平总书记在党的十九大报告中明确指出："文化是一个国家、一个民族的灵魂。文化兴国运兴，文化强民族强。没有高度的文化自信，没有文化的繁荣兴盛，就没有中华民族伟大复兴。要坚持中国特色社会主义文化发展道路，激发全民族文化创新创造活力，建设社会主义文化强国。"

企业文化与国家文化、民族文化有着千丝万缕的联系，它是企业的灵魂，是推动企业发展的不竭动力，在企业的经营管理中发挥着越来越重要的作用。站在2020年这个具有重要里程碑意义的时间节点上，我们深刻反思"在抗击新冠肺炎疫情的大背景下，如何通过文化建设让企业全员凝心聚力、共克时艰"，高质量完成了本次修订工作。与第三版教材相比，第四版教材的特点主要体现在以下几个方面：

1. 选取本土企业文化建设典型成果案例，体现文化自信。文化自信是一个国家发展进步的不竭源泉，是一个民族最动人的精神底色，是一个国家、一个民族发展中更基本、更深沉、更持久的力量。文化自信已成为时代命题。本教材所选案例大量来自来国内企业，体现了中国文化与企业管理的深度融合。

2. 融入中国特色社会主义理想信念、价值理念、道德观念，抓住课程思政建设的核心。通过融入典型案例和榜样人物先进事迹，深入挖掘课程建设过程中蕴含的思政元素，真正激发学生的爱国情、强国志、报国行，落实立德树人的根本任务，令青春校园迸发新活力，让芸芸学子展现新气象。

3. 追踪新发展、新变化，体现企业文化建设新趋势。时代在发展，企业所处环境已发生翻天覆地的变化，企业文化建设从使命到愿景，从核心价值观到文化传播方式等都发生了巨大改变。为此，第四版教材与时俱进地进行了全面修订。

4. 微调内容构架，篇幅更简明。本次修订调整了项目六和项目七的内容架构，整合了其中部分单元的内容，使理论知识点与案例结合更加紧密、实用，符合企业文化建设由浅入深、由易到难的工作流程。

本教材第四版由丁雯修改定稿。为方便教学，本教材配套了PPT电子教学课件，任课教师可登录东北财经大学出版社网站（www.dufep.cn）免费下载使用。

在本教材修订过程中，得到了许多学校教师和东北财经大学出版社编辑的支持与帮助，在此向他们表示诚挚的谢意。由于时间和水平所限，教材中难免有疏漏和不妥之处，欢迎各位同行、读者批评指正。

丁雯

2020年12月于广州番禺职业技术学院

Contents

目录

企业文化入门

【学习目标】

＊知识目标：

1.理解企业文化的内涵和不同类型企业文化的特征；

2.掌握企业文化的构成要素、企业文化的功能；

3.了解中国企业文化的兴起和发展；

4.熟悉企业文化建设模式和步骤。

＊技能目标：

能够运用所学的知识理解并解释一些企业文化现象。

引例

被红包带红的微信支付

微信红包是腾讯旗下产品微信推出的一款应用，作为后起之秀，现在它与支付宝在移动支付市场上实现了两分天下。那么，微信的红包又是怎么红起来的呢？它就是利用春晚和逢年过节时发红包的传统习俗来推广自己而崛起的。微信在春晚时让大家养成了用手机发红包的习惯，一夜之间便树立起微信支付这个强大品牌。

在腾讯推出微信红包前，人们大多使用支付宝，但用专业人士的话说，微信红包当时几乎仅用了两天的时间，就做了支付宝8年才干成的事！

微信红包是基于"过年过节发红包的习俗"这个强大的文化原型得以快速传播并发展壮大起来的。红包自古有之，但以前都是当面发红包，而微信红包更方便，可以直接连线很多人，更重要的是赢在一个"抢"字，吸引大众来应用。

资料来源　王思翰.强大原型：有文化的品牌更强大［M］.北京：中华工商联合出版社，2020.

这一案例表明：企业文化能够产生绩效，不仅取决于文化本身，还取决于对文化的管理，没有文化管理，就不可能真正实现企业文化的落地。

单元一　企业文化的内涵 ////////......

　　管理是一种社会职能，与文化有关。美国管理学家彼得·德鲁克曾经指出：管理以文化为基础。管理企业的有效方法是通过文化的暗示微妙地进行的。

一、文化的内涵

　　"文化"一词最早指培养、种植、栽培或耕种，以后引申出文雅、修养、高尚的含义。文化首先是用来指"心灵的某种状态或习惯"，与人类完善的思想具有密切的关系。到19世纪末，文化开始意指"一种物质上、知识上和精神上的整体生活方式"。著名人类学学者泰勒这样给文化下定义："文化或者文明就是由作为社会成员的人所获得的，包括知识、信念、艺术、道德法则、法律、风俗以及其他能力和习惯的复杂整体。"

　　中国最早"文化"的概念是"文治和教化"的意思。就词源而言，汉语"文化"一词最早出现于刘向《说苑·指武》："圣人之治天下也，先文德而后武力。凡武之兴为不服也。文化不改，然后加诛。"在古汉语中，文化就是以伦理道德教导世人，使人"发乎情止乎礼"的意思。

　　从广义上来讲，文化是人类在社会历史发展过程中所创造的物质和精神财富的总和。它包括物质文化、制度文化和心理文化三个方面。物质文化是指人类创造的种种物质文明，包括交通工具、服饰、日常用品等，是一种可见的显性文化；制度文化和心理文化分别指生活制度、家庭制度、社会制度以及思维方式、宗教信仰、审美情趣等，它们属于不可见的隐性文化，包括文学、哲学、政治等方面内容。狭义的文化是指人们普遍的社会习惯，如衣食住行、风俗习惯、生活方式、行为规范等。

企业文化专栏1-1

　　海尔集团董事局主席张瑞敏将中华民族的优秀文化运用于企业经营管理，他说："《老子》帮助我确立企业经营发展的大局观；《论语》培育我威武不能屈，贫贱不能移，勇于进取，刚健有为的浩然正气；《孙子》帮助我形成具体的管理方法和企业竞争谋略。"张瑞敏早年醉心于我国的传统文化，这给他创业提供了重要的精神支持。

二、企业文化的含义

　　透过上面文化的内涵，我们不难想象一个企业要实现自身的发展、达成既定的目标，首先就要建立和完善一个与社会各个领域相符合和贯通的文化系统平台，这就是企业文化。

　　企业文化是一个组织由其价值观、信念、仪式、符号、做事方法等组成的其特有的文化形象。

企业文化专栏1-2

华为总裁任正非说："物质资源终会枯竭，唯有文化才能生生不息。一个高新技术企业，不能没有文化，只有文化才能支撑它持续发展，华为的文化就是奋斗文化。"

海尔集团董事局主席张瑞敏说："企业发展的灵魂是企业文化，企业文化的核心是价值观，有什么样价值观，就有什么样的规章制度和行为规范，这又保证了物质文化的不断增长。"

阿里巴巴前董事局主席马云说："外界看我们，是阿里巴巴网站，是淘宝，但只有我们自己知道，我们的核心竞争力是我们的价值观。"企业文化和价值观正是阿里巴巴保持快速稳健发展的关键因素。

企业文化的概念最早出现于20世纪80年代初。美国哈佛大学教育研究院的教授特雷斯·迪尔和麦肯锡公司顾问阿伦·肯尼迪在长期的企业管理研究中积累了丰富的资料。他们在6个月的时间内集中对80家企业进行了详尽的调查，撰写了《企业文化——企业生存的习俗和礼仪》一书。该书一出版即成为畅销的管理学著作，入选20世纪80年代最具影响力的10本管理学专著排行榜。

三、优秀企业文化的特征

1. 以人为本

文化应以人为载体，人是文化生成与承载的第一要素，企业文化是一种以人为本的文化，着力于以文化因素去挖掘企业的潜力。企业文化中的人不仅仅是指企业家、管理者，也包括企业的全体员工。企业文化建设中要强调关心人、尊重人、理解人和信任人。只有企业的全体成员具备共同的价值观念、一致的奋斗目标，才能形成向心力，成为一个具有战斗力的整体，企业团体意识才能形成。

2. 表里一致

企业文化属于意识形态的范畴，但它又要通过企业或员工的行为和外部形态表现出来，这就容易形成表里不一致的现象。建设企业文化必须首先从员工的思想观念入手，树立正确的价值观念和哲学思想，在此基础上形成企业精神和企业形象等，防止搞形式主义、言行不一。形式主义不仅不能建设好企业文化，而且可能对企业文化的概念造成歪曲。

3. 注重个性

企业文化本来就是在组织发展的历史过程中形成的。每个企业都有自己的历史传统和经营特点，企业文化建设要充分利用这一点，建设具有自己特色的文化。企业拥有自己的特色，并且为顾客所公认，才能在企业之林中独树一帜，凸显竞争优势。

4. 不断创新

企业文化一旦形成，就具有在一定时期内的相对稳定性，但随着企业的发展以及企业生存环境的变化，企业文化也在不断发展。有一种说法叫"呈螺旋式上升"，这其实是一种理想状态下优秀的企业文化的发展态势。一个优秀的企业文化体系对外部因素以及新生文化因子都具有强大的吸收力、包容力与消化力。

3

案例分析 1-1

成立21周年，腾讯使命愿景再升级

2019年11月11日是腾讯21岁生日，腾讯正式宣布全面升级腾讯文化，发布了腾讯文化3.0。腾讯总办在内部邮件中指出，腾讯文化在传承历史的同时，开启了面向未来的全新进化。将"用户为本，科技向善"作为公司新的使命愿景，将"正直、进取、协作、创造"作为公司新的价值观。

从表面上看，腾讯将原来的企业愿景与使命进行了合并优化，文字更为精练；将原来的企业价值观"合作"升级为"协作"，"创新"升级为"创造"，对公司有了新的更高的价值指引与要求。内部邮件发出这样的呼吁：让文化融入我们的血液，成为一种自然的选择。向往它、认同它、落实它、坚守它，然后去传承它。

腾讯创立于1998年，2003年第一次发布公司使命与愿景，分别为"用户依赖的朋友、快乐活力的大学、领先的市场地位、值得尊重的合作伙伴、稳定和合理的利润"与"创一流的互联网企业"。2005年，腾讯发布第二个版本使命与愿景，即"通过互联网服务提升人类生活品质"与"最受尊敬的互联网企业"。

资料来源　华锐. 新时代中国企业文化［M］. 北京：企业管理出版社，2020.

问题：腾讯为什么把"用户为本，科技向善"作为企业新的使命愿景？

分析提示：在科技飞速发展的时代，人们在享受其带来的种种便利的同时，也不得不面临着互联网发展所产生的新问题，如信息爆炸、隐私安全问题等。腾讯提出来的"用户为本，科技向善"不仅为腾讯公司定下了发展愿景，也为未来互联网的发展指明了方向。

单元二　企业文化的构成要素

一、企业精神文化

企业精神文化是企业在生产经营中形成的一种企业意识和文化观念，是一种意识形态的深层企业文化。我们可以从三个方面来理解企业精神文化：①由企业的精神力量形成的一种文化优势；②由企业的文化心理积淀的一种群体意识；③企业文化中的核心文化。企业精神文化的主要内容包括：

1.企业哲学

企业哲学，即企业的经营哲学，是对企业全部行为的一种根本指导。企业哲学的根本问题是企业中人与物、人与经济规律的关系问题。企业哲学是企业最高层次的文化。

2.企业价值观

企业价值观是指企业及其员工的价值取向，是指企业在追求经营成功过程中所推崇的基本信念和奉行的准则。从哲学角度看，价值观是关于对象对主体有用性的一种观念。企业价值观是企业全体或多数员工一致赞同的关于企业意义的终极判断。企业

价值观是企业文化的核心。

3.企业精神

企业精神是现代意识与企业个性相结合的一种群体意识。现代意识是现代社会意识、市场意识、质量意识、信念意识、效益意识、文明意识、道德意识等汇集而成的一种综合意识。企业个性包括企业的价值观念、发展目标、服务方针和经营特色等。

4.企业道德

企业道德是调整企业之间、员工之间关系的行为规范的总和。它是一种内在的价值观念，一种企业意识。一方面，企业道德是企业经营管理理论与实践的必然产物；另一方面，从企业经营管理活动的特点来看，企业道德又是人们在实践中求生存、求发展的主体性的强烈表现。企业道德的一般本质是一种企业意识，而它的特殊本质则表现在其区别于其他企业意识的内在特质方面。

5.企业风貌

企业风貌是企业员工从事生产经营和处理相互之间关系时所表现出的外部行为特征，具体表现为企业风格、风气、传统和习惯等。一个企业是否具有良好的风貌，对企业员工的工作追求、干劲、凝聚力、创造力以及整体形象都有直接影响。

企业哲学、企业价值观、企业精神、企业道德、企业风貌是企业精神文化的主要内容，它们相辅相成、互相促进。其中，企业哲学是微观世界观和方法论，企业价值观是核心，企业精神是灵魂，企业道德是规范，企业风貌是氛围，这些要素共同构成了一个整体。

案例分析 1-2

稻盛哲学

稻盛哲学，是指稻盛和夫在长期的经营实践中总结出来的一套独特的哲学理念。

日本著名企业家稻盛和夫一生培育了两家世界500强企业，被誉为当代的松下幸之助。稻盛先生不仅是一位卓越的企业家，还是一位思想家，从企业家上升到思想家是其成功的根本。他的经营哲学可以用"敬天爱人"来概括，这让其他企业家深受启发。

所谓"敬天"，就是按事物的本性做事。这里的"天"是指客观规律，也就是事物的本性。他坚持以"将正确的事情用正确的方式贯彻到底"为准则，提出了十二条经营原则，这十二条都是事物的本性要求，按这些本性要求去做事，则无往而不胜。

所谓"爱人"，就是按人的本性做人。这里的"爱人"就是"利他"，也就是做人的基本出发点，利他者自利。要从"自我本位"转向"他人本位"，对于企业来说就是"利他经营"，这个"他"是指客户。只要为客户创造了价值，企业就可以从中分享价值。

资料来源　稻盛和夫.干法［M］.曹岫云，译.北京：机械工业出版社，2015.

问题：稻盛哲学的核心内容是什么？

分析提示：稻盛先生在各种艰难复杂的决策面前，始终坚持"作为人，何谓正确"这个根本的判断基准，"敬天爱人"就是稻盛哲学的原点。万"术"不如一"道"，公平、公正、正义、诚实、勇气、谦虚、博爱、勤奋等都是最根本的"道"。

二、企业制度文化

企业制度文化是企业在长期的生产、经营和管理实践中形成的一种文化特征和文化现象，是企业文化中人与物、人与企业运营制度的中介和结合，是一种约束企业和员工行为的规范性文化。企业制度文化强调的是在企业生产经营的活动中应建立一种广大员工能够自我管理、自我约束的制度与机制，这种制度与机制使广大员工的生产积极性和自觉能动性得以充分地发挥出来。

企业制度文化主要包括三个方面的内容，分别是企业领导体制、企业组织结构和企业管理制度。

1.企业领导体制

企业领导体制是企业领导方式、领导结构、领导制度的总称，其中主要是领导制度。在企业制度文化中，领导体制影响着企业组织结构的设置，制约着企业管理的各个方面。企业领导体制是企业制度文化的核心内容。一个好的领导体制，可使企业管理者形成一致的目标，在员工中产生较强的号召力和影响力。

2.企业组织结构

企业组织结构是指企业为了实现组织的目标，在组织理论的指导下，经过组织设计形成的组织内部各个部门、各个层次之间固定的排列方式，以及各部分之间的关系。不同的企业文化有着不同的组织结构。企业目标、内外部环境、员工素质、领导体制等都会对企业的组织结构产生影响。组织结构形式的选择，必须有利于企业目标的实现。

3.企业管理制度

企业管理制度是企业为实现目标，在生产经营管理实践活动中制定的各种带有强制性义务并能保障一定权利的各项规定或条例，包括企业的人事管理制度、生产管理制度、财务管理制度等。企业管理制度是实现企业目标的有力措施和手段。它作为员工行为规范的模式，能使员工个人的活动得以合理进行，同时又成为维护员工共同利益的一种强制手段。

企业领导体制的产生、发展、变化，是企业发展的必然结果，也是文化进步的产物。企业组织结构是企业文化的载体。企业管理制度是企业在进行生产经营管理时所制定的、起规范保障作用的各项规定或条例。

三、企业行为文化

企业行为文化即企业文化的行为层，是指企业员工在企业经营、教育宣传、人际关系活动、文娱体育活动中产生的文化现象。它是企业经营作风、精神风貌、人际关系等的动态体现，也是企业精神、企业价值观等的折射。企业行为文化包括企业家行为、模范人物行为、员工群体行为等。

1.企业家行为

企业家是理念体系的建立者，企业家高瞻远瞩，敏锐地洞察企业内外的变化，为企业也为自己设计长远的战略和目标；企业家将自己的理念、战略和目标反复向员工传播，形成巨大的文化力量；企业家艺术化地处理员工与工作、雇主与雇员、稳定与变革、求实与创新、所有权与经营权、经营权与管理权、集权与分权等关系；企业家公正地行使企业规章制度的"执法"权力，并且在识人、用人、激励人等方面学高为师、身正为范；企业家与员工保持良好的人际关系，关心、爱护员工及其家庭，并且在企业之外广交朋友，为企业争取必要的资源。在一定层面上，企业家的价值观代表了一个企业的价值观。

案例分析 1-3

阿里巴巴的"侠文化"

作为阿里巴巴的创始人，马云拥有武侠情结，他家国情怀深厚，具有非凡的领导力和远见，并能够在自己认准的方向上坚持不懈，敢于迎难而上，不断突破自我，其格局和魄力在中国乃至世界企业家中出类拔萃。马云的这种人格特征已经成为阿里巴巴企业文化中最重要的一部分。

从湖畔花园创业时的"约法三章"，到华星时代的"独孤九剑"，再到创业大厦时代的"六脉神剑"，阿里逐渐树立了以"客户第一、团队合作、拥抱变化、诚信、激情、敬业"为内容的价值观，并通过建立完整的制度体系，促使企业文化落地，让企业使命感和价值观深入人心。

阿里巴巴是有武侠气的。在阿里公司内部，每一个人或者一个部门，或者一个项目，通常都要给自己取一个花名，花名必须是武侠小说里正派人物的名字，比如马云的花名叫"风清扬"，核心技术研究项目组叫作"达摩院"，办公室名字叫"光明顶""桃花岛"等，淘宝年庆活动被称为"武林大会"。可以说，阿里巴巴的企业文化处处渗透着中国侠客精神。

资料来源　马继华.侠之大者，为国为民 阿里巴巴的"侠文化"[J]. 通信企业管理，2020（10）.

问题：如何看待企业家行为的影响？

分析提示：企业家总是处于企业核心的地位，这决定了其个人意志、精神、道德、风格等文化因素在企业中备受瞩目，通常会得到员工的广泛认同和传播，并形成自觉追随，以至于企业的经营宗旨、价值观、作风、传统习惯、行为规范和规章制度等都深深地打上了企业家的个人烙印。

2.模范人物行为

模范人物使企业的价值观人格化，他们是企业员工学习的榜样，其行为常常被企业员工作为效仿的行为规范。模范人物行为可以分为企业模范个体的行为和企业模范群体的行为两类。企业模范个体的行为标准是卓越地体现企业价值观和企业精神的某个方面。一个企业中所有的模范人物的集合体构成企业的模范群体，卓越的模范群体必须是完整的企业精神的化身，是企业价值观的综合体现。企业模范群体的行为是企业模范个体典型行为的提升，具有全面性，因此在各方面都应当成为企业所有员工的行为规范。

企业文化专栏1-3

在我国，企业中的劳动模范人物称谓很多，有的称"劳动模范"，有的称"先进工作者""五一劳动奖章获得者"，还有的称"新长征突击手""革新能手""三八红旗手""学雷锋标兵"等。

2020年11月24日，全国劳动模范和先进工作者表彰大会在北京人民大会堂隆重举行。中共中央总书记、国家主席、中央军委主席习近平出席大会并发表重要讲话，强调："光荣属于劳动者，幸福属于劳动者。社会主义是干出来的，新时代是奋斗出来的。劳动模范是民族的精英、人民的楷模，是共和国的功臣。我国是人民当家做主的社会主义国家，党和国家始终坚持全心全意依靠工人阶级方针，始终高度重视工人阶级和广大劳动群众在党和国家事业发展中的重要地位，始终高度重视发挥劳动模范和先进工作者的重要作用。"

3.员工群体行为

员工群体行为是指企业文化经过长期的积累后，员工形成的认同、接受、习惯等群体意识和不需要制度约束、自觉自愿、习惯性的群体行为。经过提炼升华形成的企业文化，应当通过各种途径和手段力求使该文化深入人心。员工群体行为决定了企业整体的精神风貌和企业文明的程度等，员工群体行为的塑造是企业文化建设的重要组成部分。

企业在运营过程中，企业领导行为、模范人物行为以及员工群体行为都应有一定的规范。在规范的制定和履行中，就会形成一定的企业行为文化。例如，在企业管理行为中，就会产生企业的社会责任、企业对消费者的责任、企业对内部成员的责任、企业经营者同企业所有者之间的责任、企业在各种具体经营中所必须承担的责任等问题。承担这些责任就必须通过一定的行为规范加以保证。

企业行为文化建设的好坏，直接关系到企业员工工作积极性的发挥，关系到企业生产经营活动的开展，关系到整个企业未来的发展方向。企业行为文化集中反映了企业的经营作风、企业的经营目标、员工的文化素质、员工的精神面貌等，直接影响着企业经营业务的开展和经营活动的成效。

四、企业物质文化

企业物质文化是由企业员工创造的产品和各种物质设施等构成的器物文化，是一种以物质为形态的表层企业文化，是企业行为文化和企业精神文化的显现和外化结晶。优秀的企业文化是通过重视产品的开发，重视服务质量、产品信誉的提升，以及组织的生产环境、生活环境、文化设施等物质现象体现出来的。企业物质文化的主要内容包括以下几方面：

1.企业容貌

企业容貌是企业物质文化的表征，是体现企业个性化的标志。它包括企业标志和企业布局等。

（1）企业标志。企业标志包括企业的名称和象征物。在企业形象识别要素中，首先要考虑的就是企业名称。企业象征物是一种反映企业文化的人工制作物，可以制成动物、植物或其他造型，一般矗立在企业内最醒目的地方，如厂门、礼堂、或宾馆大堂、商店进门处等。

（2）企业布局。企业布局是指企业的内外空间设计。一个企业的绿化、厂房造型、各车间的布局、各种交通布局等，都应给人一种"花园式企业"的感觉。

企业文化专栏1-4

海尔建筑

海尔工业园里的建筑都被赋予浓郁的海尔企业文化色彩。

海尔中心大楼：位于海尔工业园北端，是海尔总部办公大楼，外方内圆的建筑风格诉说着变中求胜的理念——思方行圆，既有原则性，又不失灵活性。

海尔文化广场：位于海尔工业园中心大楼正前方。海尔方圆标志有力地传达了张瑞敏的企业文化理想。"方块"放在阵中的排头，是以它为基础向纵深发展的意思。作为一个中心，它代表着海尔的思想、理念、文化，指导着周边圆点根据市场的变化灵活运行。阵中排头的方块和圆点的组合，体现了思方行圆的思想，即在工作中要将原则性和灵活性有机地结合起来，以达到预期的目标和效果，同时也有发展无止境的寓意。在中国，人们愿意把"三"视为上升，把"六"视为顺利，而"三十六"又暗含着足智多谋的意思，方与圆的排列组合恰好是三十六，意味着海尔不断上升、不断发展。在对外宣传上，方圆标志已成为海尔的企业标志。

2.企业环境

企业环境是企业物质文化的一种外在表征，体现了企业物质文化个性特点。我们所说的企业环境一般包括工作环境和生活环境两个部分。

（1）工作环境。优化企业工作环境，为劳动者提供良好的劳动氛围，这是企业重视人的情绪、人的需求、人的激励等的体现。

（2）生活环境。企业的生活环境包括企业员工的居住、休息、娱乐等客观条件和服务设施，也包括企业员工本身及其子女的学习条件。

案例分析1-4

职场进入"共生"时代

2019年，"新雇主经济"在充满不确定的时代继续演化。外部环境的变化让雇佣关系双方回归理性，重新审视彼此，新的生存环境倒逼个体主动进化，也让企业更注重内生力量。雇佣关系双方基于互利衍生的依存关系更加紧密，职场演进为企业与个人共同进化升华的"共生体"。

这就要求柔性的组织更加灵动，高效整合内外部资源向目标迈进，领导力的分散和下沉让个体效能被充分激活；企业文化将成为雇主与雇员深度联结的纽带，通过价值观的共振，使得组织和个体的目标相统一；物质激励与精神激励并重，企业需成全员工对"自我实现"的追求，通过释放真实个性，开发自身创造力；为了满足共同进化的条件，企业还要为员工定制"终身学习"计划，持续优化生产力，保证核心竞争力。为了让员工在工作时保持高效率，办公环境需要让员工产生归属感。

2019年11月29日，中国年度最佳雇主全国100强和全国30强新鲜出炉。其中，腾讯、平安保险、中海地产、招商银行、顺丰、中广核集团、华侨城、华为、TCL华星、万科、VIVO、大疆等深圳企业在年度最佳雇主100强中榜上有名。

资料来源　楚宏.2019中国年度最佳雇主百强揭晓 腾讯跻身前三甲［EB/OL］.［2020-12-12］. http://shenzhen.news.163.com/19/1129/21/EV6A4V3D04178D6R.html# .

问题：在你的心目中，什么样的企业才是最佳雇主？

分析提示：企业雇主的表现如何，内部雇员的感受最直接。百强企业表现较好的方面，排在前三位的指标分别是工作环境、雇主形象和雇主文化。内部雇员通常认为公司战略的前瞻性、优秀的高管团队、与时俱进的企业文化是企业发展的最大优势。

3.技术、设备

技术、设备是企业进行生产经营活动的物质基础，也是企业形成物质文化的保证。技术、设备的发展水平决定了企业的竞争力。新技术、新设备、新材料、新工艺、新产品的开发和应用，生产过程的机械化、自动化、智能化等都直接关系到企业物质文化发展的水平及其对企业精神文化发展的影响程度。

4.企业产品

企业产品（包括生产的产品和提供的服务）是企业生产经营的最终成果，也是企业物质文化的首要内容。企业文化范畴内的产品文化包含三层内容：一是产品的整体形象；二是产品的质量文化；三是产品设计中的文化因素。美国哈佛大学罗伯特教授曾说过："企业以前是价格竞争，当今是质量竞争，今后是工业设计竞争。"市场竞争的发展已经完全证明了这一观点。

企业文化专栏1-5

华为SmartSite斩获全球工业设计"奥斯卡"：iF工业设计和红点设计奖

华为SmartSite无线化站点部署方案凭借"极简的方式实现站点数字化改造，一键组网实现站点传感器无线化连接，简洁美观的工业设计"，赢得了德国iF工业设计和红点设计奖。这是继2017年PowerCube 500获iF工业设计奖后，华为通信能源再一次凭借高颜值、高实用价值的产品，获取工业设计界的殊荣。

德国iF设计奖与红点设计奖均由德国这一拥有悠久工业设计历史的国家创立，前者是由汉诺威工业设计论坛（iF Industrie Forum design）每年定期举办，后者是由欧洲最具声望的著名设计协会Design Zentrum Nordrhein Westfalen于德国埃森市设立，两个奖项评选标准极为严格，入选产品必须有区别于其他同类产品的创新特点以及独特简明的设计外观。作为工业设计领域的两尊"奥斯卡"，iF工业设计和红点设计奖被公认为全球优良设计的标杆。

资料来源　佚名.华为SmartSite斩获全球工业设计"奥斯卡"：iF工业设计和红点设计奖［EB/OL］.［2020-12-12］. https://www.huawei.com/cn/news/2018/4/Huawei-SmartSite-iF-Reddot-Award .

单元三　企业文化的功能和类型

一、企业文化的功能

与企业的生存发展直接相关，企业文化的作用是毋庸置疑的。对企业文化功能进行归纳，大致有以下几个方面：

1.导向功能

企业文化的导向功能主要表现在价值观念对广大员工的引导上。企业文化的核心层是共同的价值观。在共同价值观的引领下，员工能够把现实的努力和长远的目标结合起来，成为一种动力，形成一种充满情感意志的、能够面对困难和克服困难的活力。通过企业文化建设，员工一旦接受企业的理想、信念，便会产生一种归属感，把自己视为企业的一员，信赖企业并将企业作为发挥个人潜能、实现个人抱负的地方，从而积极参与企业的各项活动，完成自己分担的工作任务，为创造良好的企业形象而努力。从这个意义上讲，企业文化也应该是生产力。

2.教化功能

企业文化像一根无形的"纽带"，把员工的追求和企业的命运紧紧地联系在一起，关系到一个企业能否正常运转。人的素质是企业素质的核心，人的素质能否提高，很大程度上取决于他所处的环境和条件。企业文化具有提高人员素质的教化功能，在潜移默化中完成员工理想信念教育，国内外和本企业内部形势教育，岗位职业道德教育，世界观、人生观教育，社会公德教育等。通过这些教育，培养员工在社会上做个好公民、在单位做个好员工、在家庭做个好成员，培养员工树立崇高理想，培养员工的高尚道德，锻炼员工的意志，净化员工的心灵，使员工学到为人处世的艺术、学到生产经营及管理的方法和经验，提高能力，从而有助于企业和员工的全面发展。加强企业文化建设，开展丰富多彩的企业文化活动，对提高企业员工的文化素质、陶冶员工的情操、丰富员工的业余生活、增强员工之间的沟通等，发挥着积极作用。

3.约束功能

企业文化是企业管理行之有效的途径。在企业文化的熏陶下，企业员工能严格按照一定的规则和程序办事，去实现企业的各项目标，同时处理好生产经营中的人际关系，从而可以极大地调动员工的积极性、创造性，提高企业经济效益。企业文化对企业员工的思想、心理和行为具有约束和规范作用。

企业文化的约束不是制度式的硬约束，而是一种软约束。这种约束产生于企业文化氛围、群体行为准则和道德规范等。群体意识、社会舆论、共同的风俗习惯等精神文化内容，会引发强大的使个体行为从众化的群体心理压力和动力，促进企业员工产生心理共鸣，继而实现行为的自我控制。

4.凝聚功能

当一种价值观被企业员工共同认可后，它就会成为一种黏合剂，从各方面把成员聚合起来，从而产生一种巨大的向心力和凝聚力，产生奋发进取的集体意识，唤起员工的能动意识，有效地推动企业生产经营的发展。企业文化的凝聚功能主要体现为它可以得到企业员工发自内心的认同，从而在生产经营实践中形成新的共同价值观和行为准则，成为大家的自觉意识和自觉行为。它可以改善人与人之间的关系，使员工情感交融、紧密合作，对企业产生一种依恋之情，形成企业的内聚力、向心力。这是办好企业所必需的。

案例分析 1-5

为梦想或荣誉而战

有些企业为梦想而战，如阿里巴巴的"活102年"，小米的"让每个人都能享受科技的乐趣"，华为的"丰富人们的沟通和生活"；有些企业则为荣耀而战，如腾讯成为"最受尊敬的互联网企业"，百度成为"全球知名的搜索服务商"，万科成为"中国房地产行业持续领跑者"。为梦想而战的企业，能够极大地激发出员工的激情和创造力；为荣耀而战的企业，能够极大地激发出员工的拼搏精神和荣誉感。

资料来源　杨天河.从腾讯"新愿景"看企业文化建设［J］.人力资源，2019（9）.

问题：为什么知名企业十分重视愿景与使命？

分析提示：因为员工可以通过企业愿景和使命感受到公司的雄心和责任感，触发其认同感、荣誉感、责任感甚至使命感，从而为公司愿景的达成而努力工作。这就是企业文化的裂变过程，即通过受众的感觉触发个体行为，最终引发从众效应。

5.创新功能

企业创新的内涵，不仅包括技术创新，还包括组织创新、管理创新、服务创新等方面，而良好的企业文化则是推动企业创新的一种无形力量和一种内在的驱动力量。企业文化具有使企业成员从内心产生一种高昂情绪和奋发进取精神的作用。企业文化把尊重人作为中心内容，以人的管理为中心。企业文化带给员工多重需要的满足，并能对各种不合理的需要用它的软约束来调节。因此，企业文化能够最大限度地激发员工的积极性和创新精神，使他们以主人翁的姿态关心企业的发展，贡献自己的聪明才智。

6.辐射功能

企业文化一旦形成较为固定的模式，不仅会在企业内部发挥作用，对本企业员工产生影响，而且对树立企业在公众心目中的形象也很有帮助，优秀的企业文化对社会文化的发展有很大的影响。企业文化还可以辐射到企业以外的领域，如对相关企业的潜在影响，对社区文明建设、家庭文明建设等都会有所促进。在企业文化建设的过程中，各个企业还要处理好同其他社会成员的关系，在推动企业经营健康发展的同时，也可为社会文明进步做出贡献。

二、企业文化的类型

企业文化是一种庞杂而抽象的概念，无所不在，对企业起着至关重要的作用，影响着员工的思想观念，对员工的行为起约束作用，是企业的"无形统治者"。出于研究或测量的需要，常将企业文化进行分类，以便降低企业文化的抽象程度。

1.按照企业的任务和经营方式的不同分类

迪尔和肯尼迪把企业文化分为四种类型：强人文化（即硬汉型文化）；拼命干、尽情玩文化（即工作和娱乐并重型文化）；攻坚文化（即赌注型文化）；过程型文化。

（1）硬汉型文化。这是所有企业文化类型中极度紧张的一种。这类企业恪守的信条是"要么一举成功，要么一无所获"。因此，员工敢于冒险，都想成就大事业，能够迅速地向企业反馈所采取的行动是否正确。具有这类文化的企业往往处于投资风险较高的行业。这种企业文化鼓励内部竞争和创新，鼓励冒险，市场竞争性较强，产品更新快。

案例分析 1-6

华为：初期的"狼性文化"

很多书籍和报道都曾提到华为的"狼性文化"，华为的合作伙伴英特尔对此的描述是"Aggressive"，意思是进取心。

"狼性文化"一直存在于华为早期创业阶段，只是没有被提炼出来。任正非对"狼性文化"第一次，也是唯一一次系统阐述，发生在20世纪90年代初期他与美国某著名咨询公司高管的一次会谈上。

"任总说跨国公司是大象，华为是老鼠。华为打不过大象，但是要有狼的精神，要有敏锐的嗅觉、强烈的竞争意识、团队合作和牺牲精神。""华为基本法"的起草人之一吴春波回忆说。

那时，任正非宏大的理想和煽动性的语录口号、运动式的内部交流方式，成为艰难环境中华为这个"土狼群体"拓展生存空间最有效的方式。华为市场部人员具有可怕的进攻性，由于任正非的以身作则和一直提倡的拼搏精神，华为市场人员为了合同可以不回家过年，老婆孩子都顾不上，研发人员一有任务立即顶上去通宵不眠。这种在后来者看来属于非良性竞争的市场手段却是华为得以快速成长的法宝。

资料来源　陈广.华为的企业文化［M］.深圳：海天出版社，2017.

问题：怎样看待华为的"狼性文化"？

分析提示：在创业初期，与竞争对手相比，华为不论是人力还是物力都没有优势，为了摆脱困境、站稳脚跟，华为选择了向狼学习。任正非归纳了狼的三大特性：一是敏锐的嗅觉；二是不屈不挠、奋不顾身的进攻精神；三是群体奋斗。华为能在竞争中胜出，得益于它将狼的三大特性融入企业文化之中，形成独树一帜的"狼性文化"。

（2）工作和娱乐并重型文化。这种企业文化适用于竞争性不强、产品比较稳定的组织。这种企业文化奉行"拼命地干、痛快地玩"的信念。员工很少承担风险，所有一切均可迅速获得反馈。

（3）赌注型文化。这种企业文化适用于风险高、反馈慢的环境，因为企业决策风险很大，要在几年之后才能看到结果。其信念是注重未来、崇尚试验，相信好的构想一定要给予机会去尝试才能得到验证。

（4）过程型文化。这种企业文化常存在于风险低、资金回收慢的组织中。由于员工很难衡量他们所作所为的价值，因此人们关心的只是"怎样做"，人人都在追求技术上的完美和工作上的有条不紊。

2.按照企业的状态和作风的不同分类

（1）活力型企业文化。这种企业文化的特点是致力于营造充满活力的、有创造性的工作环境，员工敢为人先，勇于冒险，领导以革新者和敢于冒险的形象出现，组织的成功意味着提供独特的产品或服务，提倡个体主动性和自主权。

（2）停滞型企业文化。这种企业文化的特点是急功近利、无远大目标、带有利己倾向，自我保全、面向内部、行动迟缓、不负责任。

（3）官僚型企业文化。这种企业文化的特点是例行公事，存在大量官样文章。

3.按照企业的性质和规模的不同分类

（1）温室型企业文化。这是传统国有企业所特有的企业文化类型。这种企业文化的特点是对外部环境不感兴趣，缺乏冒险精神，缺乏激励和约束。

（2）拾穗者型企业文化。这是中小型企业所特有的企业文化类型。这种企业文化的特点是战略随环境变动而转移、组织结构缺乏秩序、职能比较分散，价值体系的基础是尊重领导人。

（3）菜园型企业文化。这是力图维护在传统市场占统治地位的企业所特有的企业文化类型。这种企业文化的特点是家长式经营，工作人员的激励处于较低水平。

（4）大型种植物型企业文化。这是大企业所特有的企业文化类型。这种企业文化的特点是不断适应环境变化，工作人员的主动性、积极性受到激励。

4.按照文化建设战略目标和需求不同分类

（1）企业家群体型企业文化。这种企业文化的特点是着重展现企业家的价值取向、道德情操、睿智和胆识，凸显企业家的形象力和感召力，建立企业家群体文化的优势。

（2）全员资质型企业文化。这种企业文化的特点是遵循"以人为本"的原则，着重挖掘员工的资质和潜能，增强企业的凝聚力，提高员工的忠诚度，激发员工工作的积极性、创造性和团队协作的精神，激活企业内部驱动力。

（3）服务文化型企业文化。这种企业文化通过树立"客户至尊""超越客户期待"的服务观念，规范员工的服务礼仪，丰富服务手段，提升服务质量，完善服务系统，疏通服务渠道，提高企业在社会上的亲和力和美誉度。

（4）质量文化型企业文化。这种企业文化以质量为根本。其特点是宣传并贯彻"质量是企业的生命"和"质量是企业的衣食父母"的观念，将文化管理渗入质量管理之中，不断提高员工的质量观和全员质量意识，严格遵守国际质量认证等标准，全面提升产品质量。

（5）科技开发型企业文化。这种企业文化的特点是凸显以"市场促进科技开发，科技开发引导市场"的观念，培养和提升员工的科技领先意识，体现企业尊重知识、重视人才的思想，集合人才资源，建立一种科研型和创新型的团队。

（6）营销文化型企业文化。这种企业文化的特点是确立"以市场为导向，以顾客为中心"的现代营销理念，树立员工的市场观、竞争观和服务观，提升员工把握市场的技能，优化和完善营销体系，制定销售方略，不断扩大市场的份额和占有率。

（7）生产文化型企业文化。这种企业文化的特点是培养和提升员工的效率意识，规范员工行为，实现有效的时间管理，改善现场管理和生产环境，改进工艺，降低成本，提高劳动生产率和产品产量，以便不断满足市场的需求。

单元四　中国企业文化的兴起和发展

一、企业文化兴起的原因

企业文化的渊源在中国，经验形成于日本，理论成果产生于美国，是企业劳动力构成发生变化、人们物质生活水平普遍提高、企业外部环境变化的结果。

1.企业劳动力构成的变化

第二次世界大战后，科学技术得到迅猛发展，生产自动化水平逐步提高，企业劳动力的构成发生了重大变化——体力劳动者的比重急剧下降，脑力劳动者的比重迅速上升——人成为企业管理的重要资源。对于脑力劳动者来说，依靠提高其劳动强度来提高劳动生产率是不可行的，必须不断提高脑力劳动者的素质和技能，把劳动者当成一个"完整"的人来提高劳动生产率。考察企业管理理论发展，我们可以清楚地看到一种趋势，就是在企业管理中对人的地位和价值、对共同价值观和文化环境的营造愈来愈重视，企业文化的兴起成为一种自然而然的事情。

2.企业员工需求的变化

伴随经济和社会的发展，员工的思想观念、精神状态和生活方式也发生了深刻的变化。许多员工已经不再仅仅满足于追求工作条件的硬件品质，比如工资福利待遇的提升，工作条件、工作环境的改善等，而是开始注重企业所营造的人文气氛，追求工作本身的意义和施展自己才能的成就感。他们希望企业不仅仅注重他们的技术和能力，还应认识到他们的需求和愿望，承认他们对归属和成就的需要，理解和倾听他们的意见和建议，让他们积极参与企业发展、内部管理和其他重大事项的决策。

3.企业生存环境的变化

企业生存环境包括企业的技术环境、人力资源环境、金融环境、投资环境、市场需求环境等，这是企业发展所依存的客观环境，直接影响着企业的短期效益和生存基础。此外，企业生存环境还包括政策、法治、社会评价、公平竞争、社会信誉等主要由人为因素控制的企业发展软环境。这些环境因素在21世纪呈现出更加复杂的联系和难以想象的变化，企业要立于不败之地，就要在发展战略、经营策略和管理模式方面及时做出相应的调整，通过对企业主导价值观和经营理念的改革，推动企业发展战略、经营策略和管理模式的转变，使企业文化成为蕴藏和不断孕育企业创新与企业发展的源泉，从而形成企业文化竞争力。

案 例 分 析 1-7

文化自信——稳固企业文化的首位

文化自信是习近平总书记提出的时代课题。

2018年4月，首届数字中国建设峰会在福州举行，与会嘉宾热议科技强国。阿里巴巴集团董事局主席马云表示，"在社会发展人类进步的关键技术、核心技术上突破，是大企业当仁不让的责任"。中国电子科技集团有限公司总经理刘烈宏认为："信息化不能建立在核心技术缺失的沙滩上，掌握核心技术，对中国信息产业发展至关重要。"腾讯公司董事会主席兼首席执行官马化腾在峰会主论坛上提出，我们的数字化技术需要"站上来"。"中国摆脱核心技术受制于人的需求，越来越迫切，只有科技这块'骨头'足够硬，我们才有机会站起来，与国际巨头平等对话。"

资料来源　华锐. 新时代中国企业文化［M］. 北京：企业管理出版社，2020.

问题：新时代中国企业处在怎样的环境背景之下？

分析提示：习近平总书记在党的十九大报告中明确指出："文化自信是一个国家、一个民族发展中更基本、更深沉、更持久的力量。"价值取向是新时代中国企业文化自信的灵魂，中国企业要紧扣"国家需要解决的时代问题"，以加强自主创新、突破核心技术、实现芯片强国的价值取向，展示新时代中国企业应有的责任担当和文化自信。

二、中国企业文化的兴起

企业文化作为一种新型的管理思想源于20世纪六七十年代日本的管理实践，上升为一种理论则是在20世纪80年代初的美国。自20世纪80年代开始，我国一些部门和企业为适应经济发展的需要，开始了企业文化的实践和研究活动。从总体上看，我国企业文化发展大致可分为四个阶段。

1. 萌芽阶段

早在20世纪50年代，我国的一些大型国有企业就有自己独具特色的经营理念，如"鞍钢宪法""大庆铁人精神"等，当时虽未冠以企业文化之名，但实际上发挥着企业文化的价值功能和整合功能。后来，随着人们对精神激励作用的客观认识和对物质激励手段的运用，这些经营理念由于未能适应时代的变化而逐渐衰落了。

2. 引进阶段

从20世纪80年代初到90年代初，具体来讲是1983年到1991年期间，随着我国改革开放的进一步深入，在引进外资、引进国外先进技术和管理方法的过程中，企业文化作为一种管理模式也被引入我国。1984年前后，我国少数企业通过不同途径接触到西方的企业文化，开始在自己的企业中尝试。当时，四川长钢明确提出了"有长钢特色的企业文化"，几年之后出版了名为《企业之魂》的企业文化著作。北京工艺美术总公司领导从日本、美国考察回来，提出了树立有企业特点的"工美精神"。1988年前后，国内掀起了建设企业精神的热潮。当年11月，中国东方企业文化研究会、北京大学国外文学编辑部、中国企业管理研究协会等多家单位，在北京共同发起召开了"企业文化理论与实践研讨会"，17个省市百余名代表参加。那个时候许多人尚不知企业文化为何物，在企业内部还存在企业文化和思想政治工作的关系问题的议论。这一阶段主要是企业文化知识的传播和认知阶段，争论的焦点是企业文化的适应性问题，即能不能适合中国企业管理和改革的实践。这一阶段企业文化的发展处于自然、自发状态，建设企业文化主要是企业行为，没有形成社会行为。

3.快速发展阶段

这个阶段可称为知识普及和实践启动阶段，具体来讲是1992年到2000年期间，这期间的标志性事件如下：第一个标志性事件就是邓小平同志南方谈话，他把中国市场经济从本质上推到了一个新的阶段。1992年初邓小平同志发表南方谈话，随后召开的党的十四大提出，我国经济体制改革目标是建立社会主义市场经济体制，从此之后许多企业开始把企业文化研究和建设提到日程上来，企业文化应用的方式和理论也被重视起来。第二个标志性事件就是党的十四大报告中写进了企业文化这个概念。1993年党的十四届三中全会通过的《中共中央关于建立社会主义市场经济体制的若干问题的决定》中提出："加强企业文化建设，培育优良的职业道德，树立敬业爱厂、遵法守信、开拓创新的精神。"第三个标志性事件就是建设中国特色的文化理论，企业文化作为一种亚文化，找到了一种理论依据，对实践推动也起了很大的作用。这些重大决定使企业文化成为一种新的管理思潮，使企业文化研究和建设开始成为自觉的、有组织的行动，极大地加快了企业文化建设步伐。一时间，许多企业都风起云涌地搞起了企业文化，在全国掀起了企业文化建设的热潮。

4.本土化阶段

这一阶段可以概括为普遍实践、深入发展的阶段，具体时间为2001年到现在。随着知识经济时代、经济全球化势如破竹地到来，中国企业文化建设进入一个新的时期。2005年3月26日，国资委下发了62号文件《关于加强中央企业企业文化建设的指导意见》，对企业文化进行了科学的定义，从根本上突破了以往对企业文化存在的种种狭隘认识，将企业文化的地位真正提升到人本管理的理论高度，并视之为企业的灵魂。定义中提到的归属感、积极性、创造性，分别揭示出先进企业文化具有的凝聚、激励与创新的功能，全面对应了企业人本管理三大重要方面。

伴随着2005年国资委62号文件的出台，企业文化理论界、咨询界和实业界掀起了一轮新的企业文化热潮。企业文化师资格被正式确认为国家认可的从业资格，国内关于企业文化师的培训如雨后春笋般地快速发展起来；国内相关文章更是百花齐放、百家争鸣，全国各地国有、民营企业等纷纷自主或聘请专业机构打造自己独具特色的企业文化；国内咨询界无论是京派的学院、社团，还是南派的广州、深圳，东到沪宁，西到川渝等，纷纷投身于火热的企业文化建设大潮！

三、中国企业文化的发展趋势

伴随着改革开放的春风，企业文化从西方悄然传入中国。今天，企业文化不仅在中国落地生根，还遍地开花，在中国这片沃土上结出累累硕果。当前，企业已经越来越意识到文化的重要性，企业文化工作也开展得如火如荼，并且企业文化领域又有了一些新动向、新趋势。

1.新型商业伦理开始在中国企业流行

在中国企业的文化建设过程中，伴生了企业事业理论和新型商业伦理建设，这主要体现在企业的人格化，对企业终极价值的哲学思考，"从哪里来到哪里去"等方面，尤其是中国企业对待客户、供应商、利益相关者以及竞争对手的态度发生了根本性的变化，符合市场经济规则的普遍信用导向开始生成。信用文化是市场文化的底线，如果没有道德底线，就谈不上企业文化，更谈不上先进文化，而所谓的企业文化就是"伪文化"，就是苍白无力甚至是病态的。企业的诚信意识、公益意识、环保意识、服务意识、未来意识是文化超越性的根本。企业人格健全，包括职业道德建设、商业道德伦理建设，这是中国企业近阶段企业文化建设的重心，企业将责任纳入核心理念和公司管理制度，积极履行社会责任，企业的公民行为与社会化格局日益清晰。

2.企业共有价值观带有时代烙印

企业共有的核心价值观具有共性，比如"诚信、人本、业绩、共享、创新"等作为社会思潮，作为企业文化的核心元素，越来越被中国企业认同。越来越多的企业经过利润驱动的第一阶段、竞争导向的第二阶段，进入强调合作共享的新商业伦理时代。人本文化成为企业文化建设的主旋律，各企业都在讲人本，尊重人的生命，树立生命本体意识，如推进安全文化建设；尊重人格尊严，强调个体价值，并为员工实现自我价值、参与管理和分享发展成果创造条件，注重人的全面发展，提高员工素质，因为塑造人、培养人也是企业责任。

企业文化专栏1-6

人类命运共同体的责任担当

习近平总书记在党的十九大报告中提出：我们呼吁，各国人民同心协力，构建人类命运共同体，建设持久和平、普遍安全、共同繁荣、开放包容、清洁美丽的世界。

2020年新年前夕，习近平主席发表新年贺词，指出：我们愿同世界各国人民携起手来，积极共建"一带一路"，推动构建人类命运共同体，为创造人类美好未来而不懈努力。

《中庸》中有一段话："唯天下至诚，为能尽其性。能尽其性，则能尽人之性；能尽人之性，则能尽物之性；能尽物之性，则可以赞天地之化育；可以赞天地之化育，则可以与天地参矣。"这段话的意思是，只有天下极端真诚的人才能充分发挥他的本性；能充分发挥他的本性，就能充分发挥众人的本性；能充分发挥众人的本性，就能充分发挥万物的本性；能充分发挥万物的本性，就可以帮助天地培育生命；能帮助天地培育生命，就可以天地人三者合一了。

资料来源 华锐.新时代中国企业文化[M].北京：企业管理出版社，2020.

3.创新文化成为企业文化发展的重要方向

企业深刻认识到创新是企业竞争和发展的原动力，不创新就意味着落伍和丧失生存的权利，创新文化植根于企业人和企业组织的意识当中，是一种文化自觉和行为自觉。建设创新文化，企业要有强烈的忧患意识、冒险精神，企业面对的不确定性越多，承担的经营风险就越大，而有风险才有机会。创新文化要有宽容失败的氛围，才能在产品研发、技术革新、市场拓展中鼓励员工和组织的创新冲动、创新思维、创新素养的形成和强化，才能获得创新活力。当然，光有创新的思维不够，还要有创新执行力，把思维迅速变为行动，在这个基础上建立创新体系，完善创新机制，为创新行为提供持续的动力，这是创新文化的重要标志，而创新文化是中国企业体制创新、模式创新、技术创新、机制创新、管理创新的动力源泉和持续发展的根本保障。

4.和谐文化建设成为主旋律

企业可持续发展的背后，是企业与人、企业与社会、企业与自然的和谐关系。和谐文化是相互尊重、相互理解、相互包容、相互关爱的文化，是公平竞争、文明经商、诚信经营的文化，是主动承担社会责任、热心公益、帮扶弱势群体以及不断强化生态环保意识和节约意识的文化。企业内部有两种契约：一种是基于法律、规则的书面契约，靠合同来维系；另一种是心理契约，即建立一种价值纽带、情感纽带。通过文化建设，员工认同企业价值体系、价值观管理，即价值观的选择、传播、强化、反馈、有序的聚拢和分解是员工心理和谐的关键，也是企业内部和谐的关键。作为一个开放系统，企业还必须谋求与社会和谐共进。

5.企业文化的考核体系推动文化体系持续升级

优秀企业趋向于文化建设系统管理，包括规划定位、审计评估、理念梳理、宣传灌输、落地转化、考核评价和反馈调整等环节，尤其是注重建立企业文化考核体系，及时发现文化建设工作存在的问题，评价文化建设的结果和有效性，实现企业文化"认知—认同—共享—创新"的良性循环。

6.职能性文化建设力度加大

很多企业着力开展服务文化、品牌文化等职能性文化建设。服务文化建设，强调以超出顾客预期的文化创意服务，拓展顾客精神体验空间，使文化价值主张转化为企业服务能力，使品牌升华，形成顾客忠诚。应用服务创新工具，让顾客在现场看到，在心理上感受到，在提高品牌美誉度的同时，让员工产生归属感和自豪感，提升管理水平和队伍素质。

7.文化管理工程促进文化落地生根

企业文化建设是一个复杂的系统工程，要保证企业文化建设落地生根，企业管理者必须认真确立文化管理的理念，把文化注入发展战略、管理流程、组织优化、人力资源、市场营销、品牌推广等环节中。要建立长效运行机制，建立科学的企业文化目标体系、运行体系和保障体系，立足于基层建设、班组建设、岗位建设、团队建设，在细节中体现企业的文化主张。要强调企业文化建设的可控性、规范性，使员工认知、认同，养成自律和习惯，人人参与、上下同心、共建共享。这是企业文化建设取得成功的关键。

单元五　企业文化建设的模式和步骤

一、企业文化建设的模式

企业文化建设没有标准模式，我国的企业文化在建设中形成了一些各具特色的构建模式。根据现状可以概括为以下六种基本模式：

1.以青岛海尔集团为代表的"三层次模型"的构建模式

海尔集团董事局主席张瑞敏曾指出："我们将企业文化分为三个层次，最表层的是物质文化，即表象的发展速度、海尔的产品、服务质量等；中间层是制度行为文化；最核心层是价值观，即精神文化。"（如图1-1所示）海尔人以创新为价值观，构建了先进的精神文化，包括海尔理念、海尔精神、海尔作风和海尔目标等；以此为核心构建了制度行为文化，如"OEC管理法"、"SST市场链机制"和"6S大脚印"等管理法则；在制度行为文化基础上构建了现代文明的物质文化。

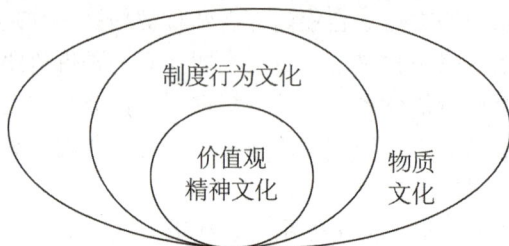

图1-1　海尔企业文化模式——"三层次模型"

2.以北京市企业文化建设协会为代表提出来的"一本三涵"构建模式

所谓"一本三涵"，即"以人为本"，体现了现代企业文化管理的主旨；"讲求经营之道"，强调了企业理念与经营战略相结合；"培育企业精神"，涵盖了企业规章制度、企业作风和企业道德的建设内容；"塑造企业形象"，综合了产品形象、服务形象和员工形象的建设发展等要求。

3.以广东太阳神集团为先行代表的CIS构建模式

它从企业的理念识别系统、行为识别系统和视觉识别系统三个层面，系统地将企业形象塑造与企业文化建设融为一体。根据我国市场经济和企业发展的需要，许多企业还出现了将CIS的营销战略提升为企业文化战略的趋势。

4.以原上海宝钢集团为先行代表的"用户满意工程"的构建模式

它以企业理念满意为先导，以产品和服务满意为重点，将企业管理文化与经营文化融为一体，开创了企业文化建设的新型模式。新版ISO 9000系列提出了顾客满意度的指标，从质量保证体系上推进了这种模式的实施。

5.以原山东黄台火力发电厂为代表的"三维立体"的构建模式

所谓"三维立体"，即以企业文化为主体，将厂区文化、社区文化和家庭文化三者结合为一体进行系统的文化建设。这种模式虽具有其特殊性，即适用于厂区和社区连为一体的企业，但是它对于加强社会主义精神文明建设具有重要的意义。浙江横店集团、江苏华西集团等企业的实践也都证明了这一点。

6.以蓝丰生化为代表的"苯环"的综合构建模式

它主要体现企业经营管理等各方面的综合内容及其相互关系。苯环是化学分子结构式，由一个六边形和一个圆组成，体现了蓝丰生化的行业属性。六边形的六个边分别代表了六大经营系统：核心理念（文化）、科技创新（研发系统）、营销服务（营销系统）、安全质量（生产系统）、人本管理（人力资源系统）、社会责任（环保和社会责任系统）（如图1-2所示）。六大系统围绕着战略目标，共同为其服务。九牧王、青岛海底世界、夹河煤矿都属于此类。

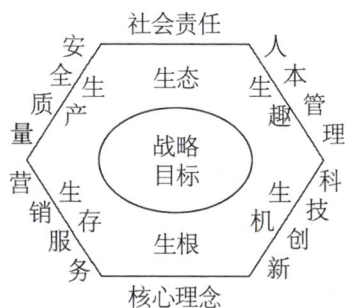

图1-2　蓝丰生化企业文化——"苯环"

　　以上六种企业文化建设模式是根据企业及其环境的特点而创立和发展起来的。它们各有所长，但都是成功有效或比较成熟的企业文化建设经验总结，并且在我国企业界中也得到了广泛的认同或效法。但由于国内企业与西方企业、国有企业与私营企业、重化工企业与轻工企业、大型企业与中小型企业之间存在着诸多差异，因而，在企业文化模式的选择上也不宜照搬某种固定和僵化的模式，而是要从自身实际出发，量体裁衣，对症下药。另外，"互联网+"时代的到来给企业带来了新的发展机遇，同时也带来了前所未有的挑战，面对机遇与挑战这把双刃剑，企业要充分利用当前的发展机遇，加强企业文化的建设与管理，提高企业的市场竞争力与适应力。

二、企业文化建设实施的步骤和分工

　　企业文化建设是一项综合工程，或者说是一项系统工程。从操作角度来看，企业文化建设是一个发展过程。企业文化建设需要从企业文化现象入手，设计企业的价值理念和行为方式，追求文化管理的目标。

　　1.企业文化建设流程与任务

　　企业文化建设流程与任务见表1-1。

表1-1　　　　　　　　　　　　**企业文化建设流程与任务**

流程	调查、诊断阶段	理念设计阶段	制度设计阶段	行为塑造阶段	物质设计阶段	传播、沟通阶段
任务	1.信息收集 2.诊断工具设计 3.诊断	1.理念结构设计 2.理念调研 3.理念提炼	1.制度梳理 2.制度培训 3.制度完善	1.行为规范结构设计 2.行为规范调研 3.行为规范塑造	1.VI方案讨论 2.VI手册设计	1.企业文化推广调研 2.传播手册 3.宣传
任务内容	1.了解企业发展历史、战略、目标 2.收集企业内部资料、汇总分析 3.调查、访谈 4.撰写文化诊断报告	1.确立理念设计的原则、风格与结构 2.理念调研访谈 3.理念提炼与设计 4.理念大纲文本	1.制度专题培训 2.制度诊断调研 3.制度梳理 4.制度体系架构 5.制度完善修订	1.行为规范结构设计 2.行为规范调研 3.行为规范塑造	1.VI方案设计 2.VI方案讨论 3.VI手册设计	1.企业文化传播内容与范围确定 2.传播载体与手段选择 3.传播过程与时机确定

流程	调查、诊断阶段	理念设计阶段	制度设计阶段	行为塑造阶段	物质设计阶段	传播、沟通阶段
方法工具	1.一对一访谈 2.问卷调查 3.企业资料收集 4.现场观察 5.工具分析等	1.访谈调查 2.问卷填写 3.头脑风暴 4.理念提炼等	1.头脑风暴 2.研讨修改 3.专题培训 4.撰写辅导 5.修改修订等	1.理念大纲 2.寻找英雄 3.制造事件 4.规范提炼 5.领导示范等	1.访谈交流 2.头脑风暴 3.会议讨论 4.资料分析 5.标杆参考等	1.架"连心桥" 2.公关传播 3.礼仪亲善 4.活动策划等
最终成果	企业文化诊断报告	企业文化理念大纲	企业制度文本	行为规范手册	VI手册	企业文化推广手册

2.企业文化建设具体步骤

（1）企业文化的调研与诊断阶段。

①企业文化调研。企业文化调研是企业文化建设的基础性工作。规范的企业文化调研，不仅从多角度对企业深入摸底，而且能促进企业员工的文化觉醒并提高其文化参与意识。企业文化调研方法很多，包括资料调研、现场调研、访谈调研、问卷调研、地域考察等，但不管采用什么方法与技巧，至少要达到"摸清企业的历史、现状和规划""弄清企业的存在优势与劣势及面临的机会与威胁""厘清企业的文化诉求和企业家的思想"等目的。如果调研达不到这些目的，就很难为下一步工作提供有效的支持。

②企业文化诊断。根据前期调研的内容整理形成的资料，召集专家、顾问进行诊断与分析。不仅要召集文化专家，从文化视角对调研资料进行判断与分析，还要召集管理专家或战略专家，从经营管理视角对调研资料进行剖析；既要组织项目组人员对调研资料进行分析，又要组织专家顾问组成员对调研资料进行解析。最后，经过群策群力、集思广益，形成企业文化调研诊断与分析报告。这个报告必须体现客观性、整体性、前瞻性和真实性，逐渐让企业文化元素凸显出来。

（2）企业文化的建设规划阶段。

在此期间，主要做好以下工作：

①组建公司企业文化建设的相关机构。

②起草制订公司企业文化建设方案，起草"公司领导行为手册""公司员工行为手册""公司企业文化手册"，并深入广泛地组织学习和研究讨论，征求不同意见后进行修订完善。

③公司组织主管领导进行企业文化理论培训和学习。组织企业文化专家对客户的中高层领导及基层骨干进行企业文化理论知识的培训，以唤醒他们的企业文化意识并提高他们的理论知识水平。

④各部门组织员工学习了解企业文化的内涵及重要意义。企业员工对本企业的历史和现状最为了解，更清楚企业缺什么和需要补充什么，他们才是真正的企业文化建设者。

⑤大力宣传企业文化建设工作，开展实践活动。

⑥完成企业文化体系的总体设计策划工作，并邀请专家和学者进行论证。

⑦最终完成企业精神理念的提炼，"企业之歌"、标志的选定及"公司领导行为手册""公司员工行为手册""公司企业文化手册"的最后修订工作。

（3）企业文化的全面实施、整体推进阶段。

该阶段的主要工作包括：

①在公司全体员工中广泛深入地开展学习、宣传、实践公司企业文化体系活动，使之落实到每个岗位、每个员工行为中，渗透到企业生产经营管理中，融入公司各项规章制度中，全面塑造企业精神、理念和价值观，达到人人认同、人人实践公司企业文化的效果。

②制定公司企业文化建设任务的落实考核工作。

③深化、提高、总结、评价阶段。

该阶段主要任务为通过问卷调研、座谈和专家学者诊断分析及论证等方法、步骤，对公司企业文化建设体系的整体实施状况做出阶段性总结和评价，对存在的问题和不足结合公司发展需要和实际状况进一步完善、创新。

（4）企业文化建设组织保障。

企业文化建设是一项涉及企业各个层面和每一位员工的系统工程，其有效推进必须依赖一个相应的领导机构以及职能部门的强有力的统筹、协调和管理，还有各级负责人的支持和配合，在企业文化建设委员会下，必须建立一个高效精干的工作机构。这个机构的名称，可以称为"企业文化部""企业文化中心"等。该机构的职责包括：

①全面负责企业文化建设战略方案起草、部署和日常行政事务管理工作，制定内部企业文化建设及其管理方面的制度、规则。

②做好企业文化建设日常管理工作，严格按照企业文化管理模式的基本规定，主持与贯彻落实企业文化活动及企业文化管理理念的总结、传播、实施和提升。

③负责对企业各部门及下属子公司的相关制度建设进行指导，督办各部门及下属公司执行公司各项企业文化建设方面的管理制度，如工作与服务标准、对外形象、工作职责、业务流程、协作管理、考核办法等。

④负责企业内部企业文化建设方面文件的起草、修订、废除、审核、批准、印刷、分发、保管及撤销等工作。

⑤负责策划、组织、通知召开企业文化建设方面的各种会议，做好相关会议的记录、归档工作。

⑥根据企业文化发展的不同阶段，定期进行企业文化自我诊断，或者邀请外部专家共同诊断，负责企业文化建设调研工作计划制订及相关调研工作，定期公布企业文化建设调研报告，制订企业文化建设新思路的可行性分析及具体操作计划，向企业领导提交相关研究报告。

⑦负责企业文化及企业形象的策划、宣传工作，做好企业文化的外部宣传和社会效益提升活动及企业品牌形象塑造工作。

⑧负责企业文化建设方面的对外接待及相关公关工作。

⑨负责企业高层、中层及一般员工之间的沟通管理工作。

⑩负责企业下属部门企业文化建设工作人员需求计划的制订、招聘、筛选、录用、劳动合同签订及日常工作网络的建立与管理。

⑪负责新员工岗前培训，讲授企业历史、企业文化等方面的知识，负责所有与企业文化建设相关的教育、培训工作。

[项目测试]

一、简答题

1.如何理解企业文化的内涵？

2.企业文化的构成要素包括哪些内容？

3.简述中国企业文化的发展趋势。

4.企业文化的功能和类型分别是什么？

5.简述企业文化建设流程和具体步骤。

二、案例分析题

"用户"和"责任"是腾讯存在和成长的两条生命线

在腾讯的发展历程中，有两条最重要的生命线，一条叫"用户"，一条叫"责任"。

最初，创始团队一心想做一款好用的产品。我们抠细节、勤迭代，抱着"不辜负用户，与用户做朋友"的信念创造了QQ。由此开始，腾讯一步一步地走到今天。正是因为恪守了"用户为本""一切以用户价值为依归"的理念，在过去21年中，无论面对怎样的迷茫与取舍，我们都始终坚守这个信念，走在正确的路上。对此，我们会坚定地传承下去。

2008年汶川地震，腾讯紧急上线的寻人与捐助平台，让科技连接善意；后来，我们又发起了全网参与的99公益日、上线了成长守护平台，并通过AI的力量协助警方打拐，寻找失踪儿童……通过不断的尝试与探索，我们对科技向善的认知、思考、选择越来越清晰，越来越坚定。最终我们决定，把它郑重地写进腾讯的使命愿景，让科技向善成为每一位腾讯人的使命与责任，让我们每一天的工作都更有意义和价值。

科技本身力量巨大，科技发展日益迅猛，如何善用科技，将极大地影响人类社会的福祉。科技是一种能力，向善是一种选择，我们选择科技向善，不仅意味着要坚定不移地提升我们的科技能力，为用户提供更好的产品和服务、持续提升人们的生产效率和生活品质，还要有所不为、有所必为。具体到行动，我们要"一切以用户价值为依归，将社会责任融入产品及服务之中"，更要"推动科技创新与文化传承，助力各行各业升级，促进社会的可持续发展"。

资料来源　腾讯科技.21岁腾讯"迭代"使命愿景：用户为本，科技向善［EB/OL］.［2020-11-21］. https://tech.qq.com/a/20191111/007014.htm.

问题：为什么腾讯文化3.0以"用户为本，科技向善"作为公司新的使命愿景？

分析提示：腾讯发展到今天的规模，必须要承担与之匹配的社会责任。

[项目实训]

实训主题：企业文化案例收集与分析

1.内容与要求

（1）学生每3人为一个小组；

（2）利用各种方法收集企业文化方面的案例；

（3）案例中要包含企业精神文化、制度文化、行为文化、物质文化四个要素。

2.成果检验

（1）撰写案例并分析；

（2）进行课堂展示。

企业精神文化

【学习目标】

＊知识目标：

1.掌握企业价值观的含义和功能；

2.理解企业伦理道德的内涵和主要内容；

3.熟悉企业家精神的主要内容；

4.能够分析企业家与企业家精神的区别。

＊技能目标：

1.能够利用适当方式展示企业员工风貌；

2.能够确定企业精神文化的来源并正确表达。

引 例

华为比其他企业强在哪里

2018—2019年，华为因为在5G领域所展现出来的强大实力，以及在西方国家的"围剿"中所表现出来的强大底气，最终圈粉无数。这样一家只有32岁的企业，很快就成了全世界的网红企业。可以说，华为已经成了如今中国最能给人带来自信和认同感的企业。在某种意义上，华为的出现代表了中国发展的速度和高度，至少从目前来看，国内几乎没有什么企业可以像华为那样令人心生崇拜。那么华为究竟比其他中国企业强在哪儿呢？

有的人会认为华为拥有最完善的管理体系、最出色的执行力、最强大的创新能力，又或者说华为拥有最好的管理者和最出色的员工，但是其他公司也可能在这些方面占据优势。换句话说，华为在技术、资金、管理、人才配置等方面的表现都很出色，而真正决定华为能够全方位保持强势的一个重要原因或许就是华为内部存在的动力引擎。这个动力引擎就是企业文化。企业文化就是企业发展所需的各种要素的黏合剂，它可以将技术、创新、资金、管理、执行、人才、资源等所有的发展要素更合理地整合在一起，这才是华为真正强大的地方，也是所有顶级企业真正强大的地方。

资料来源　黄继伟. 华为文化手册［M］. 北京：中国友谊出版公司，2020.

这一案例表明：一个优秀的企业在战略层面上的部署可以超过30年时间，甚至超过100年时间。这种坚持非常困难，不仅需要高瞻远瞩的管理者和谋划者，还需要有自己的信念、理想和坚持，这是引导企业不断发展壮大的动力源泉。

单元一 企业价值观

一、企业价值观的含义

企业价值观是指企业在市场经营活动中，经过价值选择活动而形成的为企业广大员工一致赞同的关于企业含义的终极判断。它反映企业对其生产经营和目标追求中价值关系的基本观点。企业价值观是长期积淀的产物，是把所有员工联系在一起的纽带，是企业生存发展的内在动力，是企业行为规范制度的基础。

企业价值观包含三个方面：第一，它是企业用以判断企业运行当中大是大非的根本原则，是企业提倡什么、反对什么、赞赏什么、批判什么的真实写照；第二，它是企业在经营过程中坚持不懈，努力使全体员工都必须明确的信条；第三，它是解决企业在发展过程中如何处理内外矛盾的一系列准则，如企业对市场、对客户、对员工等的看法或态度，它是企业表明如何生存的主张。

在一个企业中，价值观是一个有层次的体系，它由企业的核心价值观和外围价值观组成。从表现层面上看，它由文化层面的价值观和表层的、生活层面的价值观所组成。企业价值观是企业精神文明主体结构和企业文化大厦的基石。

企业文化专栏 2-1

苏宁易购的企业文化

1.使命——引领创业生态，共创美好生活。

2.愿景——百年苏宁，全球共享。

3.企业精神——执着精神，永不言败。

4.苏宁价值观——做百年苏宁，国家、企业、员工，利益共享；树家庭氛围，沟通、指导、协助，责任共担。

5.苏宁管理理念——制度重于权力，同事重于亲朋。

6.苏宁经营理念——整合社会资源，合作共赢，满足顾客需要，至真至诚。

7.苏宁人才观——人品优先，能力适中，敬业为本，团队第一。

资料来源　编者根据苏宁易购官网资料整理。

二、企业价值观的类型

企业的价值观是由多种因素复合而成的，从不同的角度可以把企业价值观分成不同的类型。

1.根据重要性和层次结构划分

从重要性和层次结构的角度看，企业价值观可以分为主导价值观和非主导价值观。

主导价值观是指在企业中占据主流地位的价值观；非主导价值观是指在企业中占

据非主流地位的价值观。在主导价值观中，又可分为核心价值观和非核心价值观。核心价值观是企业最重要的价值观。企业价值观体系就是这样一个以核心价值观为中心的有层次的结构体系，其中核心价值观处于支配地位。

2.根据表现划分

从表现上看，企业价值观可以分为理性的、深层的价值观和感性的、表层的价值观。

理性的、深层的价值观指那些抽象的价值信条；感性的、表层的价值观指那些在日常行为中判断是非、好坏的标准。感性的、表层的价值观体现着理性的、深层的价值观，是整个价值观的外层和外围。

3.根据内容划分

从内容上看，企业价值观可以分为动力型观念和压力型观念。

动力型观念以经济效益为中心，包括市场观念、质量观念、成本观念等，其特点在于可以从内部驱动企业员工的工作积极性。压力型观念以竞争观念为中心，包括科技观念、信誉观念等。二者是相互渗透和依赖的。

4.根据发展历史划分

从发展历史看，企业价值观可以分为最大利润价值观、经营管理价值观和企业社会互利价值观。

最大利润价值观是指企业全部管理决策和行动都围绕如何获取最大利润这一标准来评价企业经营的好坏。经营管理价值观是指企业在规模扩大、组织复杂、投资巨额而投资者分散的条件下，管理者受投资者的委托，从事经营管理而形成的价值观。企业社会互利价值观要求在确定企业利润水平的时候，把员工、企业、社会的利益统筹起来考虑。

案例分析 2-1

深具人性关怀的盈利

先贤告诫我们要"取之有道"，转换为现代观念可以理解为：所有利益的来源应该是人性的回归——深具人性关怀。具体表现在企业经营实务中，就是把实现社会期望价值转化为企业核心价值，如西安杨森公司的"献身科学、奉献健康"，联想集团的"解决问题"，华为公司的"以科技创新改善生活品质"，星巴克的"透过咖啡所创造的交往和平和"，麦当劳的"以品质、服务、附加价值为儿童带来真正的快乐"，宜家家居（IKEA）"以家具创造民主生活形式的实践"，中国移动的"沟通从心开始"都是深具人性关怀的展现。

深具人性关怀的盈利还体现在企业所有成员的成长性上。把群体凝聚在一起的内在力量是让每个人都有奉行不渝的价值（终极关怀）。丰田汽车的"造车之前先造人"、通用汽车的"当代精神当代车"、华为的"人力资本永远大过财务资本"的原则都是深具人性关怀的表现。

资料来源　陈春花.经营的本质［M］.北京：机械工业出版社，2016.

问题：怎样看待"深具人性关怀的盈利"？

分析提示：从企业的属性来说，盈利是它的根本。同时，我们还必须认识到企业是有机体，是整个社会系统的构成部分，承担着自己的社会责任。

三、企业价值观的功能

企业价值观建设的成败，决定着企业的生死存亡，因而成功的企业都很注重企业价值观的建设，并要求员工自觉推崇与传播本企业的价值观。企业价值观的功能主要表现在：

1.企业价值观为企业的生存与发展确立了精神支柱

企业价值观是企业领导者与员工据以判断事物的标准，一经确立并成为全体成员的共识，就会产生长期的稳定性，甚至成为几代人共同信奉的信念，对企业具有持久的精神支撑力。当个体的价值观与企业价值观一致时，员工就会把为企业工作看作为自己的理想奋斗。企业在发展过程中，总要遭遇逆境和坎坷，一个企业如果能使其价值观为全体员工所接受，并使全体员工为之自豪，那么企业就具有了克服各种困难的强大的精神支柱。

2.企业价值观决定了企业的基本特性

在不同的社会条件下或者不同的时期，会存在一种被人们认为是最根本、最重要的价值，并以此作为价值判断的基础，其他价值可以通过一定的标准和方法"折算"成这种价值，这种价值被称为"本位价值"。企业作为独立的经济实体和文化共同体，在其内部必然会形成具有本企业特点的本位价值观。这种本位价值观决定着企业的个性，规定着企业的发展方向。例如，一个把创新作为本位价值的企业，当利润、效率与创新发生矛盾时，它会自然地选择后者，使利润、效率让位。同样，另一些企业可能认为企业的价值在于致富、企业的价值在于利润、企业的价值在于服务、企业的价值在于育人，那么这些企业的价值观分别可称为"致富价值观""利润价值观""服务价值观""育人价值观"。

3.企业价值观对企业及员工行为起到导向和规范作用

企业价值观是企业中占主导地位的管理意识，能够规范企业领导者及员工的行为，使企业员工很容易在具体问题上达成共识，从而大大节省了企业运营成本，提高了企业的经营效率。企业价值观对企业和员工行为的导向和规范作用，不是通过制度、规章等硬性管理手段实现的，而是通过群体氛围和共同意识引导实现的。

4.企业价值观能产生凝聚力，激励员工释放潜能

企业价值观一旦为企业员工所认可和接受，便可以唤起广大员工强烈的归属感和自豪感，激发他们的工作热情和创造性，并产生巨大的向心力，增强员工的集体意识，使他们把自己的思想、情感行为与企业需要联系起来，共赴企业的顺逆、成败。企业的活力是企业整体力（合力）作用的结果。企业合力越强，所激发的活力越强。

5.企业价值观是企业内部协调和沟通的保证

在企业价值观的保证下，进行内部协调和沟通可以产生沟通的行为目标、行为准则，从而建立良好的人际关系，消除不必要的矛盾，创建关系融洽、气氛和谐的环境。

案⌒例⌒分⌒析 2-2

天虹商场的企业使命和核心价值观

企业使命：致力于创造与分享生活之美。

创造：创造价值，这份价值就是让生活更加美好。劳动、创新，让世界改变。

分享：利他思想、集体主义、开放精神；分享能 1+1>2；让 1 变成千万甚至无穷大；静态变为动态；短期变为长远。

生活：零售行业贴近生活脉搏，与生活息息相关；包括物质生活、精神生活。

美：真善才美、内外兼修才美、无私利他才美、分享就是美。

核心价值观：诚信、分享、开放、创新。

诚信：诚实、诚恳、信任、信誉。

分享：价值观、知识、成果。

开放：胸怀、心态、思维。

创新：思维、路径、方式。

问题：如何看待天虹商场的企业使命和核心价值观？

分析提示：天虹商场的核心价值观在企业的宣言中得以明确阐述，不仅满足顾客对购物的功能需求，更满足他们心理体验的需求；天虹不仅追求顾客对购物的结果满意，更注重顾客对购物的过程满意；天虹不仅营造让顾客自在选择商品的环境，同时也成为顾客美好生活的引领者、倡导者。

单元二　企业伦理道德 ////////........

企业伦理道德文化也称企业规范文化，它以企业为行为主体，以企业经营管理的伦理为核心，是企业在处理内外利益相关者关系中的伦理原则、道德规范及其实践的总和。企业伦理道德建设是企业文化建设中的核心内容，对企业的发展起到根本性的指导作用。事实证明，坚守伦理道德的企业和商人都会得到很好的发展，企业伦理道德文化建设旨在规范企业在市场中的行为，形成有序的市场环境，增强企业的社会责任。

一、企业伦理道德的内涵和主要内容

企业伦理道德是指活跃在企业经营管理中的道德意识、道德良心、道德规则、道德行动的总和。企业伦理道德实际上是一种责任伦理道德，主要是指企业各项经营活动在寻求平衡企业经济效益与社会效益的过程中，要选择"应当"的行为，要特别重视企业与社会的互动关系，承担起为社会的繁荣和发展所负有的不可推卸的伦理道德责任，把在公众面前树立良好形象视为企业的生命。

31

二、企业伦理道德的范围

企业伦理道德的主要范围包括以下几个方面：

1.企业与员工间的劳资伦理道德

它包括劳资双方如何互信、劳资双方如何拥有和谐关系、伦理道德领导与管理等，可以体现在关心员工上。公司对员工的关怀，使员工感到生活、工作具有稳定性，感受到公司的温暖，感觉到个人事业有前途，进而从根本上增强了公司的凝聚力、向心力。关心员工还需要关心员工的进步，员工最想得到的就是在犯错时有人立即给他指出来，能让自己的工作得到改善，不断地进步，让自己在不久的将来能有所收获。

2.企业与客户间的客户伦理道德

客户伦理道德的核心精神：满足客户的需求才是企业生存的基础。满足客户需求是企业经营的目标，也是企业存在的重要价值。客户伦理道德主要是服务伦理道德，指企业要为客户利益着想。为客户利益着想包括站在客户立场上研究和设计产品、重视客户意见、诚信待客、提供优质的售后服务等，比如：了解产品的技术规格，确保没有进行夸大表述；避免过分夸大产品的安全性；没有价格歧视等。

3.企业与同业间的竞争伦理道德

它包括不削价竞争（恶性竞争）、散播不实谣言（发黑函、恶意中伤）、恶性挖角、窃取商业机密等。

4.企业与股东间的股东伦理道德

企业最根本的目标是追求利润，因此企业必须积极经营、谋求更多的利润，借以创造更多的股东权益；清楚严格地划分企业的经营权和所有权，让职业经理人充分发挥才能，确保企业营运自由。

5.企业与社会间的社会伦理道德

企业与社会息息相关，企业无法脱离社会而独立运作。企业与社会间的伦理道德包括：取之于社会，用之于社会；重视社会公益，提升企业形象；谋求企业发展与环境保护之间的平衡等。

6.企业与政府间的政商伦理道德

政策实施需要企业界的配合与支持，金融是国家经济发展的重要产业之一，因而金融政策更是政府施政的重点，企业必须要遵守政府相关的法规，更要响应并配合政府的金融政策。

案例分析 2-3

优秀的企业，为什么都在秉持向善、向上的价值观？

心学的创始人王阳明，被认为是中国历史上的两个半圣人之一。心学的宗旨在于"致良知"，意即一件事是好的，还是恶的，自己的良知天然就可以分辨，而人应该追求良知，方能走上正道。通过"向善"的价值观念取得企业经营的成功，并非特殊的案例，几乎所有优秀的企业都是秉持向善、向上的价值观。

海亮集团作为一家民营企业，虽然声名并不显赫，但在强手如林的浙江民企界，已连续多年雄踞全省民企排行榜第二位，虽然早期这家企业只是一家规模非常小的乡镇企业。

20世纪90年代的商场中充斥着各种皮包公司和掮客，企业之间"三角债"现象非常普遍，诚信缺乏，但海亮集团的厂门口却挂着一个"失信赔偿"牌匾，上面写着："尊敬的顾客，凡与本公司发生的各种经济往来，我们保证严格按合同约定或口头承诺的时间支付款项（遇法定节假日顺延），否则，我们将按银行1年存款利率的十倍，赔偿给您。"

这一破天荒的诚信宣言，在客户的口口相传之中为海亮营造了极佳的外部经营环境。海亮集团也从一家乡镇企业，发展成为一家业务横跨铜加工、金属贸易、基础教育、节能环保、矿产开发、房地产、股权投资的超大型民营企业集团。

资料来源　张军智.优秀的企业，为什么都在秉持向善、向上的价值观？[J].年轻人，2019（6）.

问题：优秀的企业，为什么都在秉持向善、向上的价值观？

分析提示：秉持向善、向上价值观的企业，因为有了价值观做标准，总能选择做正确的事情，并在企业经营的过程中照顾到企业的方方面面，把事情做正确，最终走向成功。

三、企业伦理道德建设中的误区

企业伦理道德对企业生存和发展的作用，并不那么容易为人们所认识，而且往往存在着忽视或否认其重要性的各种认识上的误区，主要表现在以下几个方面：

1. 企业不是公益性慈善组织，无须讲究企业伦理道德

这种认识的前提是正确的，但结论却是错误的。与伦理道德不发生任何关系、超越伦理道德关系而采取所谓"伦理道德中立"的企业历来不存在。企业这种社会经济形式，从其产生的那一天起就不可避免地置身于人、群体、社会所形成的各种社会关系之中，不可避免地在各种伦理道德关系中充当某种伦理道德的主体角色。作为企业人格化代表的企业家，既是经济关系中的角色，也是伦理道德关系中的角色。因为企业和企业家的活动，无论从其目的还是从其手段来说，都存在着对人和社会发展的影响或价值关系问题。人们总是可以从人和社会发展的角度，对企业的活动做出是善的还是恶的、是有利的还是不利的评价。

2. 不讲伦理道德对企业利润最大化不会有妨碍

这种认识是错误的。由于市场经济体制的完善常常需要一定的历史过程，以及社会上不正当需求的存在，确有一些商人通过从事反伦理道德的盈利活动而大发横财。但是，非法的经营活动由于腐蚀、破坏着人和社会的进步和发展，历来为社会的伦理道德所不容，也日益为经济法律所不准。因此，非法的经营活动虽有可能得逞一时，但有朝一日终究会暴露而归于失败。即使从事合法的经营活动，如果不讲伦理道德，也会使企业日益陷入困境。这就是为什么市场经济越发展、市场越向买方市场转变，供方的企业就越要讲究形象和信誉、越要注意企业形象的塑造和包装的原因。

3. 讲伦理道德会使企业增加投入、减少收入

这种认识是错误的。讲伦理道德，意味着一个企业要从事伦理道德建设，制定伦理道德原则和规范，对全体员工进行伦理道德教育，对生产经营活动进行伦理道德监

督，还要设置从事伦理道德建设的组织机构，在实际的生产经营活动中要讲究社会效益、生态效益，讲究商品和服务的质量，这毫无疑问要加大投入；同时，讲伦理道德当然也意味着不能去经营那些有巨额利润却有害于人和社会发展的业务，也不能采取有损于伦理道德的经营手段。但是，应该看到，上述投入的增加归根到底是有利于企业长远发展的。这种投入的增加既是应该的又在长远上会给企业带来经济效益，有利于企业的生存和发展。

企业文化专栏2-2

2019年是"互联网反腐大年"

唯一能阻挡公司前进的，就是内部腐败。如任由腐败发生，不在制度上做出更多改进和强化教育，公司就会走向灭亡。

近来，多家互联网大公司展开了轰轰烈烈的反腐"大风暴"。

8月2日，滴滴公布2019年上半年查处30余起内部违规事件，有29人因严重违规被解聘，其中10人因涉嫌违反法律法规被移送司法机关。

7月31日，百度通报了12起内部腐败事件，涉事14人均已被辞退，部分员工被警方正式刑事侦查并采取强制措施。

7月19日，小米内部通报，2位员工因违规舞弊，已被辞退并移送公安机关，其中一位是索要供应商好处费700万元的创意部总监赵芊。

7月16日，360公司在内部发布通告称，知识产权资深总监黄晶因收受多家代理商的贿赂，已经被捕。周鸿祎在朋友圈发文称：要切掉权力腐败的"烂肉"。

对于互联网大公司来说，反腐已是日常性工作。针对腐败问题，制度的警示和企业价值观的引领很重要。一旦出现腐败苗头就及时扑灭，防患于未然。比如，之前阿里程序员写代码抢月饼被开除，就是一个很好的例子，行为再小，逾越红线就要严惩。

资料来源　孙剑嵩. 2019年互联网企业为何集中反腐？[EB/OL].［2019-08-18］. http://finance.sina.com.cn/chanjing/cyxw/2019-09-18/doc-iicezzrq6580642.shtml.

四、企业伦理道德建设

企业可以从以下四个方面入手，推动企业伦理道德的建立：

1. 制定并执行企业伦理道德守则

伦理道德守则所规范的主要内容是企业与其利益相关者（包括员工、顾客、股东、政府、社区、社会大众等）的责任关系，它同时包含公司的经营理念与伦理道德理想，如同一般人的座右铭，多少可以反映公司的文化、生存的基本意义和行为的基本方向。企业信奉的伦理道德守则应贯彻到经营决策的制定以及重要的企业行为中。在建立伦理道德守则的同时，通过一系列的奖励、审核以及控制系统加以强化，并对破坏伦理道德的行为予以惩罚，企业必须让大家都明白，组织里决不容许出现违反伦理道德的行为。管理人员对违规者的默许，将会严重破坏组织走向更具伦理道德的环境。

2. 设定企业伦理道德目标

企业伦理道德目标强调企业行为不仅具有经济价值，还必须具有伦理道德价值。

企业在追求经济目标的时候，往往不由自主地将获利作为衡量行为价值的唯一尺度，因此为了实现利润最大化不惜损害他人利益的行为在现实生活中时有发生，这说明企业的经济目标需要伦理道德目标的调节和制约。实践证明，企业经济目标和伦理道德目标相辅相成，只有同时并举，企业才能真正兴旺发达。强生公司在发现其生产的泰诺胶囊被污染以后，当时的CEO詹姆斯·布克当即决定在全国范围内回收所有的泰诺胶囊，这反映了强生公司经济目标与伦理道德目标统一的企业文化。如果没有一系列在企业内部根深蒂固的、被人们所共同享有的价值观和指导原则，很难相信强生公司的反应能够如此迅速、一致而且符合伦理道德。

3.加强员工企业伦理道德教育

现在不少国外的大企业，在员工的教育训练课程中，邀请诗人、哲学家为员工上课，目的就是希望员工能对身边的人与物有更高的敏感度，帮助员工在伦理道德思想和行为中注入强大的个人意志，防止破坏性的伦理道德沦丧。企业也可参与一些有意义的社会活动，协助推动社会良性改革，这样不仅可以提高企业的向心力，鼓舞员工士气，同时也可以提升员工的素质，满足员工更高层次的精神需求。这种需求的满足会进一步激发员工的积极性、创造性和敬业精神，从而更有利于企业经济目标的实现。

4.由上层开始推动企业伦理道德建设

事实上，成功的企业应该是一个合乎高标准伦理道德的企业，在处理好劳资关系、尊重知识产权、遵守法规等企业文化上，都有相当高的水准；而成功企业中卓有成就、德高望重的领袖人物，恰恰是最有资格提升社会伦理道德的人物。因此高层领导的重要职责之一就是赋予企业的指导价值观以生命，建立一个支持各种伦理道德行为的环境，并在员工中灌输一种共同承担的责任感，让员工体会到遵守伦理道德是企业积极生活的一面，而不是权威强加的限制条件。领导要敢于承诺，敢于为自己所倡导的价值观念而采取行动，同时当伦理道德义务存在冲突时，敢于以身作则。

案例分析 2-4

华为的反腐体系

这些年来，华为经过多年沉淀，建立了一整套反腐体系。

第一点，职责分离。比如需求方和采购方角色分离，需求方提出采购需求，采购认证部的专家团先受理，然后专家团根据采购需求在全世界范围内找同类服务的Top10服务商，并优先从中招标。

第二点，流程监督。比如华为的采购属于高风险职位，所以公司规定了明确的工作流程——需求申请、需求审批、专家团认证、寻找供应商、招标等，还有审计和稽核机构会对流程进行审计。任何人不能绕过流程，流程意味着有规则可循。

第三点，华为对关键岗位（比如采购部）一般选择有经验的老员工任职，老员工的股票收入通常会很高，相对比较禁得住利益诱惑。对于高收入人群来说，腐败的成本很高，很可能是直接进监狱或者被没收股票等。

第四点，华为对腐败行为的惩治毫不手软，一旦发现就严惩，提起诉讼。同时，公司还欢迎员工对腐败行为进行监督，为此还专门出台了反腐败的奖励措施。

　　此外，重要的是建立员工从公司获取正向收入的机制，引导员工的收入只能来自公司，对赚取来自公司以外的收入（如供应商）的行为进行严厉打击。

　　最后，不要用经济去考验人性。而为了不考验人性，要让员工觉得自己没有权力，若员工觉得自己权力很大，这恰是最危险的时候。

　　资料来源　孙剑嵩. 2019年互联网企业为何集中反腐？［EB/OL］. ［2019-08-18］. http://finance.sina.com.cn/chanjing/cyxw/2019-09-18/doc-iicezzrq6580642.shtml.

　　问题：站在员工的角度谈谈企业反腐。

　　分析提示：站在员工的角度，不妨思考这样几句话：专业能力，决定你飞多高；而职业道德，决定你飞多远。遵守职业道德，不会帮助你一路成功，但是会防止你瞬间失败。违反职场道德和法律的事情，绝对不能做，它们会毁了你的职业生涯，甚至会毁了你的一生。

单元三　企业家精神 ///////·········

　　强有力的企业文化给企业所带来的有形的和无形的、经济的和社会的双重效益，已被大多数企业认同。它不仅仅是一种管理方法，也是一种象征企业灵魂的价值导向。但是企业文化的形成离不开企业家的大力倡导、精心培育、率先垂范，因此企业家是企业文化的中坚力量。党的十九大报告在论述深化供给侧结构性改革时指出，激发和保护企业家精神，鼓励更多社会主体投身创新创业，建设知识型、技能型、创新型劳动者大军，弘扬劳模精神和工匠精神，营造劳动光荣的社会风尚和精益求精的敬业风气。

一、企业家

　　企业家"entrepreneur"一词来自法语，其原意是指"冒险事业的经营者或组织者"。在现代企业中企业家大体分为两类：一类是企业所有者企业家，作为所有者他们仍从事企业的经营管理工作；另一类是受雇于所有者的职业企业家。在大多数的情况下，企业家只是指第一种类型，而把第二种类型称作职业经理人。

小思考2-1

企业家和职业经理人有什么不同？

　　《聊斋志异》里有个故事，说一个叫叶天士的名中医，为其母亲治病时，为一味药拍不了板：这味药加对了，母亲的痛会治好；用错了则会恶化。他犹豫不决，转而询问另外一位中医，那位中医坚决认为该加——因为治好了叶天士的母亲，可以名扬天下；万一治不好，反正是你母亲而不是我母亲。

　　资料来源　编者根据相关资料整理。

　　问题：企业家是什么样的人？企业家和职业经理人有什么不同？

　　分析提示：企业家就是把企业当作自己母亲还敢下药，而且有能力把药下对的人。

　　职业经理人和企业家的特质大体相同，但是有一些关键性的区别。职业经理人和企业家的不同见表2-1。

表2-1　　　　　　　　　　　　　职业经理人和企业家的不同

职业经理人	企业家
将自己在企业中的任务放在首位	将企业的发展机会放在首位
对企业进行管理及优化	更关注企业的战略和发展
具备专业技能	具备独特的魅力和激励能力
能预测并制订计划（短期计划）	关注企业的未来，从长期着眼考虑问题
通过审查和制定指标来规避风险	敢于承担风险、具有勇气
通过分析、制定目标，采取措施开展工作	坚决遵循简单的理念和原则
通过理性权衡利弊做出决定	当仅靠理性无法做出决定时，采取直觉判断
拥有专业的管理技巧	具备领导人的人格魅力

二、企业家与企业文化

任何企业要建设强有力的企业文化，最关键的因素都是企业家，可以说企业家是企业文化建设的"龙头"，是企业中其他成员无法比拟的。企业家对企业文化的作用具体表现为以下几方面：

1.企业家是企业文化的创立者

企业文化作为一种特殊的组织文化，其创立是组织的高层领导人即企业家行为的结果。也就是说，企业家在创业的时候，不仅仅创造了企业的组织结构、经营方式、规章制度、分配形式等，同时也创造了一种文化。企业家把自己的理想信念、经营思想、价值取向等文化观念渗透到企业的各个要素中，形成一种较为稳定的文化氛围，即企业文化。

2.企业家是企业文化的管理者

现代企业家的主要职能就是对文化的管理；传统的企业管理者仅仅管理企业的资金、技术、设备、人员等，而往往忽略对企业文化方面的管理。这就是传统企业家与现代企业家管理对象的本质区别。

3.企业家是企业文化的变革者

经济的发展以及经济体制的变革，必然会影响文化的变化，这就要求企业家要具有与时俱进的精神，在必要的时候变革企业文化，来适应市场经济的需要，以及企业和个人的要求。企业文化的变革是从企业家开始自上而下地进行的，所以企业家的决策往往决定了企业文化的变革措施和方向。

案例分析2-5

任正非给华为新员工的八项忠告

华为创始人任正非的内部讲话总是被业界津津乐道，在最新的"致新员工书"中他强调："在华为改变自己命运的方法，只有两个：一是努力奋斗；二是做出良好的贡献。"据了解，"致新员工书"最早发表于1994年12月25日第11期《华为人》上，多年来任正非亲自修订更新数次，最新修订时间为2014年。

如何能够快速融入华为并发挥出自己的真实能力对于新员工而言至关重要。对此，任正非向新员工发出了语重心长的八项忠告：

一、没有责任心，缺乏自我批判精神，不善于合作，不能群体奋斗的人，等于丧失了在华为进步的机会，那样您会空耗了宝贵的光阴。

二、求助没有什么不光彩的，做不好事才不光彩，求助是参与群体奋斗的最好形式。

三、实践是您水平提高的基础，它充分地检验了您的不足，只有暴露出来，您才会有进步。实践再实践，尤其对青年学生十分重要。

四、要摆正自己的位置，不怕做小角色，才有可能做大角儿。

五、我们呼唤英雄，不让雷锋吃亏。在华为，一丝不苟地做好本职工作就是奉献，就是英雄行为，就是具有雷锋精神。

六、公司要求每一个员工，要热爱自己的祖国，热爱我们这个刚刚开始振兴的民族。只有背负着民族的希望，才能进行艰苦的搏击，而无怨无悔。

七、您有时会感到公司没有想的那样公平。真正绝对的公平是没有的，您不能对这方面期望太高。但在努力者面前，机会总是均等的，要承受得起做好事反受委屈。"烧不死的鸟就是凤凰"，这是华为人对待委屈和挫折的态度和挑选干部的准则。

八、世上有许多"欲速则不达"的案例，希望您丢掉速成的幻想，学习日本人踏踏实实、德国人一丝不苟的敬业精神。公司永远不会提拔一个没有基层经验的人做高层管理者。

资料来源　孙剑嵩. 2019年互联网企业为何集中反腐？[EB/OL].[2019-08-18]. http://finance.sina.com.cn/chanjing/cyxw/2019-09-18/doc-iicezzrq6580642.shtml.

问题：任正非"致新员工书"的作用有哪些？

分析提示："致新员工书"不仅让新员工明确了自己工作的职责、程序、标准，并向他们初步灌输企业及其部门所期望的态度、规范、价值观和行为模式等，使他们成为合格的"华为人"。

三、企业家精神的含义及主要内容

1.企业家精神的含义

一个企业创建企业文化首要的条件，就是看有没有一个有文化意识的企业家，如果没有这样的企业家，企业必然很难形成一个统一的文化规则，所以说企业家的精神境界决定了一个企业文化的品位和层次。这里所说的企业家的精神境界，其实就是企业家精神。

经济学家米勒在1983年把"企业家精神"定义为冒险、预见性和剧烈的产品创新活动，是企业家组织建立和经营管理企业的综合才能的表述方式，因而是一种重要而特殊的无形生产要素，是企业家特殊技能（包括精神和技巧）的集合。

在企业中，企业家就是团队的领头人，企业家精神在企业成长的初期成为企业文化的主要构成部分。譬如松下是松下幸之助的文化，肯德基是山德士上校的文化。

2.企业家精神的内容

（1）创新。21世纪是大变革的时代，创新是时代的主题，创新是企业家精神的灵魂。一个企业最大的隐患，就是创新精神的消亡，创新必须成为企业家的本能。但创新不是"天才的闪烁"，而是企业家艰苦工作的结果。创新是企业家活动的典型特征，包括产品创新、技术创新、市场创新、组织形式创新等。

（2）冒险。冒险是企业家精神的天性，没有甘冒风险和承担风险的魄力，就不可能成为企业家。在美国3M公司有一个很有价值的口号："为了发现王子，你必须和无数个青蛙接吻。""接吻青蛙"常常意味着冒险与失败。许多成功企业的创始人的生长环境、成长背景和创业机缘各不相同，但无一例外都是发生在条件极不成熟和外部环境极不明晰的情况下，他们敢为人先，第一个跳出来吃螃蟹。

（3）合作。合作是企业家精神的精华，尽管伟大的企业家表面上常常是一个人的表演，但实际上真正的企业家是擅长合作的，而且这种合作精神需要灌输给企业的每个员工。西门子就是一个例证，这家公司秉承员工为"企业内部的企业家"的理念，开发员工的潜质。在这个过程中，职业经理人充当教练角色，让员工进行合作，为其制定合理的目标，同时给予足够的施展空间，并及时予以鼓励。西门子因此获得令人羡慕的产品创新纪录和成长记录。

（4）敬业。敬业是企业家精神的动力。敬业精神是人们基于对一件事情、一种职业的热爱而产生的一种全身心投入的精神。这是企业家工作的唯一可能动机。企业家为了他的事业才生存，而不是为了他的生存才经营事业。货币只是成功的标志之一，对事业的忠诚和责任，才是企业家的"巅峰体验"和不竭动力。

（5）学习。学习是企业家精神的关键。荀子曰：学不可以已。学习与智商相辅相成，以系统思考的角度来看，从企业家到整个企业必须是持续学习、全员学习、团队学习和终身学习。日本企业的学习精神尤为可贵，它们向爱德华兹·戴明学习质量管理，向约琴夫·M.朱兰学习组织生产，向彼得·德鲁克学习市场营销等。

（6）执着。执着是企业家精神的本色。英特尔前总裁葛洛夫有句名言："只有偏执狂才能生存。"拥有执着品质的企业家善于将挫折转化为有益的因素，从困难中能学到从胜利中学不到的东西。正所谓"锲而舍之，朽木不折；锲而不舍，金石可镂"。巴达杰集团公司总裁帕克森说："不放弃别人不在乎的东西，冒险、执着、艰苦努力以求成功，这些品质是企业家赢得胜利的关键。"

企业文化专栏2-3

潜伏者王兴

今日资本创始人、总裁徐新每次碰到美团的人都会问王兴在忙什么，对方经常会回答"忙着提升自己、学习进步呢"。王兴不常露面，他更习惯待在饭否的小世界里"碎碎念"。饭否里的王兴更像是一个爱絮叨的话痨和发问者，他的更新频率通常每天5～8条，内容涉猎范围甚广。他在饭否上的个人签名是这样的：如果我一整天都没看到、想到或者做过什么值得在饭否上说的事，那这一天就太浑浑噩噩了。"善战"是外界给王兴贴上的标签。近两年，王兴在移动出行领域的野心也暴露无遗。2017年年初，美团宣布进军打车业务；2018年，美团以27亿美元收购共享单车摩拜。在王兴的布局之下，美团已经从一个只做团购的网站发展成为集餐饮外卖、电影票务、酒旅预订、生鲜超市、移动出行等业务于一体的本地生活服务平台。2019年，王兴个人以近3亿美元领投理想汽车的C轮融资，被视为他在出行领域的又一重要举动。显而易见，现在的美团还不是王兴最终设想的样子。他曾说道："哪有什么真正的终局？"

王兴很少对外谈起美团的战略。他更像一个潜伏者，总在思考和准备，并在关键时刻给予"致命一击"。正如一本书中所写的，他可以"九败一胜"，而这一胜，便是大胜。

资料来源　郭佳莹.潜伏者王兴［J］.中国企业家，2019（12）.

单元四　企业员工风貌

一般来说，观察员工的精神风貌，就可以看出企业文化的内在状态。企业员工是企业文化理念最直接和最明显的载体，员工的精神风貌直接体现了这个企业的运作状态。

一、企业员工风貌的含义

企业员工风貌是全体员工在企业发展过程中长期积累并形成的工作风格和精神面貌。工作风格体现了企业员工行为方式的个性，如员工的做事风格、协作风格，管理者的求实风格、民主风格等。精神面貌是指企业员工工作状况的表象特征，如拼搏进取且仔细认真的工作态度、工作文明而有秩序的生产现场、隆重热烈的典礼仪式、健康多彩的业余生活、浓烈的学习氛围、团结和睦的气氛等。

员工风貌是企业的一种氛围、风气，甚至是一种习惯。它影响着企业的发展方向和经营行为。良好的员工风貌能够协调企业的组织与管理行为，有助于建立科学、规范的企业运行秩序，提升企业员工的精神境界，达到提高工作效率与经济效益的目的。

企业文化专栏2-4

沃尔玛：今天你微笑了吗？

在说明良好的员工风貌对企业经营的积极影响时，再也没有比沃尔玛无所不在的笑脸更好的例子了。

在中国沃尔玛门店随处可见黄色的"笑脸符号"，不断提醒员工和顾客，他们在沃尔玛能够得到愉快的体验。笑脸以及其对顾客表达出来的关心，隐含在"十步准则"当中，该准则在中国被修改成"3米原则"，贴在墙上的一个直径达5英尺的黄色笑脸，每天提醒店内员工这一要求，当他们每天上下班打卡时这张笑脸就会向他们致敬。

在一家门店内，一面全身镜置于员工储物柜边上，上面贴着一个黄色的笑脸符号并写着一个问题："今天你微笑了吗？"每个员工都可以在进入销售区之前检查自己的笑容。

资料来源　陈佩华.沃尔玛在中国［M］.上海：复旦大学出版社，2016.

二、展现员工风貌的方式

1. 运用企业内刊

企业内刊是企业内部的一面旗帜，引领企业发展方向。它也是企业面向外部的一扇窗口，展现企业形象。企业内刊中的每个理念和案例，都将在潜移默化中影响员工的行为；内刊让外界感知企业的精神、旗帜、追求、理想、风格等。通过内刊可以让员工学习企业文化和掌握企业信息，员工可以在这里倾听、学习、讨论、共享。企业内刊对企业员工风貌的形成起着巨大的导向和传播作用。

企业文化专栏2-5

华为出版物

1.《营赢》杂志

这是一本关于商业成功的杂志。倾听全球商业精英、伙伴、意见领袖分享运营实践和前沿洞察，分享华为与客户伙伴合作双赢的故事。

2.《华为技术》杂志

这是一本聚焦技术和客户解决方案的杂志。关注行业动态，解读热点话题，分享成功故事，把握技术潮流。《华为技术》始终聚焦您的挑战和压力，与您探索制胜之道。

3.《ICT新视界》杂志

华为企业BG的核心技术期刊，聚焦云计算、大数据、物联网、移动互联网等当前热点ICT技术，面向全球企业市场的中高端客户、渠道伙伴、业界专家等发行。

4.《华为人》报纸

这是一份体现华为核心价值观、人文精神的报纸。在这个世界上，技术会变化、管理会改进、资源会枯竭，唯有文化生生不息。

资料来源　华为技术有限公司. 出版物［EB/OL］.［2020-12-20］. https://www.huawei.com/cn/publications.

2. 运用微信、微博、内部邮件

随着以微信、微博为代表的"微时代"的到来，大量企业积极加入微信、微博公共服务平台，借助企业的官方微博，微信服务号、订阅号、小程序，以及企业微信，传递各类企业信息，提供各种应用服务，展现员工工作状态。基于庞大的用户基数，以及实时通信、人际互动、信息传播、电子商务等便捷强大的服务功能，微信、微博、内部邮件已成为人们日常生活中不可或缺的信息交流工具。

3. 举办演讲、辩论、讲座

现代企业员工思想比较活跃，他们对同一事物的认识往往不一致，这是社会进步的一种表现。企业需要利用演讲、辩论、讲座对其进行正确的引导。这些方式也是深受企业员工欢迎的教育方式。

企业文化专栏2-6

《蓬生麻中 不扶自直——华为90后的故事》简介

三十而立，90后、95后的许多人已经成为华为各个业务部门、研发部门、后勤行政体系中的挑大梁者、领头人和骨干员工。在本书中，你可以看到形形色色的华为90后——在艰苦地区绽放青春的"冈比亚鳄鱼哥""非洲小太阳"和勇闯巴格达的账务姑娘；将5G带进矿山、让无人驾驶的挖掘机在矿海深处大展拳脚和给盲人极速滑雪运动员装上"眼睛"的项目经理；在代码的世界发现美和学校刚毕业就进入华为的"博导"；勇于挑战难题并攻克难题的"揭榜英雄"；还有大年三十奔赴武汉火神山医院工地的"战地坚守者"……他们仅仅是华为90后员工的几十幅缩影。他们的背后是数万无名的90后华为英雄、天才、平凡而努力奉献的普通员工，他们像极了40后、50后、60后、70后、80后的华为人。80后已经成长为华为文化的奉行者、守候者、传播者，数万90后华为人也早就融入华为奋斗者的队列中，融入华为奋斗文化的洪流中。同时，他们也是华为文化的创新力量和变革力量。

资料来源 田涛. 蓬生麻中 不扶自直——华为90后的故事 [M]. 北京：生活·读书·新知三联书店，2020.

4.组织丰富的文体活动

随着企业员工年轻化、文化水平普遍提高，他们对艺术的欣赏能力更高了，对舞蹈、歌曲、戏剧、体育等文体活动更强调个性。秀出个性，是大多数人的心理期盼，企业组织者要适应这种心理需求。健康向上的文艺活动，是调节员工紧张情绪，提高其思想修养，促使其热爱企业、热爱本职工作的有益活动。为此，许多企业都重视组织丰富多彩的文体娱乐活动以吸引职工参加。在工会的组织下，一些企业成立了集邮、歌咏、文学、摄影、太极拳、书画、舞蹈、信鸽、编织等兴趣小组。

（1）文体活动的类型。

①专题竞赛类活动，如技能竞赛、辩论赛、演讲比赛、知识竞赛、擂台赛、征文大赛、故事会、设计大赛。

②沟通类活动，如高管开放日、对话会等。

③知识类活动，如读书活动、文化沙龙、学习活动等。

④管理类活动，如管理论坛、一分钟经理人、班前宣誓等。

⑤习俗仪式类活动，如升国旗仪式、公司周年庆典仪式、干部任免仪式、新员工加盟仪式、感恩仪式、年终表彰大会、社区联谊会、客户联谊会、节日联欢会、员工生日晚会等。

⑥娱乐类活动，如联欢会、卡拉OK、影视欣赏、音乐会等。

⑦艺术类活动，如书法展、专题摄影、绘画展等。

⑧体育竞技类活动，如球类、长跑、登山等。

（2）开展文体活动需要注意的问题。

①不同形式的活动，其文化含金量不同，有时需要统筹安排。组织活动要尽量体

现综合性，即做到活动多样、内容丰富。每一次的活动要在内容上丰富多彩、时间安排上合理有序，充分发挥员工的特长和爱好，让员工在紧张的工作之余得到轻松的享受，陶冶情操，赢得健康。

②不能为活动而活动，必须赋予文化内涵。活动开展不但要有趣味，能够达到娱乐、健身的目的，还要上层次，使员工的才华更上一层楼，这就要求各类文体活动具备艺术性、文化性。通过这些高层次的文体活动，可以更好地挖掘人才、发现人才，使员工获得表现机会，并能在今后不断地提高自己。

③文化传播形式要创新。由于趣味性、娱乐性活动具有很大的吸引力，是以趣味、自娱自乐、消遣和游戏的活动方式出现的，所以通过开展趣味性、娱乐性活动能使员工的身心健康需要和情感愿望得到满足，并能充分发挥员工的特长。

案例分析 2-6

华为丰富多彩的员工健康活动

面对全球各地环境的不确定性，华为积极扩大员工保障投入，构建起专业和完善的健康和安全保障体系。

2018年，华为积极探索"以防代治"，充分整合健康行业、保险行业资源，开展"健康积分制"试点，引导员工主动加入健步走、慢跑、瑜伽、游泳等运动中，以自己的健康行为换取健康主题产品或服务激励，如健康餐、健康饮品、健康保险等，吸引员工踊跃参与，践行了华为公司一向倡导的"我的健康我做主"的健康管理理念。

2019年，华为在全球持续开展形式多样的活动，如"和时间赛跑"、"We are family"中外团队融合、"燃烧正能量"3+1健康周、"为爱奔跑"等大型主题活动，通过这些活动推动各级管理者关心、关爱员工的同时，也能让员工相互关爱，拥有健康、阳光的心态，传递正能量。

资料来源　编者根据相关资料整理。

问题：丰富多彩的员工健康活动体现了华为怎样的企业文化？

分析提示：这些员工健康活动体现了华为关爱员工的企业文化。华为始终倡导"高效工作、快乐生活"的理念，为员工创造高效、轻松和关爱的工作氛围，提升员工的幸福感，促进员工工作和生活的平衡。

单元五　企业精神的提炼

一、企业精神文化的来源

企业精神文化源于很多方面，产生的途径多种多样，既有学习、借鉴，也有传承、创新。

1.民族传统文化精髓

中华民族有着博大精深的传统文化，这些优秀的传统文化是上千年来宝贵经验的结晶，是一笔丰厚的文化遗产。其中，儒家思想对企业文化的影响是以人为本、以和为贵、知人善任、仁爱、中庸之道。第一，实行人本管理，必须修炼自身品格，讲求"仁、义、礼、智、信"。第二，要以人为本，知人善用。第三，要培养合作意识，树立团队精神。第四，要义利一致，以义取利。第五，可以借鉴中庸思想，实行适度管理。

优秀的企业文化是开放的，是兼收并蓄、创新提炼，而又自成一体的。企业要汲取中国传统文化的营养和力量，从中提炼、演绎和升华与企业经营管理相关的文化精华。这不但能使企业树立正确的价值观，承担高尚的企业使命，也能够提升企业文化的内涵，将中华民族的光荣传统发扬光大。

企业文化专栏2-7

自信文化的基础

新时代中国企业自信文化源自中华民族5 000多年文明历史所孕育的中华优秀传统文化，熔铸于党领导人民在革命、建设、改革中创造的革命文化和社会主义先进文化的底蕴，夯实了我们企业文化建设的根基，奠定了我们文化自信的强大底气。

新时代中国企业文化有"自强不息"的奋斗精神、"精忠报国"的爱国精神、"天下为公"的担当精神、"舍生取义"的牺牲精神、"革故鼎新"的创新精神、"扶危济困"的公德精神等优良文化传统，一直是中国企业奋发进取的精神动力，赋予了我们文化自信的铮铮骨气。

资料来源 华锐. 新时代中国企业文化［M］. 北京：企业管理出版社，2020.

2.当代社会文化精髓

企业文化与社会文化密切相关，员工生活于社会，就职于企业，社会文化自然会渗透到企业，影响企业文化的形成，社会文化中的积极因素应该是企业文化的来源之一。同时，企业文化与企业的地域文化是密不可分的。没有地域文化的支撑，就不可能形成真正的企业文化。企业文化应是行业文化和社会文化的对接部分，企业文化只有不断地与行业文化和社会文化交融，企业才能得以生存，行业才能得以发展。如果企业文化没有行业的特色，看不出地域特色，那这种建设必然是失败的。当然，在选取的过程中，不能盲目跟风，企业从社会文化中选取的应该是那些具有持久性的文化因素，否则，提炼出来的理念也不会持久。

企业文化专栏2-8

小米文化

小米的使命：始终坚持做"感动人心、价格厚道"的好产品，让全球每个人都能享受科技带来的美好生活。

小米公司成立时就有一个宏大的理想：改变商业世界中普遍低下的运作效率。小米有勇气、有决心、有毅力推动一场深刻的商业效率革命——把每一份精力都专心投入做好产品，让用户付出的每一分钱都有所值。

小米的愿景：和用户交朋友，做用户心中最酷的公司。

优秀的公司赚的是利润，卓越的公司赢的是人心。小米是一家很少见的拥有"粉丝文化"的高科技公司。对于小米而言，用户非上帝，用户应是朋友。为感谢"米粉"的一路相伴，小米将4月6日这一天定为"米粉节"，每年4月初都会举办盛大活动与"米粉"狂欢。自2015年起，每年年底小米都会举办小米家宴，邀请"米粉"回家吃"团圆饭"。同时，小米员工还会自发地为"米粉"手写10万张明信片，这是小米不一样的地方，是小米人发自内心、一笔一画亲手表达的情感，这是对愿景的最好诠释，这是和"米粉"交朋友的实际行动。

小米的核心价值观：真诚、热爱。

真诚就是不欺人也不自欺；热爱就是全心投入并享受其中。

资料来源　小米公司.小米文化［EB/OL］.［2020-12-02］. https://www.mi.com/about/culture.

3.国外先进企业的理念

目前企业文化中的很多新思想、新意识都是从国外传入的，如质量意识、市场意识、竞争意识、团队意识、忧患意识、品牌意识、环保意识等。当这些新观念和企业的实践相结合后，就成了企业文化的新资源。

企业可以把国外先进企业的理念作为参考，学习这些企业理念的表达方式和阐述的角度，这样对于提炼企业自己的理念是有启发作用的，但是要注意不要照搬照抄。由于各国国情和商业环境不同，我国企业相对于国外企业而言有很多特殊的地方，所以，我国优秀企业的传统更具针对性，更贴近实际情况，是值得借鉴的。

4.企业创始人和经营团队的理念

人，作为文化和理念的载体，是主导企业文化的最积极因素。在企业价值理念整合中，应充分发掘创始人和经营团队的思想资源，使优秀思想成果成为企业的共同财富，实现企业家理念与企业理念的结合。因此，在理念的提炼过程中应该充分挖掘和尊重企业创始人和经营团队的理念，这对企业哲学、企业精神等理念的形成都颇有裨益。

5.企业管理实践

企业文化永远是一个动态的概念，从企业的实践中来，在实践中不断发展。表现在不同行业的企业身上，就是企业文化各有特点，如服务业提倡"客户至上，一切为客户服务"的价值观，高科技产业则注重乐观、进取、创新，以"追求卓越"作为核心价值观。尊重企业文化的实践是企业对理念提炼遵循的原则之一。

6.企业优秀人物和群体的事迹

每个公司在发展过程中都会涌现出许多先进人物和先进事迹。这些优秀人物的世界观、人生观和价值观对员工具有很大的影响力和感召力，他们的言行表明了企业宣扬什么、贬斥什么、鼓励什么、否定什么。对这些人物和事迹的了解有助于理念的提炼。

此外，在提炼理念的同时还应该在企业战略的指导下，结合企业现状和市场环境进行有效有益的创新，这样提炼出的理念才是独创的、有特色的，才是符合企业发展状况的。

二、企业精神文化的设计要求

企业精神文化的提炼和设计，既要能被企业内部员工认同并自觉贯彻，也要能被社会公众欣赏和接受。这就不仅需要具有价值的实质内容，还需要具有科学性、艺术性的表达方式。

1.清晰明确

每个组织都有一套价值观体系，它们决定什么行为可以接受、什么行为不可以接受。有时候企业的价值观体系没有整理成文字，但是人们仍然通过各种制度规范和行为习惯了解这些价值观。事实上，确定组织依据什么价值观进行运作的最好方法，就是确认这些规范和习惯并考察组织的决策依据。运用这种方法，能够找出公司信奉的价值观和当下标榜的价值观之间所存在的差距。一些企业喜欢使用"上善若水""厚德载物""达兼天下""恒心如一"之类的古语作为价值观，这样的叙述对员工将其化为实际行动去践行的指导意义并不大。

小思考 2-2

在某著名企业的网站上，企业的核心价值观表述为"××（企业名）利益是一切利益的基础"，后来企业用"关注顾客、崇尚业绩、奉献社会"的核心价值观取而代之，并出现了"学习、创新"的企业哲学，"适应、诚信、品质、超越"的企业精神，"卓越的表现源于优秀的思想"的经营理念以及以投资理念、学习理念、人才理念等为核心内容构建的理念群。

资料来源 编者根据相关资料整理。

问题：为什么用"关注顾客、崇尚业绩、奉献社会"来替换"××利益是一切利益的基础"？

分析提示："××利益是一切利益的基础"的核心价值观表述过于直白，会引起社会公众对其经营行为的误解，同时这种企业文化的表述也过于含糊，无法发挥企业文化对企业员工的精神指引作用。

2.个性化

企业文化受很多因素影响，包括创业者个性、行业特点、企业历史、企业愿景、企业发展战略等，企业文化是企业对自身成功经验和思想的总结和提升，因此应该具有很强的独特性。索尼的"先驱精神"、诺基亚的"科技以人为本"、松下的"造人先于造物"、惠普之道、迪士尼的"想象力与魔力文化"等，这些卓越的公司都从自己企业的角度提炼和宣扬自己的文化，非常富有个性。企业文化雷同化的趋势要避免，如避免使用"团结、求实、创新、奉献、协作、奋进、实干、创优、拼搏、开拓、突破"等这些像标准化的组装零件的词来组装自己的企业理念。

3.具备核心理念

有些企业在提炼公司理念时，从愿景、使命、价值观、哲学、精神，一直到人才理念、营销理念、研发理念、竞争理念等，这往往让员工一头雾水，不知道企业文化的核心究竟是什么。企业文化必须明确企业的核心理念，包括企业使命和核心价值观，这是企业经营发展的原动力和最高准则。使命是企业发展的责任感、追求与理想，是一种崇高的精神境界。比如强生公司在1886年创立之初，就以"减轻病痛"为理想，到了1908年，这个目标逐渐成为一种企业的哲学，并把顾客服务和关心员工放在股东报酬之前。

4.与企业战略相配合

企业文化塑造、企业战略选择和企业制度安排这三者之间经常是三位一体的，是你中有我、我中有你的关系。因此，在企业理念的设计中，也要充分考虑到这一点。企业理念设计必须以企业发展战略为依据。企业理念中的基本理念，如企业使命、经营理念等，与企业的战略发展规定的产业结构、未来目标、经营方向是直接相关的。

三、企业文化理念的表达方式

企业文化理念在设计的时候，不但要使之有思想、有内涵，还要赋予它一定的文采，表达得体，才易于接受、易于传播。这也是企业文化管理的一个重要原则。

1.口号化表达

口号是供口头呼喊的具备纲领性和鼓动性作用的简短语句。其特点如下：内容精练，主题突出；具有比较强的鼓动性、感染力和号召力；句子简短，音韵铿锵，便于记忆、阅读和传播。口号是对所要表达的企业理念内容的高度浓缩和概括，是企业对文化的生动展现。因此，正确地掌握和运用口号技巧，对于理念的实施和传播、对于用理念规范企业的实践行为、对于树立企业的形象等，都有很大的帮助。在企业文化理念设计中，多数企业也采用了口号化的语言表达方式。企业文化理念口号式的表达方式，运用得比较早，也运用得比较广泛。如同仁堂的企业精神——同修仁德，济世养身；联想的核心价值观——成就客户、创业创新、精准求实、诚信正直。

2.人格化表达

企业文化本质上是一种管理，而中国企业文化最大的特色就是"人格化"。所谓人格化，就是把无形的企业文化以有形的"企业人"作为载体，通过人的行为、思想、意识在潜移默化中传达企业文化特征，起到引领和化抽象为具体的作用。一个企业全力倡导的文化不是一句口号，更需要验证，需要人去实践，需要在员工中有活生生的人物来体现，而最能体现企业文化的人莫过于企业所树立的"英雄人物"。他们就是企业价值观、企业精神的人格化。

案例分析2-7

太二酸菜鱼——网红餐厅的进阶之道

提起太二酸菜鱼，相信在北上广深一线城市的很多朋友们都不陌生，其因独特的风格和品牌定位、奇葩的店规而被人们熟知。作为成立于2015年的新一代创新互联网餐饮品牌，它主要针对年轻人群，用互联网趣味的方式表达"二"的态度，

47

招牌菜酸菜鱼主打"酸菜比鱼好吃"。与传统印象中的餐厅服务至上不一样,"太二"显得非常任性。

它的消费者触点非常少:没有服务员点单,甚至倒水、结账都是自助服务;4人以上不接待;不拼桌也不加位;酸菜鱼不外卖;酸菜鱼只卖鲈鱼;辣度只有一种;每天只卖100条鱼,卖完结束营业;不支持现金结账等。

通过餐桌上的台卡可以看到顾客对老板"太二"的吐槽,该餐厅以"自黑"的方式拉近了与年轻顾客的距离。"老板埋头做酸菜,到了时间忘开门。""酸菜比鱼还好吃,卖完酸菜就打烊。"也不知是霸气还是另类,连宣传语都与这个时代格格不入,用"太二"作为商号名称确实很有个性。

资料来源　张国军.太二酸菜鱼——网红餐厅的进阶之道〔J〕.销售与市场(管理版),2020(4).

问题:年轻人为什么选择"太二"?

分析提示:太二酸菜鱼作为一家互联网创新餐厅,从其品牌定位我们就能看出其目标顾客群体基本是90后年轻消费者,极具网红气息,容易让人记住。正是这种任性的经营风格,该餐厅赢得了年轻人的追捧。

3.艺术化表达

企业文化理念的艺术化,是指将企业文化理念要素用音乐、美术、摄影、电视等艺术手法表现出来,借助艺术的美来传播和推广。这些东西都是企业文化的载体,也是群众喜闻乐见的文化形式。

(1)企业广告。广告作为一种无形的资产的增值系统,本身是凭借企业的价值理念作指导的,是受企业文化理念支配的,优秀的广告必定能反映企业的精神、企业的文化,是企业精神的载体。

企业文化专栏2-9

> **"洗脑"的广告用语**
>
> "为发烧而生"——小米手机
>
> "照亮你的美"——vivo X9
>
> "一家专门做特卖的网站"——唯品会
>
> "唯有美食与爱不可辜负"——下厨房
>
> "音乐的力量"——网易云音乐
>
> "听说下雨天,巧克力和音乐更配哦"——德芙巧克力
>
> "我们只做大自然的搬运工"——农夫山泉
>
> 资料来源　编者根据相关资料整理。

(2)企业之歌。企业之歌是体现企业基本价值理念,即体现企业价值观和企业精神的歌曲,它能凝聚企业精神,最具概括性地树立企业音乐形象。著名词作家乔羽认为:"企业之歌是为企业树立音乐形象的歌曲。"著名词作家张琴认为:"企业之歌也离不开歌曲创作的原则,要易唱、易学、易记。"

(3)企业誓词。企业誓词是借助宣誓和训示的形式来表达企业员工对企业价值理念的认同,特别是对企业核心价值观、企业精神和企业目标的认同,在认同基础上表

达对企业的忠诚和拥戴。

案例分析 2-8

华为宣誓大会

"自律宣言"大会已经成为华为每年的例会。宣誓的誓词如下：

1.我决不搞迎来送往，不给上级送礼，不当面赞扬上级，把精力放在为客户服务上。

2.我决不动用公司资源，也不占用工作时间为上级或其家属办私事。如遇非办不可的特殊情况，应申报并由受益人支付相关费用。

3.我决不说假话，不捂盖子，不评价不了解的情况，不传播不实之词，有意见直接与当事人沟通或报告上级，不能侵犯他人隐私。

4.我们认真阅读文件、理解指令。主管的责任是胜利，不是简单的服从。主管尽职尽责的标准是通过激发部属的积极性、主动性、创造性去获取胜利。

5.我们反对官僚主义，反对不作为，反对发牢骚讲怪话。对矛盾不回避，对困难不躲闪，积极探索，努力作为，勇于担当。

6.我们反对文山会海，反对繁文缛节。学会复杂问题简单化，600字以内说清一个重大问题。

7.我决不偷窃，决不私费公报，决不贪污受贿，决不造假，我们也决不允许我们当中任何人这样做，要爱护自身人格。

8.我们决不允许跟人、站队的不良行为在华为形成风气。个人应通过努力工作、创造价值去争取机会。

资料来源 吴春波.华为没有秘密2［M］.北京：中信出版集团，2018.

问题：有人说："人们已经无法预期宣誓所能起到的真实作用，也就不再相信宣誓了。"你怎么看？

分析提示：有人认为宣誓只有言而无行。言与行是两个层面的问题，先言后行没有什么不可以，总比言行不一要好得多。从某种意义上说，宣誓就是行前的热身，先把状态激活，再进入行的过程。

[项目测试]

一、简答题

1.企业价值观的含义和功能分别是什么？

2.企业伦理道德的内涵和主要内容分别是什么？

3.企业家和职业经理人有什么不同？

4.展现员工风貌的方式有哪些？

5.企业精神文化的来源有哪些？

6.企业精神文化设计要求是什么？

二、案例分析题

企业文化"三问"

第一问：使命是什么？使命是企业存在的理由，为什么你的企业能活下去？对谁有价值？这是企业文化的根本。使命有时候和信仰有关。一般来说，企业的使命来自两个主体：一是客户，二是股东。

微软初创时的使命是"要使全球家家户户都有个人电脑"，如今修改为"让全球的人们以及企业充分发挥潜能"。华为以前的使命是"聚焦客户关注的挑战和压力，提供有竞争力的通信解决方案和服务，持续为客户创造最大价值"，现在则更新为"致力于把数字世界带入每个人、每个家庭、每个组织，构建万物互联的智能世界"。企业使命的承担者主要是以掌门人为中心的高管群体，他们的使命感可能来自信仰。

第二问：愿景是什么？比使命低一个层次的是愿景。企业发展需要召唤、牵引的力量，那就是企业未来的梦想——希望成为什么样的企业。有的企业将使命描述为未来的状态和目标——未来五年、十年、百年之后，将成为怎样的企业。

迪士尼的愿景是"成为全球超级娱乐公司"，联想的愿景是"高科技的联想、服务的联想、国际化的联想"。

第三问：核心价值观是什么？价值观指一个人对周围的客观事物（包括人、事、物）的意义、重要性的总评价和总看法。核心价值观的构成比较复杂，不像使命和愿景一样可以用一句话来概括。企业作为一个组织，与股东（投资者）、员工、客户、社会、供应商等各方面利益相关方的基本关系与排序必须确定下来，再据此确定核心价值观。

迪士尼的核心价值观是"极其注重一致性和细节刻画，通过创造性、梦幻和大胆的想象不断取得进步，严格控制、努力保持迪士尼的魔力形象"。华为的核心价值观是"以客户为中心，以奋斗者为本，长期坚持艰苦奋斗"。

资料来源　杨杜.企业文化"三问"[J].企业管理，2019（12）.

问题：企业文化建设为什么要回答这三个问题？

分析提示：企业文化"三问"致力于理清企业文化建设的核心内涵。如果把理念层当成企业文化的灵魂，就要首先搞清楚企业理念的核心内容。

[项目实训]

实训主题："班级文化建设方案"设计

班级文化作为一种隐性的教育力量，表现出一个班级独特的风貌和精神，是一个班级的灵魂所在，具有凝聚、约束、鼓舞、同化的作用。本次实践活动要求设计"班级文化建设方案"。

1.内容与要求

（1）主题力求突出；

（2）设计力求创新，挖掘班级内涵，突出个性，形成班级特色；

（3）内容力求丰富，结合班级的情况，全面进行文化熏陶和渗透。

2.成果检验

（1）组建班级文化建设小组；

（2）撰写"班级文化建设方案"；

（3）进行方案说明和资料展示。

企业制度文化

【学习目标】

＊知识目标：

1.掌握企业领导体制的具体内容、特征及作用；

2.了解企业组织结构的相关概念及内容，了解企业组织结构的创新与发展历程；

3.掌握企业管理制度的作用和原则，理解企业管理制度的重要性和规范性。

＊技能目标：

1.能根据企业组织结构的演变规律与发展趋势，在学习中掌握及理解组织结构的设计方法；

2.根据企业管理制度设计的相关原则，掌握企业制度设计的方法，巧妙地运用相关技巧；

3.结合中小型企业的特点，掌握中小型企业管理制度设计的技巧。

引例

无印良品的成功90%靠制度

日本人的刻板在全世界都是比较出名的，但是这种刻板的背后却隐含着"认真"二字。无印良品的严格管理表现在商品的陈列上，甚至可以用"极端"来形容。在无印良品的商品陈列规范中，所有商品的摆放必须遵循从左至右依次由浅入深、由小到大的基本陈列规则，每一件商品在商店里都拥有自己的精确坐标，门店对商品的摆放没有任何决定权。门店每周会收到上海总部发来的邮件，邮件内容是总部为每个货架设计的商品陈列图，这张图会清晰地标出货架的每一层、从左至右应该摆放哪件商品、商品摆放的方向，甚至连商品标签的位置都有详细的说明，并以条形码进行最终确认。通常，邮件还会配上一张商品陈列的效果图，各门店要做到和效果图一样。例如，文具区所有笔盖都必须朝向同一个方向，美容护肤品类的各类瓶子的瓶盖和标签也必须朝向统一，被挂在高处的搓澡棉、浴花必须由店员用纸板作为尺子规整，保持同一高度。

资料来源　编者根据相关资料整理。

这一案例表明：企业规章制度让工作规范化，将流程机制化，让人排除印象和直觉。它是企业运作的行动纲领和准绳。企业制度文化是企业运作的根本，同时也是企业文化的一个重要窗口和传承载体。

单元一　企业领导体制

　　企业领导体制的核心内容是用制度化的形式规定组织系统内的领导权限、领导机构、领导关系及领导活动方式，任何组织系统内的领导活动都不是个人随意进行、杂乱无章的活动，而是一种遵循明确的管理层次、等级序列、指挥链条、沟通渠道等而进行的规范化、制度化和非人格化的活动。

一、企业领导体制的概念

　　企业领导体制是指独立的或相对独立的组织系统进行决策、指挥、监督等领导活动的具体制度或体系。它用严格的制度保证领导活动的完整性、一致性、稳定性和连贯性。它是领导者与被领导者之间建立关系、发生作用的桥梁与纽带，对于一个集体的发展具有重要意义。

案例分析 3-1

名创优品的合伙人模式

　　北京时间 2020 年 10 月 15 日，名创优品正式登陆纽交所，引起了中国商业界的极大关注。截至 2020 年 10 月，名创优品已经在全球 80 多个国家和地区完成布局，海外市场开设超过 1 680 家店面，全球累计开设 4 200 家门店。在许多国家，名创优品与优衣库、无印良品、宜家等全球知名零售企业并驾齐驱，被誉为零售行业的标杆品牌。名创优品在短时间内实现如此大规模的销售奇迹背后，是其打破成长天花板的"三驾马车"：产品为王、名创优品合伙人模式、全球化。

　　在早期发展阶段通过开设一些直营门店进行探索，名创优品形成了成熟的门店运营模式和供应链体系，继而开创性地采取了一种"合作伙伴投资开店，名创优品管理"的"名创优品合伙人模式"。在这种类似直营的加盟模式下，合作伙伴只需投入 200 万元左右的开店资金，每天就能收到前一天店铺交易额的 38%（食品为 33%）的投资回报，而门店的配货与销售则由名创优品进行统一管理。

　　由于名创优品一直坚持严格的店铺选址要求，再加上一流的品牌、一流的产品与让顾客惊喜的价格，几乎每一家门店都有很好的业绩表现，这给合作伙伴带来了高回报，并进而在行业内形成口碑效应，吸引了更多的合作伙伴加入。

　　资料来源　刘学辉. 深度解码名创优品 IPO：逆势崛起背后的商业模式、战略、管理与文化[EB/OL].［2020-10-26］. https://www.jiemian.com/article/5150567.html.

　　问题：合伙人模式有哪些特点？

　　分析提示：用事业来凝聚关键的领导人才，并且通过共同持股、共同投资的方式让大家的利益捆绑到一起，让事业合伙人在公司平台上发挥最大才华，与公司实现共赢。

二、企业领导体制的内容

　　企业领导体制包括领导的组织结构、领导层次和领导跨度、领导权限和责任划分，以及领导体制的构成要素。

1. 领导的组织结构

领导的组织结构是指领导机构内部各部门之间的相互关系和联系方式。它包括两种基本关系：一是纵向的关系，即隶属的领导关系；二是横向的关系，即平行的各部门之间的协作关系。它一般包括直线式组织结构、职能式组织结构、混合式组织结构和矩阵式组织结构四种。

2. 领导层次和领导跨度

所谓领导层次，是指组织系统内部按照隶属关系划分的等级数量，即该组织系统设多少层级进行领导和管理。领导跨度又称领导幅度，是指一个领导者直接有效地指挥下级的范围和幅度。

3. 领导权限和责任划分

领导权限和责任划分的中心内容是建立严格的从上而下的领导行政规章制度和岗位责任制，对不同领导机构、部门之间以及领导者之间的职责权限做出明确的规定。

4. 领导体制的构成要素

领导体制的构成要素包括决策中心、咨询系统、执行系统、监督系统与信息反馈系统五个部分。

企业文化专栏 3-1

17万人像是1个人，比亚迪、华为推崇高强度秩序文化

比亚迪是一家拥有17万人的大企业，但是你们绝对想不到，其内部秩序的构建是非常独特的：几乎像一个独特的生命体一样，17万人实际上像是1个人。在这个公司中，王传福是集权的，几乎不存在民主。

在他建立的这套秩序中，公司100万元以上的预算他都要亲自过问、签字，而且员工上的是内网，不允许上微信、QQ、视频网站，只能看跟工作相关的东西。

在2003年收购秦川汽车公司的过程中，有很多大型国有企业去参与竞标，人家出价是2亿元。王传福就带了三四个人去，第二天跟人家拍板，出价2.4亿元。那些公司知道这个消息之后一时束手无策，因为重新做出决策从立项到董事会决议至少要两个月时间。王传福还是一位有战略思想和战略眼光的企业家，当他看到锂电池行业发展出现滑坡，就做出了大胆的收购决定。王传福要收购的公司是在港交所上市的，国际投资机构发声说如果你要收购这家公司，一定会把你的股票抛到跌停，但是王传福还是买了下来。收购完成之后大家发现王传福的决策是对的，但西方人为什么说会将股票抛到跌停？因为西方人认为在一个现代化企业内，内部的决议和争执可能会导致这个项目流产。没想到比亚迪这家公司很独特，是从上到下集权的公司，决策效率非常高，高到让人觉得不可思议。

华为公司内部秩序的强度也非常高，员工会受到众多约束，实际上这样的文化束缚了这些人的思想，这些思想的束缚又导致他们的行动力非常强。

资料来源　笔记侠. 17万人是1个人，为什么华为推崇高强度秩序文化？[EB/OL].
[2020-02-01]. http://www.yixieshi.com/72581.html.

三、企业领导体制的特征

企业领导体制除了具备自然属性与社会属性这两种根本属性之外，还具备以下几种基本特征：

1. 系统性

领导体制作为一个系统，是一个包括各级各类领导机构职责与权限的划分、各级各类领导机构的设置、领导者的领导层次与幅度，以及领导者的管理制度在内的有机整体。

2. 根本性

任何领导活动，其成败归根结底取决于领导者的思想与活动是否符合社会生产力发展的客观规律。

3. 全局性

领导者作为个体，虽然在自身所属的单位或部门中起着统御全局的关键性作用，但在总体上却必须受到领导体制的规范与制约。

4. 稳定性

领导者或领导集体是经常变动的，每一个领导者的思想作风与行为方式也因人、因时、因地而异，而领导体制相对而言则是长期稳定的，一旦形成，就会在较长时期内保持基本内容不变。

四、企业领导体制的作用

企业领导体制的作用主要体现在以下几个方面：

（1）领导体制是领导者与被领导者之间建立关系、发生作用的桥梁与纽带。任何领导活动都是领导者根据实际需要，对被领导者的思想、行为进行引导、规范和约束，而被领导者又影响领导者，形成双向互动，并共同作用于客观实际的过程。

（2）领导体制是领导活动借以贯彻进行的载体。借助领导体制得以显现出来的群体功能远远大于个体功能之和。领导体制是领导者和被领导者实现组织目标的保证。

（3）领导体制是领导者同社会发生联系与作用的合法性证明。领导者在领导体制中的定位，是其进行有效领导的重要基础。

（4）领导体制是决定领导效能高低的重要变量。因此，我们在对领导效绩进行考评时，必须把领导体制这一客观因素考虑进来。

单元二 企业组织结构

一、企业组织结构的概念

企业组织结构的概念有广义和狭义之分。狭义的组织结构，是指为了实现组织的目标，在组织理论指导下，经过组织设计形成的组织内部各个部门、各个层次之间固定的排列方式，即组织内部的构成方式。广义的组织结构，除了包含狭义的组织结构内容外，还包括组织之间的相互关系类型，如专业化协作、经济联合体、企业集团等。

二、企业组织结构的内容

企业组织结构包含以下三个方面的内容：

1.单位、部门和岗位的设置

企业组织单位、部门和岗位的设置，不是把一个企业组织分成几个部分，而是企业作为一个服务于特定目标的组织，必须由几个相应的部分构成。它不是由整体到部分进行分割，而是整体为了达到特定目标，必须有不同的部分。

2.单位、部门和岗位角色相互之间关系的界定

这是界定各个部分在发挥作用时，彼此如何协调、配合、补充、替代的关系。组织结构划分、相互关系界定、规范设计是紧密联系在一起的，在解决第一个问题的同时，实际上就已经解决了后面两个问题。但作为一项工作，三者存在一种彼此承接的关系。我们要对组织结构进行规范分析，其重点是第一个问题，后面两个问题是对第一个问题的进一步展开。

3.企业组织结构设计规范的要求

对于这个问题，如果没有一个组织结构设计规范分析工具，就会陷入众说纷纭、莫衷一是的境地。我们讲企业组织结构设计规范化，就是要达到企业内部系统功能完备、子系统功能分配合理、系统功能部门及岗位权责匹配、管理跨度合理四个标准。

企业文化专栏 3-2

雷军这样用人

翻出小米成立时那张"小米粥闹革命"的照片，自其中的联合创始人黎万强、周光平、黄江吉悄然离开后，留下的角色也在一一转变中：林斌卸任了4家小米关联公司法定代表人，刘德这两年更像是一个小米的大家长。2018年9月，小米集团联合创始人、高级副总裁刘德出任新成立的小米组织部部长，工作重心也从生态链一线转移到组织部。这份变动曾被外界解读为一种"休息"。转眼一年多过去了，在接受《中国企业家》杂志采访时，刘德忍不住感叹："组织部的工作比想象中要忙。"最忙碌时，他一天开了20多个会。"（组织部部长）这个岗位以慢工为主，但不意味着工作强度不大。"刘德介绍，组织部协调和谈话的对象是集团20级以上的干部，这个群体约200人，相对于当下小米2万人的员工规模，就是前1%的员工。组织部部长还有另一个任务，就是引入集团高层副手。大学教师出身的刘德，擅长"春风化雨"式的沟通，不管负责生态链还是组织部，他都是与人打交道的高手。与组织部同时成立的是参谋部，负责协助CEO雷军制定发展战略与督导战略执行，参谋长为王川（2019年7月改由集团副总裁张峰担任）。组织部和参谋部就是小米的"大脑"，此前这个"大脑"只是雷军本人。小米上市后，雷军将合伙人从一线拉出来，参与、强化这个"大脑"，这也是小米目前正在做的事情。

资料来源　梁睿瑶.复盘小米十年：雷军这样用人、建生态、创模式［J］.中国企业家，2020（7）.

三、企业组织结构设计方法

企业组织结构设计方法主要指目标功能树系统分析模型。

所谓目标功能树系统分析模型，就是通过对分析对象本身所存在的目标功能结构进行系统分析，以确定分析对象的内在结构和发展运行的规律。

由人所创造的存在物有一个共同的特点，那就是它们具有目标和功能这样一种多层次的结构。山水草木本身的存在没有任何目的性，在其内部也就无法区分出目标和功能这样的层次结构来。山水草木本身没有意志，当其被人选作达成某一特定目的的特殊工具时，人就赋予了其特定的目的性。能够实现这一目的的作用也就成了它们的功能。当这种自然存在物被选为人的特定工具的时候，其也就不再是完整意义上的自然存在物，而是被注入了人的意志目标的手段和工具。这里的目标，实际上是人的目标，其功能是其相对于这种目标的作用和性质。

目标和功能并不是截然对立的，而是相互依存的。相对于功能作用，目标才称为目标。功能作用只有相对于一定目标，它才称为功能。需要就是一种特定的目的或目标。目标和功能本身的定义也是相对的。在一个复杂的系统结构中，目标和功能是在多重层次上存在的。为实现一定的目标，必须有相应的功能；为保证一定功能的正常发挥，又必须有一系列细小的功能。上一层次的功能相对于下一层次的功能，也就成了目标。

通过这种目标功能树系统分析，可方便、有效地理清系统内部的层次结构。就企业组织这一特定系统而言，通过运用目标功能树系统分析模型对它进行分析，就可准确地为企业组织结构的设计提供一个框架性工具。这种分析，不仅有助于我们确定企业不同时段上要达成的目标，而且有助于我们一层一层地选择确定为达成企业目标而必须采取的具体措施和办法。

企业组织是由信息（信息流）、组织（人流）、营销（物流）、财务（资金流）四大系统构成的。这是对第一个层次的目标功能作用进行的分析。

企业文化专栏 3-3

成为"战争机器"

小米的组织管理架构分为三个阶段：

第一阶段是公司成立前 4 年，那是一个全民做手机的时代，所有的小米合伙人都集中在手机这一个业务领域发力。

第二阶段是 2013 年到 2017 年，小米采取"诸侯制"，即每个合伙人都带着一个业务团队往前冲，大家各自奔跑，核心就是雷军。在这个时期，小米营收从 700 亿元做到了接近 1 100 亿元。

第三个阶段是小米上市后，管理模式从"诸侯制"进化到"郡县制"。2018 年的"913"组织架构调整中，小米成立了组织部和参谋部，原来 4 个职能部门（电视部、生态链部、MIUI 部和互娱部）被重新划分为 10 个新部门，一批 80 后走上了部门总经理的位置。小米集团总裁王翔说："它（小米管理架构）要求我们从过去的个人能打仗，或合伙人能打仗的局面上迅速改变，成为整个组织能打仗，把小米做成所谓的'战争机器'。"

资料来源　梁睿瑶.复盘小米十年：雷军这样用人、建生态、创模式 [J]. 中国企业家，2020（7）.

四、企业组织结构的演变规律和发展趋势

1.企业组织结构的演变规律

从企业组织结构发展的历史来看，企业组织结构的演变过程本身就是一个不断创新、不断发展的过程，先后出现了直线制、矩阵制、事业部制等组织结构形式。目前企业发展已经呈现出竞争全球化、顾客主导化和员工知识化等特点，因此，企业组织结构形式必须是弹性的和分权化的。因此，现代企业十分推崇流程再造、组织重构，以客户的需求和满意度为目标，对企业现有的业务流程进行根本性的再思考和彻底重建，利用先进的制造技术、信息技术以及现代化的管理手段，最大限度地实现技术上的功能集成和管理上的职能集成，以打破传统的职能型组织结构，建立全新的过程型组织结构，从而实现企业经营成本、质量、服务和效率的巨大改善，以更好地适应以顾客、竞争、变化为特征的现代企业经营环境。

2.企业组织结构的发展趋势和新型组织结构形态

从目前的实际情况来看，企业组织结构发展呈现出新的趋势，其特点是重心两极化、外形扁平化、运作柔性化、结构动态化。团队组织、动态联盟、虚拟企业等新型的组织结构形式相继涌现。具体来说，具有这些特点的新型组织结构形态有：

第一，横向型组织结构。横向型的组织结构，弱化了纵向的层级，打破刻板的部门边界，注重横向的合作与协调。其特点有：①组织结构是围绕工作流程而不是围绕部门职能建立起来的，传统的部门界限被打破；②减少了纵向的组织层级，使组织结构扁平化；③管理者更多的是授权给较低层次的员工，重视运用自我管理的团队形式；④体现顾客和市场导向，围绕顾客和市场的需求组织工作流程，建立相应的横向联系。

第二，无边界组织结构。这种组织结构寻求的是削减命令链，成员的等级秩序降到最低点，拥有无限的控制跨度，取消各种职能部门，取而代之的是授权的工作团队。无边界就是打破企业内部和外部边界，其特点有：打破企业内部边界，主要是在企业内部形成多功能团队，代替传统上割裂开来的职能部门；打破企业外部边界，则是与外部的供应商、客户包括竞争对手进行战略合作，建立合作联盟。

第三，组织结构的网络化和虚拟化。无边界组织结构和虚拟组织结构是组织结构网络化和虚拟化的具体形式。组织结构的虚拟化，既可以是虚拟经营，也可以是虚拟的办公空间。

案例分析 3-2

液态型组织

自2012年成立以来，字节跳动充分利用液态型组织"灵活多变、快速创新"的特点，从一家初创企业成长为国际知名的互联网巨头，企业员工规模在7年间发展至5万人。

在"人才本位"的理念下，字节跳动的所有员工均可享受无拘无束的工作环境和灵活平等的工作方式；通过"Context not control"的文化理念，管理层充分信任员工的创造力和自主性，鼓励内部信息共享，员工不仅可以充分使用公司资源，还

可调配重大相关方参与关键项目或自由组建项目团队。同时，针对目标和关键成果进行目标管理，从CEO到普通员工的OKR均在内部网站公开，以2个月为周期更新迭代，最大化实现公司上下的目标对齐与跨部门目标协同，有效打破了管理的边界。

　　资料来源　阮芳，等.解码未来组织：来自中国互联网企业的启示 [J]. 现代商业银行，2020 (7).

　　问题：液态型组织和传统组织有哪些区别？

　　分析提示：液态型组织是一种"无边界、多流动"的组织形态，它打破了传统组织的刚性结构，赋予组织和人才更多共融共生的机会，为创新、合作提供了更多可能。传统组织的刚性结构依托"清晰的等级权力"和"明确的部门界限"稳定运作，而液态型组织的运作则需依托"基于信任的文化"和"弱化的管理边界"。

五、企业组织结构的创新与发展

　　为了适应经济环境和竞争环境的变化，企业组织结构呈现出多样性，但其发展方向和趋势是扁平化。所谓企业组织结构扁平化，是指通过减少管理层次、压缩职能机构、裁减人员，使组织的决策层和操作层之间的中间管理层级越少越好，以便使组织最大可能地将决策权延至最远的底层，从而提高企业效率的一种紧凑而富有弹性的新型团队组织结构。它具有敏捷、灵活、快速、高效的优点。

　　扁平化企业组织结构所具有的特征如下：①围绕工作流程而非部门职能来建立机构，传统的部门边界被打破；②加大管理跨度，减少中间层，形成最短、最便捷的指挥链；③重心下移，强调灵活指挥，下层的管理决策权限增大；④以顾客为导向，部门间横向协作更加直接有效；⑤管理者的影响力增加，组织运行效率提高。

　　扁平化的真正意义在于：外围扁平状组织决策重心的不断下移，让组织决策尽可能产生于产生信息的地方，减少决策在时间与空间上的滞后。实行扁平化，可以有效地提高企业效率，这是因为从控制跨度的角度来看，在其他条件相同的情况下，控制跨度越宽，组织效率越高。

　　构建新型企业组织结构，推行扁平化管理，可以从以下几个方面入手：

　　第一，构建学习型组织。在扁平化管理下，对于组织中的各个层次和每个人来说，职责更加具体，任务更加明确，工作更加开放，管理更加自主。这样对各级组织、每个层次以及每个人在知识、技术、能力等方面的要求更高，对整个组织系统在学习方面的要求也更高。从某种意义上说，扁平化管理以学习型组织为前提，同时它也是构建学习型组织的客观需要。

　　第二，打造协作型团队组织。实行扁平化管理，管理重心下移，管理权力下放，基层的目标管理和自主决策得到了强化。企业系统的整体调控从过去主要通过上层组织的直接调控，转变为主要通过目标、任务和制度的间接调控；企业对子系统的协调也从主要依靠上级领导和管理部门的纵向管理，转变为企业子系统之间的业务衔接、利益相关的横向合作。新的管理模式要求扁平化管理的企业内部加强整体意识、全局意识和协作意识，强化"一盘棋"思想和团队精神，这就要求企业要全力打造协作型团队组织。

　　第三，培育新型的管理文化和管理理念。扁平化管理是因企业经营环境变化而出现的一种管理创新，其核心是建立一种管理机制，培育一种管理文化，而等级观念、官僚文化、封闭保守思想与此格格不入，尤其重要的在于培养一种平等协作、以人为本的柔性化管理理念。

第四，进行企业再造和流程再造。进行企业再造和流程再造就是以顾客为中心、以员工为中心、以效率和效益为中心，打破金字塔式的组织结构，建立横宽纵短的扁平化柔性管理体系，使企业能够适应现代社会的高效率和快节奏，具有较强的应变性和灵活性。

第五，加强计算机网络信息技术建设。计算机网络信息技术是企业组织结构扁平化的支撑，只有信息技术的发展才能使得远距离现场作业和零距离现场控制成为可能。

总之，企业组织结构由科层制向扁平化转变，是一个长期的、渐进的过程，不会一蹴而就。而随着信息技术的日益普及、经济全球化和管理民主化的深入发展，未来扁平化企业组织结构将成为主流形式。

组织"去中心化"不是不要中心，也不是没有中心，而是人人都可以成为中心，把直线管理型组织变成网络化组织。"去中心化"就是要让节点自由选择中心，在组织之中不是仅仅下级围绕上级转，更多的应当是生产资料围绕生产力要素转。这样一来，生产力要素就更活跃，资源配置就更灵活，管理效率就更高，基层组织和一线员工的活力就更强。

企业文化专栏3-4

阿里巴巴中台战略

在第二次世界大战时，美军以军为单位作战；到了越战时，美军以营为单位作战；到了中东战争时，美军以7人或者11人的极小班排作战。美军是当前世界上最灵活的军事组织，也是核心竞争力和打击能力最强的组织。美军之所以能灵活作战，敢放这么小的团队到前面，是因为有非常强大的中后台能力，能支持这样的小团队快速做出判断。

自2015年起，阿里巴巴正式提出"大中台、小前台"的"中台战略"，依托组织和业务变革进行全面的企业战略转型。目前阿里巴巴集团前端超过25个业务单元（如淘宝、天猫、聚划算等），均不是独立地构建在阿里云平台之上。在后端，阿里云平台和前端业务单元之间有了一个"共享业务事业部"，包含用户中心、商品中心、交易中心、评价中心等十几个部门，是"厚平台"的真实体现，为前端业务单元提供最为专业、稳定的服务。

资料来源　魏浩征.组织新生态，增值与运营并进［J］.人力资源，2020（1）.

单元三　企业管理制度 //////////////

现代企业管理制度是对企业管理活动的制度安排，包括公司经营目标、战略、管理组织以及各业务职能领域活动的规定。企业管理制度是企业员工在企业生产经营活动中必须共同遵守的规定和准则的总称，其表现形式或组成包括企业组织机构设计、职能部门划分及职能分工、岗位工作说明、工作流程、管理表单等管理制度类文件。

　　企业管理制度大体上可以分为规章制度和责任制度。规章制度侧重于工作内容、范围和工作程序、方式，如管理细则、行政管理制度、生产经营管理制度。责任制度侧重于规范责任、职权和利益的界限及其关系。一套科学完整的企业管理制度可以保证企业的正常运转和员工的合法利益不受侵害。

一、企业管理制度的重要性

　　企业管理制度是实现企业目标的有力措施和手段。它作为员工行为规范的模式，能使企业员工的活动得以合理进行，同时又是维护员工共同利益的一种强制手段。因此，企业各项管理制度是企业进行正常的生产经营管理所必需的，是一种强有力的保证。优秀企业的管理制度必然是科学、完善、实用的管理方式的体现。

　　新制度经济学认为，制度包括正式制度和非正式制度。正式制度是指人们有意识创造的一系列政策法规，包括政治、经济制度及由这些制度构成的等级结构。具体到企业而言，正式制度则指企业的产权制度、治理结构、组织结构及规章制度等。非正式制度是指人们在长期交往中形成的、世代相传的文化的一部分，对企业而言，主要指企业文化。所以，规章制度不能解决企业的所有问题，希望通过建立一套完善的规章制度从而解决管理中存在的全部问题是不现实的，结局往往会陷入制度的陷阱——教条主义当中。

　　制度能否解决企业管理中存在的问题，关键在于正式制度和非正式制度的融合状态。中国企业当前更应该着重考虑非正式制度的有效性，即建立一种有效的企业文化。正如诺思所说："看一个制度有效性有多长，关键是看该制度的灵活性有多大。"这句话看似矛盾，它实际蕴含着这样的道理：人们对于制度的选择是由人们的理念、道德、文化所决定的，因为在人们长期互动过程中，逐渐形成了对所有人都有利的行为规范或制度，制度就是集体的最佳决策。文化本身也是一种制度安排，它约束着人们的行为，如古人所说的"善有善报，恶有恶报"。在企业管理中，如果只是通过建立许多约束人们的行为、哪里有漏洞就填补哪里的规章制度，那么这种思路就很容易产生教条主义思想。我们知道，制度是要付费的，这样做的最终结果只能是使企业管理机制固化、滞后，这种基于人性恶的假设必然会扼制企业的创新精神。

　　没有一种制度安排是包治百病的，只有对制度的内涵有正确的理解，才不会陷入制度的陷阱中。企业管理规章制度作为正式制度之一，是用"他律"来规范员工的行为，它的作用是显而易见的，是一种显性的制度。但是企业仅仅有管理规章制度还是不够，在正式制度之外有管理存在的空白，这就需要另一种制度——企业文化来配合，因为企业文化这种非正式制度是通过"自律"来激励和约束员工的，在某些情况下，员工内心对企业的责任感或使命感才可能真正对员工行为发生作用。这就说明，企业制度能否对企业管理起作用，关键在于"自律"和"他律"相结合，即企业管理制度和企业文化相融合，这才有可能达到企业的均衡发展。

案 例 分 析 3-3 ————————————

虚的做实 实的做虚

华为评价干部有两个原则：一是社会责任，二是个人成就感。这里所说的"社会责任"是狭义的，指认同组织的文化和价值观，并以此为基础实现组织目标。任正非认为，华为仅仅有认同组织文化并实现组织目标的领袖型干部还不够，更需要"英雄"。因为没有"英雄"，企业就会丧失活力、牵引力，在战略上逐步收敛，中高层干部将成为围绕企业文化团团转的保守主义者。公司要崇尚一种价值观，即容忍一部分英勇的人有缺陷。为避免文化的过度收敛，华为内部推行了破格提拔制度，以绩效结果为导向，弱化对优秀人才劳动态度的考核。2012 年，华为 EMT 会议在已有的干部任用和个人职级管理规则及程序的基础上形成了"破格升级制度"方案。

资料来源 朱泓璋.虚的做实 实的做虚——华为企业文化与制度建设的互补效应〔J〕. 企业管理，2019（3）.

问题：如何看待企业文化与企业制度文化的关系？

分析提示：如果把企业比喻为一棵树，制度就是地表以上看得见的"树干"，文化则是隐藏在地表以下看不见的"树根"。企业文化滋养着制度建设，而制度建设通过与外部环境的交互反向丰富和扩展企业文化的内涵。

二、企业管理制度的规范性

之所以强调企业管理制度的规范性，主要是基于以下几点：

1.企业管理制度的规范性是制度发挥作用的前提

（1）企业管理制度本身就是一种规范。企业管理制度是企业员工在企业生产经营活动中必须共同遵守的规定和准则的总称。企业管理制度的表现形式或组成包括企业组织机构设计、职能部门划分及职能分工、岗位工作说明、工作流程、管理表单等管理制度类文件。企业因为生存和发展的需要而制定的系统性与专业性相统一的规定和准则，就是要求员工在职务行为中按照企业经营、生产、管理相关的规范与规则统一行动、工作。如果没有统一的、规范性的企业管理制度，企业就不可能在企业管理制度体系下正常运行并实现企业的发展战略。

（2）一个具体的、专业的企业管理制度一般是由此专业或职能方面的规范性标准、流程或程序以及规则性的控制、检查、奖惩等因素组合而成的。在很多场合或环境里，规则=规范+程序。从一个具体的企业管理制度的内涵及其表现形式角度来讲，企业管理制度主要由编制企业管理制度的目的、编制依据、管理制度的适用范围、管理制度的实施程序、管理制度的编制形成过程、管理制度与其他制度之间的关系等组成。其中，属于规范性的因素有编制企业管理制度的目的、编制依据、管理制度的适用范围、管理制度的构成等。属于规则性的因素有构成管理制度实施过程的环节、管理制度实施的具体程序、控制管理制度实现或达成期望目标的方法及程序、形成管理制度的过程、完善或修订管理制度的过程、管理制度生效的时间、与其他管理制度之间的关系。

（3）规范实施企业管理制度需要规范性的环境或条件。第一，编制的制度是规范的，符合企业管理科学原理和企业行为涉及的每一个事物的发展规律或规则。第二，实施规范性制度的全过程是规范的，而且全员的整体职务行为或工作程序是规范的。

只有这样，企业管理制度体系的整体运作才有可能是规范的，否则将导致管理制度的实施结果呈现不规范的状态。

案例分析 3-4

名创优品的量化管理

名创优品公司内部存在高度共识的企业文化，每一位员工对名创优品"让每一位消费者更轻松地享受有品质的生活"的使命与"坚持做好品质、好设计、价格惊喜的产品，坚持不赚快钱永续经营"的理念具有深刻的理解。

除了高度共识的企业文化，名创优品还有一个极具特色的管理方式，就是将所有文化的主观描述用数字进行量化，让员工更好地遵守执行。

例如在产品上新方面，名创优品有"711"的规定，即所有的名创优品店铺在每7天内都要上100款新品，这100款产品来自名创优品10 000个产品SKU的储备。

在供应商货款结算领域，名创优品有"211"的规定：绝不许拖延供应商1分钟，也不许拖欠供应商1分钱货款，必须在每个月月底之前把供应商货款全部结清。

在内部工作方面，名创优品要求员工汇报PPT不能超过7页，汇报时间不能超过8分钟，所有的邮件回复时间不能超过9个小时，简称为"789"。

资料来源　刘学辉. 深度解码名创优品IPO：逆势崛起背后的商业模式、战略、管理与文化 [EB/OL]. [2020-10-26]. https://www.jiemian.com/article/5150567.html.

问题：如何看待名创优名的量化管理？

分析提示：通过使用数字进行量化管理，可以让名创优品全球员工清晰地遵循统一的执行标准；在统一的标准下，可以尽可能地保证全球所有门店提供一致的产品与服务体验。

2.企业管理制度的规范性是稳定性和动态性的统一体

一成不变的规范不一定是适应的规范，经常变化的规范也不一定是好的规范，应该根据企业发展的需要而实现相对稳定和动态的变化。在企业的发展过程中，企业管理制度应具有相应的稳定周期与动态时期，这种稳定周期与动态时期是受企业的行业性质、产业特征、人员素质、企业环境、企业家的个人因素等相关因素综合影响的。企业应该依据这些影响因素的变化，控制和调节企业管理制度的稳定性与动态性。引起规范性的企业管理制度发生动态变化的情况一般有三种：

（1）企业经营环境、经营产品、经营范围、全员素质等是经常发生变化的，这些因素的变化相应地会引发组织结构、职能部门、岗位及员工队伍、技能的变化，继而会导致使用、执行原有企业管理制度中的规范、规则等的主体发生变化，企业管理制度及其所含的规范、规则等因素必然需要因执行主体的变化而相应改变或进行修改、完善。

（2）产品结构、新技术的应用导致生产流程、操作程度的变化，生产流程、操作程序相关的岗位及其员工的技能必然也要随之变化，与之相关的企业管理制度及其所含的规范、规则等因素必然因此而改变或进行修改、完善。

（3）因为发展战略及竞争策略的原因，企业需要不断提高工作效率、降低生产成本、增加市场份额等。当原有的管理制度及其所含的规范、规则等成为限制提高生产或工作效率、降低生产成本等的主要因素时，就有必要重塑企业机制，改进原有企业管理制度中不适合的规范、规则等。

3.企业管理制度的规范性需要不断创新

企业管理制度的动态变化需要企业进行有效的创新，也只有创新才能保证企业管理制度具有相对的稳定性、规范性。合理、科学地把握好或利用好时机进行创新是保持企业管理制度规范性的最佳途径或唯一途径。

（1）企业管理制度是企业管理制度的规范性实施与创新活动的产物。这是因为：一方面，企业管理制度必须按照一定的规范来编制，企业管理制度的编制一定意义上也是企业管理制度的创新。企业管理制度创新过程就是企业管理制度文件的编制过程，这种编制或创新是有其相应的规则或规范的。另一方面，企业管理制度的编制或创新是具有规则的，起码的规则就是结合企业实际，按照事物的演变过程，遵循事物发展过程中内在的本质规律，依据企业管理的基本原理，进行编制或创新，从而形成规范。

（2）企业管理制度的规范性与创新性之间的关系是一种互为基础、互相作用、互相影响的关系。良性的循环关系是两者保持统一、和谐、互相促进的关系，非良性的关系则是两者割裂，甚至矛盾的关系。作为企业，应该努力使企业管理制度的规范性与创新性之间的关系呈良性发展，也就是规范性是创新的产物。现行的企业管理制度的规范性是前期企业管理制度创新的目标，同时又是下一轮创新的基础。只有这样，企业管理制度才能在规范实施与创新的双重作用下不断完善并发挥其保证与促进企业发展的作用。

三、企业管理制度的作用及分类

企业管理制度既是实现企业目标的有力措施和手段，又是维护员工共同利益的一种强制手段。它作为员工的行为规范，能使员工个人的活动得以合理进行。因此，企业各项管理制度是企业进行正常生产经营所必需的，它是一种强有力的保证。

企业管理制度大体上可以分为规章制度和责任制度。规章制度侧重于工作内容、范围和工作程序、方式，如管理细则、行政管理制度、生产经营管理制度。责任制度侧重于规范责任、职权和利益的界限及其关系。一套科学完整的企业管理制度可以保证企业的正常运转和员工的合法权益不受侵害。

企业管理制度的制定要依照企业自身的实际情况进行。制度的目的是让企业更加高效、稳定地运行，但由于每家企业在行业、组织结构、人员结构等方面存在差异，所以世界上没有任何一套管理制度适用于所有类型的企业。

四、企业管理制度制定的原则

在确定企业新的制度框架、制定和形成各项制度时，要把握和遵循的原则如下：

1.适用性原则

制定制度要从企业的实际出发，从本企业的规模、业务特点、行业类型、技术特性及管理沟通的需要等方面来考虑，制度要体现企业特点，保证制度规范具有可行性、适用性，切忌不切实际。

2.科学性原则

制定制度应遵从管理的客观规律，制度化的管理必须服从管理学的一般原理和方法，违反科学性原则只会导致失败，所以必须遵从客观规律才能将管理引向科学、理性、规范的轨道，实现管理的稳定性和有效性。

3. 必要性原则

制定制度要从需要出发，必要的制度一项都不能少，不必要的制度一项也不可要，否则会扰乱组织的正常运作。例如，在企业中的一些非正式行为规范或习惯能很好发挥作用时，就没有必要制定类似内容的行为规范，以免伤害企业员工的自尊心和工作热情。

4. 合法性原则

法律规章是全社会范围内约束个人和团体行为的基本规范，是企业组织正常生存发展的基本条件和保证，制定制度时切不可忽视这方面，应予以重视。

5. 合理性原则

制定的制度要合理，一方面要体现制度的严谨性、公正性、高度的制约性和严肃性，另一方面还要避免不近人情、不合理等情形出现。在制度的制约方面，要充分发扬自我约束、激励机制的作用，避免过分使用强制手段。

6. 完整性原则

企业管理制度要完整，因为企业的管理制度是一个体系，制度内容要求全面、系统、配套。也就是说，要考虑周全，不能疏忽大意、出现漏洞或衔接不当，更不能出现前后矛盾或相互重复、要求不一的情况。

7. 先进性原则

制度的制定要从调查研究入手，要总结本企业的经验，同时还要吸取其他企业的先进经验。不论是本企业还是其他企业的制度，只要是过时的就要坚决舍去，是不合理的就要坚决废除。反之，是成功的、先进的就应该保留、发扬。

企业文化专栏3-5

解密华为"总干部部"

2019年4月，华为对人力资源管理的组织架构进行了调整，重新界定了人力资源管理职能。

总干部部是基于任正非以下构想设立的："未来华为公司人力资源管理总的体系包括人力资源体系和总干部部两个系统，它们不是对立的关系，而是两个分工各有侧重、相互协同的系统。到了基层组织，两个系统可以融合，以提高效率与协同。"

总干部部是基于分工、专业、效率及责权清晰的组织机构设置基本原则设立的，它是华为人力资源管理体系的一次变革。但总干部部并不是重起炉灶的新机构，而是对原有干部体系的一次整合。

人力资源部主要管好规则，包括规则的建议，以及对规则执行的监管。总干部部是公司整个干部管理的COE（专家中心），各级干部部是业务领导的助手，要把干部、专家、职员全部纳入，面向不同业务和对象进行政策适用的差异化匹配。

华为总干部部的设立，是在其用10余年的时间引进和构建了相对完善的现代人力资源管理体系基础上，所做的一次人力资源管理体系的组织变革。

资料来源　吴春波.解密华为"总干部部"[EB/OL].[2020-12-12].https://www.sohu.com/a/434079552_661663.

单元四　企业管理制度设计 ////////。。。。。。。。。

　　企业是企业家通过建立一个有效的团队和完善的管理制度来提供产品与服务的，并以此提升企业品牌的知名度和美誉度。企业管理制度之于企业如同法律规章之于政府，其重要性不言而喻。

　　在实际管理工作中，出于对管理制度的不同理解，企业在管理制度建设中遇到了不同的问题。企业的管理制度建设虽然都是从实际出发，但因缺乏专业知识而使制度的制定和修改显得过于随意、频繁，制度的权威性、有效性不足，难以支持企业在激烈的市场竞争中实现持续发展。

一、企业管理制度设计的方法

　　1.掌握制度设计的一般性原则

　　（1）服从于组织结构和规模的原则。制度设计应以企业的发展战略为指导思想，同时结合目前企业的组织结构和规模来确定设计制度的基本思想，在此基础上再进行调研，明确制度建设的现状与需求。

　　（2）系统化原则。销售、采购、财务、人事等各大系统内部及系统之间的制度应相互衔接，形成一个全面相互支撑的管理制度体系。

　　（3）简明化原则。制度中的文字及流程应是简洁明了的，以规范工作流程为切入点来抓管理工作。

　　（4）一般和特殊相结合原则。制度设计过程中既要遵循管理的共性，也要结合企业特殊的个性。制度设计的指导思想是统一思想、各具特色，即把企业管理制度分为通用制度与本地制度两大部分，前者是指企业制定的财务类、人事类等通用类制度，后者是指企业因地制宜制定的业务类制度。

　　（5）刚柔相济原则。制度的刚性是维持其严肃性、有效性的基础，设计制度应力求严格，保证足够的刚性，这是管理科学化的重要体现。但是，为了保证在不断变化的内外因素中保持制度的有效性，设计制度要具有一定的弹性，保持适当的灵活性，这也是制度生命力的体现。

　　（6）激励与约束相结合原则。企业管理制度要对工作各方面、各环节实施有效的控制，提升管理效益，又要以人为本，充分发挥员工的积极性与创造性，实现个人与企业的共同成长。

　　2.明确企业管理制度的层次与内容

　　我们把企业管理制度类的文件按层次高低分为管理制度、管理办法、实施细则。目前大多企业正在运用的一整套制度文本称为"管理办法"，它是对企业某一具体的项目、事物的管理所做出的要求。

　　通过制度层次的划分，我们可以从总体上把握企业管理制度体系设计，分清轻重缓急，明确责任主体，改变大多数企业管理制度体系的乱、散、偏的状况。

　　企业管理制度的具体内容可结合企业的实际情况分为以下几种：

67

（1）工作制度是指企业对各项工作运行程序的管理规定，是企业各项工作正常有序地开展的必要保证，如生产经营制度、人事管理制度、财务制度、设备管理制度、物资供应管理制度、销售管理制度等。

（2）责任制度是指企业各级人员的权利及责任制度，如管理人员责任制度、岗位责任制度等。

（3）特殊制度主要是指企业非程序化的制度，如员工评议管理人员制度、总结表彰会制度等。

此外，企业管理制度还应有一些必要的附件作为补充，如组织结构图（包含管理层次和幅度等）、职务说明书、表格流程图（包含表格的填写、审批、存档等）、标准作业书（以事为核心，描述事情如何做）、操作规程（以机器为核心，描述机器如何操作）等。

3.提高企业管理制度的规范性要求

（1）制度编制过程要求规范，符合企业管理科学原理和企业的实际情况。这里的规范具体是指管理思想统一规范、工作流程规范、逻辑规范、格式规范等，在企业内部形成一个制度编制标准。

（2）实施制度过程要求规范。制度实施的过程必须是上到经理下到普通员工全员参与，以制度作指导的工作流程应该是规范的，经实践检验对企业有利的制度应该固化、优化、创新，并最终形成企业的制度文化。只有这样，才能实现企业管理制度体系的良性运作，否则管理制度的实施难以达到预期的效果。

（3）制度的规范要求贯彻企业发展的始终。各具特色的企业制度伴随着企业走过不同的发展阶段。任何企业制度的规范性都是稳定和动态变化相统一的。在一定时期内我们应保持企业制度的稳定，反对朝令夕改，但决不能僵化思维，我们也要根据企业内外部变化的新情况及时更新制度，为企业在激烈的市场竞争中保持优势地位提供保证。

二、企业管理制度设计技巧

企业管理制度是提高企业基础管理水平、形成企业核心竞争力的前提，它的设计和实施要着眼于企业管理的需要，并要应对环境的变化。定位和审视企业内部管理制度主要应着眼于以下几个方面：

1.基础制度的形式

企业管理有三个层次：①高层管理，即对企业业务和资源在整体上的一种把握和控制，包括组织架构、资源配置和企业战略等；②中层管理，即业务管理中的控制、组织和协调，决定了企业各种业务是否能有效地开展；③基层管理，即业务处理的过程管理。

基础制度也相应地分为高层、中层和基层三种形式。

2.管理制度需要员工的认同

管理制度的定位不能仅仅源于管理者的主观期望，它必须得到管理制度约束的主体部分——员工的认同，与员工的利益和期望相适应。这是源于管理制度的设计预期和执行成本必须紧紧依赖员工的认同这一理念的。因此，只有消除了员工中存在的制度是对员工的"威胁"的疑虑，才能最大限度地实现制度设计的目标。要达到此目标可以从以下几个方面入手：

（1）制度避免单纯强调惩罚。例如，有的企业规定完不成定额，就会有某种形式的处罚；如果在考核评价中处于落后状态，就会影响到未来的晋升与工资水平等。惩罚是需要的，但只强调惩罚，企业肯定是管理不好的。

（2）管理制度体现、倡导的工作标准和管理模式，不能造成人际关系紧张。组织中人际关系（上下级之间、部门之间、一线人员和参谋人员之间）是否存在信任和合作，是能否调动员工积极性的主要条件。组织内部员工间利益的竞争会使员工感到这是对自己最大的威胁。

（3）管理制度不能对员工的自我实现、成长路线、个人安全或情绪产生不利影响。当管理制度对员工的自我实现、成长路线、个人安全或情绪产生不利的影响时，员工就会感到威胁的存在。

上述现象产生的制度原因，主要是企业传统的管理控制体系设计存在多种标准，如成本控制标准、预算标准、工作绩效标准等，这些标准对员工形成多重压力。在管理者看来，如果建立了压力结构，仍有不服从的现象，那就只好增加压力。此外，传统控制体系的责任制度往往是只包含对员工没有达到标准的一套惩罚办法，而缺乏对达到或超过标准的激励办法。在这种情况下，员工就会更加对抗规章制度，使之失效。这又会导致管理者采取反应式的管理措施，设法制定出更严格的规章制度，结果势必耗费巨大的管理成本。另外，员工对制度的抵抗情绪也会阻碍正常的企业文化的形成。

3.规范企业内部管理环境和条件

管理制度的定位不仅源于管理者的主观期望，它还必然受到管理制度的推行环境——企业内部管理环境和条件的限制。因此，在制度设计的最初就需要在企业中创造规范的制度环境和条件，以减轻将来在制度执行中可能遇到的阻力，避免管理制度扭曲。

要使管理制度符合管理者最初的设想，必须具备下面两个规范：

（1）编制的制度是规范的，符合企业管理的科学原理，符合企业行为涉及的事物的发展规律或规则。

（2）实施管理制度的全过程是规范的，它要求全体员工的整体职务行为或工作程序是规范的。只有这样，企业管理制度体系的整体运作才有可能是规范的，否则将导致管理制度的实施结果偏离管理者的最初设想。

总之，以上分析使我们看到管理者首先要清晰地定位管理制度的设计类型和步骤；然后根据企业的员工情况，审定合理的制度预期；最后，要整治规范企业内部的环境，让管理制度在合适的环境中生存下来，进而推动环境的改善。

企业文化专栏3-6

无印良品"2 000页秘密指南"

松井忠三在无印良品"跌落谷底的时期"就任了社长，他上任后采取的第一个行动，既不是削减工资，也不是大幅裁员，更加不是缩小规模，而是创建机制。

无印良品公司内部有两本厚厚的凝结了全体员工智慧与努力结晶的工作指南，它们分别是帮助业务顺利进行的"公司内部机制指南"和总结了店铺服务一切标准的"服务指南"，可谓是收录了"无印良品的一切"。

这两本指南中包含了从店铺经营到商品开发、卖场展示和服务等一切工作的专业知识，厚达2 000页，其中还含有大量照片、插图和表格。之所以要制作如此详细的指南，是为了"将依赖个人经验和直觉的服务进行'机制整合'，使其作为规范延续下去"。

那么，为什么要将个人经验和直觉延续下去呢？"提高团队行动力"是其中一个答案。在工作中遇到任何问题，即使上级不在场，也能在指南的指导下迅速做出判断并解决问题。类似这样一件小事，也能提高工作行动力，并最终提高生产力。

指南的作用不限于此。在指南每个项目的开篇，都会注明为什么要进行这项工作，也就是"工作的意义、目的"。这并不只是告诉你"该如何行动"，而是为了避免偏离"为了实现什么"这一工作目标。只要明白了工作的意义就能够发现问题和需要改善之处。指南不仅是培养执行能力的教材，更是自己在思考"如何工作"时的指针。

资料来源　松井忠三. 解密无印良品 [M]. 吕灵芝，译. 北京：新星出版社，2015.

三、中小企业的企业管理制度设计

在我国，中小规模的企业占大多数，这些企业的制度建设有很多特殊之处，因此对中小企业的企业管理制度设计应因企业而异，不可一概而论。

1.中小企业应实施制度化管理

首先，中小企业往往处于不稳定的发展时期，业务扩张但模式多变。与此相适应，企业的员工和组织机构也处于很不稳定状态。

其次，由于中小企业多是实行所有者对企业的直接控制，随着企业发展和所有者能力的局限，部分企业会面临是否引入职业管理人的问题，此时也会发生产权制度和管理制度的双重变革。另外，企业的个人管理阶段如果不能及时转变到依靠流程协作的科学管理阶段，难免会出现多种问题。比如，对某些员工的工作情况无法了解，对某个项目的进展情况不能及时掌握，部门间的合作效率低下，费用开支突然增加了很多却不知道做了什么等。

2.中小企业制度建设的核心内容

中小企业的管理制度建设重点不应该放在建立新模式、完善企业组织机构上，而应该放在提升企业的基础管理水平上，使企业更能适应现代市场竞争的要求。

第一，大多数家族企业实行的家长式决策在提高决策效率的同时也带来了决策的不科学风险。由于组织制度灵活和家族成员参与管理，难免会出现多头管理的情况，谁说了都算会造成员工无所适从。这就需要通过加强沟通明确责权，建立科学有效的决策机制，同时加强战略管理，形成制度化的决策机制。

第二，中小企业的人力资源制度建设是尤为迫切的。人才的无序流动和流失、任人唯亲、选拔人才没有客观标准等，在中小企业里可以说屡见不鲜，尤其是任人唯亲的用人机制产生了不公平的内部竞争环境，使企业留不住有本事的人才。因此，应设计科学合理的赏罚管理制度，用"法治"取代"人治"，从而降低因"能人"变更而对企业造成的风险。

第三，推进企业应用先进管理技术，提高管理水平，建立信用管理制度和加强信用管理，健全会计制度，加强财务管理，使中小企业抗击市场经济风浪的能力大大增强。

第四，中小企业由于成长历史较短、规范管理的环境尚未形成，以及任人唯亲等原因，规章制度往往不起作用，其喜欢用关系和命令代替制度，使制度形同虚设。此时，建设民主管理制度是减少家族式控制、摆脱集权管理和亲情管理窠臼的最好办法。同时要规范业务流程，避免在日常管理工作中，在交接环节、工作安排和落实任务时仍依靠原始的工作习惯，口头传达，没有记录，一旦出现问题便会查无实据，责任不清。

案例分析 3-5

广州红日：一个中小企业管理升级的成功样本

广州市红日燃具有限公司（以下简称"红日公司"）不缺少核心技术。说到企业升级，尤其是中小企业升级，如何尽快掌握和拥有核心技术，常常是提升企业核心竞争力的关键所在。因此，一个时期以来，业界对企业升级关注更多的是技术问题。作为目前中国最大的陶瓷红外线灶具生产企业，红日公司30多年来一直潜心于自主关键技术"高红外发射率多孔陶瓷节能燃烧器技术"的研发，并取得了丰硕的科研成果，仅集中于燃烧器和燃烧技术方面的核心技术专利就有28项。

技术不是万能的，在红外线多孔陶瓷燃烧板和红外燃烧技术拥有如此雄厚技术积累的红日公司，在发展过程中同样遇到了管理问题的瓶颈。尤其在产能方面，始终没有取得大的突破。红日公司过去曾历经国有企业20年，2001年转制为民营企业。"企业从小到大，发展到目前，资产将近4亿元。过去，公司领导的知识结构集中在技术、产品方面，管理上不够系统。在中国，尤其是中小企业多半是'自我感觉式'的管理，在企业文化、管理制度和流程方面改善、提升的空间往往都很大。"红日公司内部人士如是说。

自觉是"治疗"的开始。2015年1—6月，红日公司聘请广东省生产力促进中心顾问团队对企业进行了为期6个月的管理升级咨询辅导工作，主要内容包括绩效考核、生产合理化、信息系统化、组织结构优化和教育训练。

顾问团队经过3个多月的沟通和调研后发现，红日公司的战略目标、组织结构、薪酬制度、绩效考核、管理流程、制造流程等多方面都存在较大优化、提升空间。如生产计划、储运和采购分别隶属不同部门，部分职能条块化分割不利于部门协作；工艺部兼研发职能，分别向生产副总和总工程师汇报，客观上形成了多头指挥；公司的发展目标不够全面系统，战略实施缺乏具体行动计划；没有成文的薪酬制度，工资核定没有明确标准；绩效考核流于形式，没有形成制度；作业没有流程，员工不会画流程……不理不知道，一理吓一跳，一个技术创新如此优秀的企业，在管理细节方面竟存在这么多问题！

经过了6个月，在红日公司全体员工和顾问团队密切合作共同努力下，"红日管理升级辅导项目"终于圆满完成各项指标，并取得了显著成效：组织结构合理优化，工作职能清晰明确；工作流程再造重整，管理制度合理规范；薪酬与考核配合实施，员工积极性得到有效激发；制程与工艺渐进改善，生产效能显著提高；固化思维逐步打破，员工管理理念有效提升。其中最为显著的就是突破了产能瓶颈，灶具日产能从原来的400台提高到600台，烟机日产能从原来的250台提高到350台，人均劳动效率提高了20%以上。

资料来源　杞人. 广州红日：一个中小企业管理升级的成功样本［N］. 科技日报，2015-08-07（12）.

问题：中小企业的管理效率不高、企业发展徘徊不前主要是哪些方面出了问题？

分析提示：中小企业普遍存在的问题是企业老板就是"家长"，很多事情并不是靠规章制度、流程来处理，而是靠指挥、命令来维持企业的运转。如果把企业做成了"一个人"的企业，那么这个企业是做不大、做不久的。一个长期发展的企业，一定要靠流程、靠制度，也就是要靠系统来使企业成为百年品牌，要把企业做成"所有人"的企业，做成大家的企业。只有如此，企业才能基业长青，才能做强做大，才能永续经营。

3.中小企业的严格制度和温情管理

严格中小企业的制度管理，并不是说仅仅依靠严格的制度就能达到管理有序的目的。对中小企业应提倡温情管理，通过任务和感情与员工建立长久关系，温情管理是制度管理的辅助手段。在温情管理的模式下，更新和提升传统管理观念，可以逐步完善各种管理制度，加强企业的凝聚力，给予员工足够的尊重和理解。

总之，在中小企业的制度建设中，既要注重制度内容简洁适用，又要考虑企业将来的发展要求；既要用标准化思想制定规章，又要考虑把小企业发展成长寿企业。

［项目测试］

一、简答题

1.企业领导体制的内容、特征及作用分别有哪些？

2.企业组织结构的设计方法是什么？

3.新型企业组织结构形态主要有哪些？

4.企业管理制度的重要性和规范性分别是什么？

5.简述企业制度设计的方法。

6.中小型企业的企业管理制度设计包括哪些内容？

二、案例分析题

海底捞：从服务创新到内部控制

海底捞成立于1994年，曾经使其坐上中国餐饮界"头把交椅"的正是其"以服务为导向"的差异化企业战略。海底捞在成立之初就以细致入微的服务为卖点，从顾客进门等待到就餐结束有一套完整的服务体系，这很快让海底捞受到关注和热捧。然而，这些极致服务很快就被同业竞争者不断模仿与复制。

"海底捞可能有两种死法：一种是管理出问题，如果发生，死亡过程可能持续数月乃至几年；第二种是食品安全出问题，一旦发生，海底捞可能明天就会关门，生死攸关。我们明白，抓好食品安全这条路虽然曲折又艰辛，但不会白走。"

在海底捞火锅官方网站上赫然写着这样的一段话。如今，海底捞董事长张勇决定开始大张旗鼓地宣传其"新文化"——以食品安全为核心的内部控制，这到底出于何种考虑呢？

海底捞的极致服务一方面为企业博得了顾客的眼球，另一方面也引来更多的关注甚至祸端。2001年随着"海底捞的大骨汤底料以及部分饮料系勾兑而来"的报道出来后，海底捞深陷食品质量危机。这次危机虽然给海底捞带来了负面影响，但还未损伤销售业绩。然而，无独有偶的是，从2011年到2013年间，海底捞又相继被曝出员工偷吃热食、底料再回收、茶水乱收费等诸多经营管理方面的问题。在一系列的质量以及管理问题发生后，海底捞管理层开始注意到所有祸端的根源——企业内部控制。随着海底捞门店的不断扩张，其"重服务轻产品"的隐性经营理念，加之人力资源成本不断上升以及行业内对其极致服务的不断模仿，使得海底捞面临的处境愈发艰难。海底捞意识到先前"以服务为导向"的差异化战略已经不再适应其未来的发展，燃眉之急是如何开始重视产品质量，建立以质量为导向的内部控制体系。

资料来源　李倩. 海底捞从服务创新到内部控制［J］. 企业管理，2017（5）.

问题：如何看待企业制度文化与现实客户需求之间的矛盾？

分析提示：所谓"无规矩不成方圆"，规章、制度、流程是企业正常运营之根本，也是企业开展每项工作的依据和参考，因此它们在企业管理和运作的过程中发挥着不可替代的作用。但是，企业的生存与发展与客户的需求紧密相关，所以我们必须重视客户的需求，并且在两者之间做好平衡。另外，我们可以将公司的制度文化通过服务体现出来，争取客户对企业制度文化的认可，从而化解矛盾。

［项目实训］

实训主题：企业制度文化研讨会

1.内容与要求

（1）学生以5人为一个小组；

（2）事前对当地一家企业的组织及管理制度等情况进行调研；

（3）通过本课程所学习的内容，分别对该企业的制度文化内容、性质等进行分析，并与其他企业进行对比。

2.成果检验

（1）进行企业制度文化专题研讨会；

（2）各组分别将调研企业的制度文化调研报告进行分享与展示；

（3）指出不同类型、不同行业的企业在企业制度文化上的区别，并进行对比研讨。

73

企业行为文化塑造

【学习目标】

＊知识目标：

1. 理解企业家行为的含义；

2. 掌握企业模范人物的行为特点；

3. 了解企业员工群体行为；

4. 熟悉企业行为文化塑造。

＊技能目标：

能够运用所学的知识进行企业行为文化策划。

引例

马化腾的"网"

2018年，马化腾在公益慈善方面有两个大动作。11月，他宣布投入10亿元发起"科学探索奖"，以激励参与基础科学研究的青年科学家；此前两个月，他宣布将把已打造4年的99公益日"交予社会"。发起"科学探索奖"与马化腾推动互联网行业和整个社会进步的愿景有关；将99公益日"交予社会"背后的逻辑，则是腾讯公益慈善基金会提出的"做人人可公益的创联者"这一理念。两者之间更深层次的联系，则是马化腾对"好公司"的定义。

腾讯创立之初，他便定下"成为最受尊敬的互联网企业"的目标。20多年过去，当腾讯改变中国人的社交与支付方式，成为中国市值最大的互联网公司之后，创造出这张"巨网"的马化腾，不仅希望它是实现自己商业理想的利刃，更成为一个"善器"。

就在设立"科学探索奖"这一消息被公布的当天，他和员工进行了一次内部交流。有员工抛出一个问题："抛开收入、市值等不谈，希望腾讯成为一家什么样的公司？""成为最受尊敬的互联网企业，改善人们的生活品质。"他回答，"如果进一步阐述的话，一是和时代、国家的利益方向更加一致；二是和民众生活的方方面面更加融合；三是要能和业界的合作伙伴共同发展。"

资料来源　张霞．马化腾的"网"[J]．中国慈善家，2019（3）．

这一案例表明：企业家是企业的灵魂人物。企业的文化主要是由企业家引导的，它带有企业家的个性、志趣情操、精神状态、思维方式和目标追求等烙印。企业家的思想行为决定企业文化的健康水平，也决定了企业在未来竞争中的胜负，影响员工对企业的信心程度。有什么样的企业家，就有什么样的企业和什么样的企业文化。

单元一　企业家行为

企业家是企业文化的设计者、塑造者、践行者。2017年9月，中共中央、国务院发布的《关于营造企业家健康成长环境弘扬优秀企业家精神更好发挥企业家作用的意见》指出："企业家是经济活动的重要主体……营造企业家健康成长环境，弘扬优秀企业家精神，更好发挥企业家作用，对深化供给侧结构性改革、激发市场活力、实现经济社会持续健康发展具有重要意义。"

一、企业家的内涵和精神特质

1.企业家的内涵

企业家是企业管理中的一个特殊的"角色丛"——思想家、设计师、牧师、艺术家、法官和朋友。企业家是理念体系的建立者，精通人生、生活、工作、经营哲学，富有创见，管理上明理在先、导行在后；企业家高瞻远瞩，敏锐地洞察企业内外的变化，为企业也为自己设计长远的目标和战略；企业家将自己的理念、目标和战略反复向员工传播，形成巨大的文化力量；企业家艺术化地处理人与工作、雇主与雇员、稳定与变革、求实与创新、所有权与经营权、经营权与管理权、集权与分权等关系；企业家公正地行使企业规章制度的"执法"权力，并且在识人、用人、激励人等方面践行学高为师、身正为范；企业家与员工保持良好的人际关系，关心、爱护员工及其家庭，并且在企业内外广交朋友，为企业争取必要的资源。在一定层面上，企业家的价值观代表了一个企业的价值观，"企业文化就是老板文化"的说法是有一定道理的。

2.企业家的精神特质

成功的企业家、事业家、创业家，具备以下五大精神特质。

（1）梦想。事业梦想是志趣、追求、远见、乐观的结合。一个有梦想的人，才可能成为事业家。日有所思，夜有所梦。事业要成功，不仅要做"白日梦"，还要做"黑夜梦"。如果在梦中都在想事业，说明实现事业的梦想够强烈。一旦梦想够强烈，就会向目标方向迈出步伐；一旦向目标方向迈出步伐，就意味着开始前进了。成功的企业家将目标设定为增进人类的福祉、满足人类的需求、顺应时代的潮流。

（2）行动。无法用行动实现的梦想是幻想，如果只有梦想没有行动，梦想就等于幻想。企业家不仅有梦想，也有行动。企业家是梦想家，也是行动家。很多的行动来自梦想，也有很多的梦想来自行动。只有去做，才可能实现梦想；去做了，又可能产生更好的梦想。企业家爱梦想，也喜欢行动。企业家享受结果，也倾心过程。企业家注重过程，资本家注重结果。

（3）专注。一个有梦想的人，才可能成为企业家；一个专注行动的人，才可能成为成功的企业家。企业家专注于一个事业，执着不移。行行出状元，任何行业都能做出一番卓越的事业。如果不专注、不安定，今天做这个，明天又想做那个，被各种诱惑干扰，不能沉下心来，不能狠下功夫，不能集中精力持续做一件事情，很难想象其能够在一个领域脱颖而出。企业家最在乎企业的功业，资本家最在乎资本的回报，而经营家最在乎经营的绩效。

（4）创新。司马迁在《史记·货殖列传》中，对成功的企业家和商人的案例进行了研究和总结，提出了"奇"。"富者必用奇胜"，"奇"就是和平常不一样，就是创新。成功的事业必然要求从新的角度看待机会，以新的方式整合资源，采用新的模式和新的方法生产产品。事业梦想可能是创新的，在做事业的行动中也需要创新。只有不断纠错改正、探索创新，才能不断调整方向走入光明大道，才能创造出一条通往梦想的更好的路。创新精神是企业家精神中最突出的组成部分。

（5）坚韧。做一份长期的事业，怎么会不经历许多的难题、障碍、失败以及犯错呢？在向一个梦想专注前行的过程中，在一个冒险创新的过程中，在开拓事业的道路上，需要坚强不屈的勇气和百折不回的毅力。坚者无退，韧者不溃；坚以养气，韧以化力；坚韧调和，力巨气长。韧为阴，坚为阳，阴阳配合，行远无疆。

有梦想，才会有行动；行动专注，功夫才足够；行动创新，才能做得更好；坚韧让行动系住梦想，让梦想放飞行动，有毅力，不放弃，执着坚持，总有所成。梦想、行动、专注、创新、坚韧，不仅是企业家的精神特质，也是所有创业家、事业家的精神特质。

企业文化专栏4-1

汪滔：让"大疆"垂直起飞

《华尔街日报》称大疆是"首个在全球主要的科技消费产品领域成为先锋者的中国企业"。大疆甚至"先进"得不像一家中国企业，而它的CEO有个性到不像一个中国企业家——他就是大疆无人机创始人汪滔。汪滔1980年出生在浙江杭州，受工程师父亲的影响，他从小就喜欢科技类的各种小制作小发明，尤其喜欢航模。

2006年，汪滔和两名同学一起创办了大疆创新（以下简称大疆）。三个人当时都没有什么钱，他们将办公室选在深圳的一间仓库里。就这样，研发飞控系统项目开始了，汪滔还确定了无人机的目标和定位，"即便每个月只卖几十个产品，我们也要做全世界最好的"。

可是创业不是凭着一腔热血就能随随便便成功。没多久，两个合伙人因为要留学、工作先后离开了。半年过去了，汪滔仍一个人硬撑着。终于，他用坚持吸引了三个同样酷爱航模事业的小伙伴加入进来。四个年轻人在20平方米的小仓库里"相依为命"。虽然手底下有了员工，但汪滔依然是四个人中最拼命的那一个。他对细节的追求细致到一颗螺丝钉的松紧，用什么强度的螺丝胶防止松动等。那一年里，四个人潜心解决各种技术难题。特别是为了消除直升机抖动，他们先后试验了四五十种方法。当时公司没有销售收入，支撑他们的完全是共同的爱好。可是不久，由于股权变更等引起了矛盾，没等到第一代产品推出来三个小伙伴就先后离开了大疆。在那段黑暗的日子里，汪滔仍咬牙倔强地坚持着。2008年，经过不懈努力，大疆最终推出了飞控系统XP3.1——可以让模型飞机停在空中。这个创新，让大疆走出了困境。

资料来源　余之敏. 汪滔：让"大疆"垂直起飞 [J]. 恋爱婚姻家庭，2019（23）.

二、企业家行为的特点

企业家是企业的核心人物，企业家的行为特征显著影响着企业行为。

案 例 分 析 4-1

曹德旺：40年只做一块玻璃

"其实我是最没有成绩的人，因为我40年坚持只做一块玻璃。"采访刚开始，福耀玻璃董事长曹德旺这样对记者称。作为改革开放后第一代企业家，从20世纪80年代承包濒临破产的乡镇企业，到如今全球最大的汽车玻璃专业供应商，曹德旺坚守制造业40年，输出了一个来自中国的全球品牌。正如曹德旺的自传《心若菩提》封底所写，他入戏，40年只做一片汽车玻璃，他又入角儿，当了40年的企业家，古稀之年也不放下。

曹德旺吐字较慢，一句话中间总有停顿，给人留下了思考的时间。像所有媒体描述的那样，他直人快语，赤子心肠，头上都没几根白头发。他没少被人劝谨慎发言，在海外设厂被舆论炒成跑路风波时，他也是正面回应，甚至对一位紧张的下属称"我又没做错什么，你有什么好怕的？"这个黑暗时刻，被他轻描淡写带过。

福耀先后在美国、俄罗斯、德国、日本、韩国、澳大利亚等9个国家建设产销基地，并在美国5个州设立公司，成为名副其实的大型跨国工业集团。目前，福耀已成为全球最大的汽车玻璃专业供应商，占全球25%的市场份额，旗下子公司48家，雇员超过2.6万人，产品被宾利、奔驰、宝马、奥迪等全球知名汽车品牌选用。"现在虽然成为全球最大，但还不算全球最强。"曹德旺说。他诚挚的表情和低沉的语气告诉我这不是谦虚的寒暄之词，他尊重竞争对手两三百年的技术积淀，认为福耀玻璃尽管赶了上来，但仍需要继续努力。

他认为企业家应该坚持四个自信。第一是文化自信，要遵循古代的哲学，履行商道，君子爱财，取之有道；第二是行为自信，相信会越变越好，行为也要乐观；第三是能力自信，要根据形势的发展和周边的事情来判断中长短期的结果，要高度警惕，要兢兢业业；第四是政治自信，必须相信政府，和政府步调一致，要学会敬天爱人，不犯天条，不犯众怒。

资料来源 郑涓心. 曹德旺：40年只做一块玻璃 [J]. 领导文萃，2019（9）.

问题：通过曹德旺，你能看到中国企业家具备哪些优秀的品质？

分析提示：脚踏实地是这位从事制造行业的企业家身上的重要品质特征，在他身上还有坚定的"四个自信"，以及豁达的财富观。

1.企业家是企业经营的主要决策者，承担着企业经营的主要责任

随着现代科技和生产力的发展，越来越多的企业家涌现出来，成为社会大众关注的焦点之一。企业家是能力超群的人，他们能够长期持续经营企业，不断把利润进行再投资，促进企业发展。他们善于创新，做事踏实、务实；有领导能力，有丰富的想象力、准确的判断力和坚忍不拔的意志；有监督和管理才能；有丰富的业务知识，善于把握时机做出具有战略意义的重大决策和创新。

张瑞敏曾经说："企业家第一是设计师，使组织结构适应企业发展；第二是牧师，不断布道，使员工自身价值的体现和企业目标的实现结合起来。"企业家往往从大局和长远的角度来看待并处理企业的发展问题，不过度注重短期利润与得失。成功的企业家在做出经营决策目标之后，能一如既往地贯彻实施这个目标，直到成功。实现这一目标并非一蹴而就，它要求企业家制定的决策能够体现宏观性、预见性、创新性和可行性。企业家是整个企业的统帅，既要决策，又要指挥。

2.企业家是企业的决策者、最高管理者

企业家是企业文化代表的践行者，是企业文化修炼的核心力量，起着不可替代的作用。美国著名学者托马斯·彼得斯说："培育企业家的目的就是为完成企业家的使命而开发他们的能力。"优秀的企业家是提高企业竞争力的关键，企业家行为深深地影响企业行为，影响企业文化的塑造和发展。

3.企业家是一种职业，是社会生产的基层组织者和管理者

企业家这一社会角色，与其他任何社会角色一样，形象是由其全部行为塑造的。企业家职能在企业家、资本提供者和其他人力资本提供者之间转换，同时与其他利益相关者的行为共同整合，而这种整合正是上述各方在经营过程中通过一系列制度安排完成的。需要注意的是，企业家行为是在特定的社会环境中进行的，受到社会道德、社会行为规范、法律规章的制约。

三、企业家行为对企业行为文化的影响

企业家行为对企业行为文化的影响主要有以下几个方面：

1.企业家是企业文化的开创者

企业家行为主导着企业行为文化。企业行为文化带有鲜明的企业家的个性、人格特征、行为特征等烙印。企业家行为引导着企业行为文化发展的方向。

2.企业家是企业文化的精心培育者

企业家非常了解本企业的情况，知道企业最需要的是什么，最缺少的是什么，最关键的问题是什么，因而能够"对症下药"，从现实问题入手，因地制宜地推进企业行为文化建设。

3.企业家是企业行为文化建设和培养方案的总设计师

企业家在提出思考路径、制定行动纲领、提炼企业价值理念、升华企业精神、培养企业行为文化的过程中，起着"总设计师"的作用。企业行为文化的建设规划需要企业家担纲主持。

4.企业家是企业文化修炼的"教练"

企业行为文化修炼，需要企业全部员工积极参与，企业家必须身体力行，并充当"教练"的角色，用实际真切的言行感化员工，使员工抛弃旧的工作行为方式，不断创新企业行为文化，使企业行为文化修炼保持健康向上的态势，切切实实地收到成效。

5.企业家是企业行为文化的传播者

企业行为文化的传播和贯彻，需要企业家的长期努力，企业行为文化修炼需要企

业家率先垂范。企业家积极倡导、培养具有本企业特色的企业行为文化，必须在实践中用自己的言行去影响企业的风尚，影响企业员工的思想和行为，推动具有本企业特色的企业行为文化的传播和社会影响。

四、企业家行为的修炼

1.企业家行为修炼的主要内容

（1）职业追求。职业追求即兴办事业，以产业报国，不为各种荣誉迷眼，不为仕途吸引，热爱本职，甘于奉献，有强烈的事业心和责任感。

（2）职业修养。职业修养是指胜任自身职业所必需的政治思想水平、知识水平和品质特征等，主要包括：

①政治上成熟。具有强烈的政治责任感和社会责任感，自觉遵纪守法，不随风倒、不见风使舵，廉洁自律，有高度的政治敏锐性。

②品德高尚。正直、诚实、胸怀坦荡、大公无私、言行一致、以身作则、作风正派，不结党营私、不骄横霸道，信任、尊重和依靠群众，谦虚谨慎，有自我批评的精神。

③知识广博。勤于学习、善于学习，取百家之长、避诸士之短，有合理的知识结构，熟练掌握包括经济学、管理学、市场学、心理学、哲学、社会学、思维科学、系统科学、创造发明学及法律、金融、财务等方面的知识。

④行为果敢。志向远大、眼光敏锐、思维前瞻、审时度势，把握实际、明辨是非、实事求是，及时总结经验，修正失败行为，坚忍不拔、百折不挠、敢于尝试、乐于行动，不空谈、不搞形式主义的东西、不搞花架子。

（3）职业意识。职业意识即基本理念和指导思想，主要包括：

①文明竞争意识。必须通过文明竞争，使企业追求最大利益，提升竞争力。

②创新意识。不断创新，鼓励创新。

③发展意识。谋求长远发展和可持续发展，追求战略利益，寻求合理扩张。

④信誉意识。视信誉为企业生命，重视企业无形资产，诚实守信，童叟无欺，遵纪守法，恪守职业道德。

⑤风险意识。敢冒风险，并努力规避风险，承担压力，勇于接受挑战。

案例分析 4-2

稻盛和夫靠"谢谢"起家

12岁时，稻盛和夫随父去寺庙拜访一位得道高僧，问询人生之路。高僧仔细打量了稻盛和夫，对其父说："这孩子不需要问了，你们回去吧，以后让他多说'南曼南曼'就可以了。"

"南曼南曼"是佛家禅语中"谢谢"的意思。此后，稻盛和夫牢记高僧的这句话，真的将"南曼南曼"每天都挂在嘴上。

27岁时，稻盛和夫创办了京都陶瓷株式会社。京瓷是一家以精密陶瓷技术为基础的大型高新技术企业，但稻盛和夫本人并不是搞技术出身，对公司的核心技术可以说是一窍不通。当时，公司只有8个人，除他之外都是专业技术高手，其中有一个叫井上的人更是这方面的专家。井上来了之后，稻盛和夫把自己的车和办公室都给他使用，甚至把自己刚装修好的家也腾出来，给井上和其他6个人住，自己则租住在一间又破又旧的小平房里。

稻盛和夫对井上说："我要谢谢你跟着我干。我只是一个给京瓷未来做好梦的人，你才是真正的筑梦人。做梦不要太大的地方，但筑梦需要！"井上和其他6个人被老板的这种退让、牺牲精神深深地打动了，发誓要奉献出他们所有的技能。果然，在井上等人的帮助下，10年后，京瓷成了一家全球知名的上市公司。

稻盛和夫常说，活着的每一天都要感谢。"本来像我这样的人不可能成功，但最终我成功了，这一切都源于两个字——谢谢。"

资料来源　徐立新. 稻盛和夫靠"谢谢"起家 [J]. 读写月报（初中版），2019（3）.

问题：说说看，值得你感谢的人有哪些？为什么？

分析提示：做事从来要靠团队。心存感激，常说"感谢"，会让我们变得更加谦逊，团队更加有战斗力，人生之门也随之开启。

（4）职业能力。职业能力即胜任职业的能力，主要包括：

①决策能力。管理即决策，善于决策，能够科学决策，在正确判断的基础上，果断决策，不错失时机。

②预见能力。遇事有远见卓识，能洞察内外环境变化，不拘泥于一时一事，目光长远，有先见之明，不做"事后诸葛亮"。

③开拓能力。积极进取，勇于开拓创新，善于想象，把设想化为行动，不断创新局面，拓展新市场。

④组织能力。善于用人，知人善任，正确指挥，合理调度，善于激励员工，调动每个人的积极性，发挥员工的特长，善于沟通，遇事有驾驭和控制力，有威信，擅长合理配置资源。

⑤表达交往能力。擅长表达，以理服人，以情感人，善于协调，遇事有良好的沟通能力，与人为善，亲近员工，与社会各界和睦相处。

⑥反省能力。能自省、反思，及时总结经验教训，能够自我批评，不断提高、完善和超越自己。

2.企业家修炼的方法

企业家的修炼，不仅要加强自身修养，还应借助外力。要借鉴发达国家培训职业经理人的做法，创造行之有效的培训方式，把组织学习、集中培训和企业家自觉行为结合起来，具体包括：

（1）企业内研修。聘请企业外的咨询专家、大学教授、学者等来企业传授企业家所需要的知识。企业高层领导也应该参加部门的培训活动，有效地掌握下一级的看法和想法，及时了解一线动态，进行内部研讨、交流信息、集思广益。

（2）企业外研讨会。企业家可以参加企业外举行的各种战略研讨、专题讨论会等。

（3）参观学习和考察。企业家到国内外相关企业学习和考察，了解前沿领域，掌握信息。一个企业能否获得和保持竞争优势，关键取决于企业家及领导群体是否具有敏锐的洞察力、科学的预见力、丰富的想象力、高超的组织才能、坚强的意志，能否识别各种人才和及时把握机遇，做出正确的决策，凝聚员工，领导企业开拓市场，合理利用资源，服务于客户和整个社会等。

单元二 企业模范人物

一、企业模范人物的内涵和作用

企业模范人物大都是从基层、实践中涌现出来的，被员工推选出来的普通员工，他们在各自的岗位上做出了比较突出的成绩和贡献，因此成为企业员工心目中的模范。

在具备优秀行为文化的企业中，最受人尊重的是那些集中体现了企业价值观的企业模范人物。这些模范人物把企业的价值观具体化、人格化，是企业员工学习的标杆，其行为常常被企业员工争相效仿。

企业模范人物是企业的中坚力量，他们的行为在整个企业行为文化中占有重要的地位。企业模范人物是企业行为文化得以实现的有力保证。那么，这些模范人物对企业行为文化产生什么作用呢？总体来说，企业模范人物最基本的作用就是示范效应。

企业文化专栏4-2

空调安装工爬楼救人 获奖一套房

2020年5月21日，四川省自贡市富顺县的一个居民小区内，一个女童攀爬到6楼窗外被困后无法动弹，一名安装空调的小伙子在消防人员赶到前徒手爬上6楼将女童救下。

当天上午9时许，女童的家人外出买菜，将孩子临时关在了家里，没想到孩子自己爬到了6楼窗外，随时都有可能出现意外。楼下有不少居民拿着床单被罩之类的物品撑开，准备在女童坠落时接住她。就在千钧一发的时刻，一位安装空调的小伙子迅速攀爬，一点一点接近女童，最终顺利将其送回屋内。

原来，小伙子叫胡云川，是海尔公司的空调安装员。为弘扬其见义勇为精神，传递正能量，海尔公司随后做出嘉奖决定：授予胡云川"人单合一见义勇为奖"，并奖励胡云川价值60万元的房产一套。人是企业最宝贵的资产，我们不希望看到危险事情发生，但社会有需时，希望每一位海尔人都能挺身而出。

海尔重奖救人员工，固然有其宣传公关之考量，同时也反映出海尔对于企业文化建设和品牌精神塑造的重视——在全社会弘扬正气，激发正能量。

资料来源 董振杰. 壹现场｜空调安装工爬楼救人获奖一套房［EB/OL］.［2020-12-12］. https://baijiahao.baidu.com/s?id=1667465462108900827&wfr=spider&for=pc.

二、企业模范的分类

1.根据影响范围不同划分为原发型示范效应和树立型示范效应

根据影响范围的不同，示范效应分为原发型示范效应和树立型示范效应两种类型。

（1）原发型示范效应。原发型示范效应即示范原型在没有通过宣传的情况下发生一定影响。通常说的"其身正、不令而行"即是这种类型。大多数企业模范人物最开始是属于原发型的，在没有宣传的情况下影响周边的人。随着影响的扩大，企业发现了这样的模范人物，将其行为和实际行动表现及其所创造的成果与企业的价值观联系起来，然后作为企业员工学习的典范，进行表彰、宣传和榜样化。

（2）树立型示范效应。树立型示范效应即示范原型的言行得到他人和社会的承认和肯定，并通过一定的形式（规定、舆论、宣传媒介等）被确立为某人、某部门、某单位，甚至更大范围的效仿榜样，以此来影响他人和企业行为。

从事物发展的性质看，这两种类型是一致的，都发挥了示范的作用，但两者的影响范围有区别，影响程度也有差异。一般来说，原发型示范效应的影响范围和程度相对较小，树立型示范效应的影响范围和程度相对较大。"原发型"是"树立型"的源泉，"树立型"则是"原发型"的发展和升华，是一种更为高级的示范形式。示范效应一般有三个组成部分，即示范原型、示范环境和示范影响。

案例分析 4-3

一句真话，晋升两级！华为任正非亲发内部邮件提拔此人！

2017年9月5日，任正非签发了主题为"要坚持真实，华为才能更充实"的内部邮件。邮件一经签发就赢得了一片赞誉，主要内容就是鼓励员工讲真话，做真实的人。

内容如下：

"我们要鼓励员工及各级干部讲真话，真话有正确的、不正确的，各级组织采纳或不采纳，并没什么问题，而是风气要改变。真话有利于改进管理，假话只会使管理变得复杂、成本更高。因此，公司决定对梁山广，工号00379880，晋升两级，到16A，即日生效，并不影响其正常考核与晋升。根据其自愿选择工作岗位及地点，可以去上研所工作，由邓泰华保护不受打击报复。"

尽管这封邮件并没有说明具体事件，只显示有员工讲了真话，对此人连升两级，并且点明由无线网络产品线总裁邓泰华保护不受打击报复，足以说明华为对员工敢说真话的行为十分鼓励。有华为员工表示，看了之后激动得想哭。

事件回放：2017年8月3日，一位注册名为warknife的华为员工，在华为内部员工论坛"心声论坛"上发帖，列举了详细证明并举报华为某部门的一项业务数据中，所使用的代码与某代码托管平台上的某项目代码雷同，并怀疑是公司项目的代码外泄，或是公司项目抄袭了别人代码。随后，他又在华为内部技术交流网站3ms上留言实名举报。这名员工就是梁山广。

梁山广所举报的事项，会直接影响其部门主管甚至更高级别领导的职业生涯。尽

83

管如此，华为总裁任正非并未对此加以隐瞒或袒护，而是在看到了心声论坛上的发帖后表示，要鼓励各级员工讲真话。

资料来源　编者根据相关资料编写。

问题：员工举报自己公司为什么要嘉奖？

分析提示：华为这名员工能够站出来举报公司项目的代码问题，是他正视了一个很简单的道理，那就是"千里之堤，溃于蚁穴"。同样，任正非没有隐瞒这个错误并奖励揭发此事的员工，正是希望企业能够在真理之中得以不断前行，才用这个事件树立示范效应，是一个原发型效果示范。

2.根据模范人物的主体不同划分为企业模范个体的行为和企业模范群体的行为

根据模范人物的主体不同，模范行为分为企业模范个体的行为和企业模范群体的行为两种类型。

（1）企业模范个体的行为。企业模范个体的行为标准是卓越体现企业价值观和企业精神的某个方面，和企业的理想追求相一致，在卓越体现企业精神等方面取得了比一般员工更多的实绩，具有先进性。他们的所作所为并非常人无法企及，而是普通的人也能完成，所以他们可以成为人们仿效的对象。企业模范个体的行为一般是在某一方面特别突出，而不是在所有方面都无可挑剔，所以对企业模范个体不能求全责备，不能指望企业员工从某一企业模范个体身上学到所有的东西。

（2）企业模范群体的行为。一个企业中所有的模范人物的集合体构成企业的模范群体，卓越的模范群体必须是完整的企业精神的化身，是企业价值观的综合体现。企业模范群体的行为，是企业模范个体典型行为的提升，具有两面性。因此，在各方面其都应当成为企业所有员工的行为规范。

当然，任何先进典型都不可能是自然成长起来的，他们不仅需要自己去奋斗，而且要靠企业的发现和培养。模范人物的成长是需要环境的，成长起来的模范人物发挥示范作用同样也是需要环境的。企业行为文化建设要根据凝聚群体发展企业的需要，一方面借助模范人物将企业文化理念人格化，另一方面也要善于发现模范。发现模范之后，还要实事求是地根据模范人物的实际事例，启迪、教化员工的思想，使企业群体意识适应企业的价值观和发展的需要。只有这样才能够引导一大批企业员工去学习和效仿模范人物，实现企业价值观，形成企业行为文化。

三、企业模范人物对企业行为文化的作用

企业模范人物的示范作用有利于员工形成和坚持正确的价值观念。通常来说，观念对行为的影响，是通过思维方式影响行为方式实现的。从这个方面看，模范人物的言行能吸引企业员工的注意，从自身孕育转化为个人行为，进而影响全部员工，影响企业行为文化。"榜样的力量是无穷的"，在企业通过企业模范人物的先进典范事例对企业员工的行为乃至企业行为文化进行引导时，要多用启发、少用教导，多用示范、少用督导，多用引导、少用强制，这样才合乎企业文化"潜移默化"地发挥功效的要求。很多优秀的企业家之所以把企业的"英雄人物"作为企业文化的一大要素，就在于这些"英雄人物"能够把企业价值观人格化和形象化，使企业员工在看得见、摸得

着、学得了的环境中逐步仿效。如此，就能使企业的宗旨和目标外化为企业员工的行为，达到行为引导塑造的目的。

单元三　企业员工群体行为

一、员工群体行为的相关概念

群体是两人或两人以上的集合体，他们遵守共同的行为规范，在情感上互相依赖，在思想上互相影响，而且有着共同的奋斗目标。

员工群体行为指的是各类员工在工作岗位上的表现和工作作风、非正式企业活动和业余活动等，既包括正式行为也包括非正式行为。

二、群体内行为

1.群体压力下的从众效应

群体压力是指群体对其成员的一种影响力。当群体成员的思想或行为与群体意见或规范发生冲突时，成员为了保持与群体的关系而需要遵守群体意见或规范时所感受到的一种无形的心理压力，它容易使成员做出为群体所接受的或认可的反应。当一个人在群体中与多数人的意见有分歧时，会感到群体的压力。有时这种压力非常大，会迫使群体的成员做出违背自己意愿的行为。从众效应，也称乐队花车效应，是指当个体受到群体的影响（引导或施加的压力）时，会怀疑并改变自己的观点、判断和行为，朝着与大多数人一致的方向变化。也就是说，个体受到群体的影响而怀疑、改变自己的观点、判断和行为等，以和他人保持一致，也就是通常人们所说的"随大流"。

企业文化专栏4-3

"996"肆虐，如何破局？

所谓的"996现象"，就是早上9点（或9点30）上班，晚上9点（或9点30）下班，周六继续加班。目前还存在以下几个现象：

第一，加班文化的渗透。明明下班时间已经到了，手里的事情也已经完成，可看到办公室还没有一个人走出去，于是有些人就迈不动步了，尽管心急火燎地想下班走人，却也不敢踏出公司一步。

第二，公司的明文规定。公司让每个员工签署一个"自愿加班并不要额外报酬"的协议，面对这样的奇葩企业，员工无奈，或选择签署协议，或选择离开。

第三，领导太喜欢加班。有的企业，领导下班后不愿离开，导致员工无法离开，于是耗时间也成为主流。

第四，加班开会。有些企业领导认为大家工作的时候在做什么他看不见，于是内心非常不踏实，因此经常利用下班和周末的时间给大家开会。

第五，用物质刺激加班。大家都知道北上广的人口密集，上下班时间交通拥堵，于是很多企业出台了晚上8：30提供夜宵、9：00后可以打车回家的政策，导致很多人就很乐于加班。

无论以上哪种情形，都会出现一种现象或趋势，即新兴企业（主流是互联网公司）、风口行业、创业型公司、老板安全感低的公司，都在崇尚这一做法，以为延长工作时间可以解决企业发展的问题。

资料来源　李海燕．"996"肆虐，如何破局？[J]．新产经，2019（5）．

2.社会标准化倾向

社会标准化倾向是指群体成员的行为在群体规范的影响和制约下，差异缩小而趋同的倾向。研究表明，人们在单独的情境下，个体间的行为差异远大于在群体情境下成员间的行为差异。也就是说，人们在群体中常会失去个人的意识而采取一些非本人独处所能采取的行为。群体中的个人往往把注意力从自我行为的标准上转移到群体的行为标准上，群体的规范和标准代替了个人意识和准则。比如，一个生产班组对于生产速度有一定的尺度，虽然没有明确标准，但是员工内心要求大家不要偏离某一标准，如果有人的工作量超过这个标准太多或者低于这个标准太多，都会受到排斥。

3.群体间行为

群体间行为是指不同工作群体之间在工作中发生的各种相互影响和相互作用的行为。群体间行为是以不同群体间的关系为基础的，它是连接不同群体的纽带。群体间行为会显著影响到一方甚至双方的群体工作绩效以及成员的工作满意度。

企业文化专栏4-4

打卡文化

"打卡"缘于人际需求。首先，"打卡"有利于形成积极的印象管理。印象管理是社交生活的题中应有之义，人们都愿意在他人面前展现更好的自己。而展现自身积极的一面，晒生活中的"积极点"，会让人们觉得自己更优秀，自己的人生更与众不同。当他人通过朋友圈看到自己的自律、不懈和努力，投来的一定是钦佩和赞赏的目光，这无疑是一种人际奖赏。

其次，"打卡"有利于增强自我控制力。打卡行为本身是一种超级自控的显现。自我控制力是指当抽象的远期目标与具体的近期动机发生直接冲突时，人们可以将抽象的远期目标置于具体的近期动机之上的能力，即可以为了远期目标的实现而放弃近期动机的诱惑。也就是说，它能够帮助人们克服近期短暂的欲望和干扰，实现长期的目标。比如，拒绝懒惰，每日背单词；拒绝高热量食物，坚持素食主义等。心理学家发现，自控与成就具有较大的关系。拥有较高成就感的人更容易养成良好的健康行为，甚至可以与冲动购物、网络上瘾、药物成瘾、暴饮暴食等绝缘。

最后，"打卡"有利于在比较中提升自我。日常生活中经常会遇到类似情况：一些人在朋友圈中不停地"打卡"，有人背单词、有人做运动、有人学知识……周围的人跟比赛似的不停地向外界炫耀自己的努力、刻苦、敬业。此时，一些人会不由自主地产生与他们进行比较的心理，进而认为自己的生活枯燥、无趣，然后在与他人比较的漩涡中开始"打卡"。

资料来源 管健.打卡文化的是与非[J].人民论坛，2020（Z2）.

常见的影响群体间行为的因素有：

（1）工作规程。组织内对于群体间工作上的协调规则和程序会影响群体间行为的方式方法，并最终影响质量和绩效。

（2）组织层级设计与计划。组织内部层级设计是否科学合理，以及组织内部工作计划是否能充分利用并有效协调各个部门群体，会显著影响组织内群体间行为。

（3）群体间的沟通渠道。组织内部对群体间的信息能否及时、有效传递，对群体间的竞争与合作关系产生一定影响，因为信息不对称产生的冲突矛盾屡见不鲜。

三、员工群体行为与企业行为文化的关系

企业的主体是企业员工，企业行为文化建设的主体也是企业员工。只有当企业所推崇的价值观、行为准则能够被员工群体普遍认同和接受，并使员工群体在实践中自觉履行，才能形成企业行为文化。企业员工是企业产品的直接生产者、企业服务的直接提供者、企业效益的直接创造者，企业员工在一线与客户、供应商打交道，并充当企业形象的直接代言人，在社会公众的视野里，员工群体行为往往被认为是企业行为。因此，员工群体行为对企业的整体精神风貌和文明程度有着直接的决定作用。同时，企业所推崇的价值观、行为准则能否成功实现也最终取决于价值观、行为准则能否贯彻实施到员工群体的日常操作和服务行为等工作行为当中。

企业文化专栏 4-5

"吃亏"的宗艾商人

宗艾镇位于山西东部寿阳县北，已有1500多年的历史，是明清两代晋商东去太行、北进冀蒙、西连晋陕的必经之地。由于肯吃亏、讲信义的良好口碑，宗艾商人成为晋商中一支重要的力量。

在宗艾镇老街上，烧饼铺子随处可见，其中蕴藏着一段充满温情的过往。明朝末年，古镇遭遇灾荒，人们的日子越来越艰难。镇上有一个烧饼铺，越来越多的乡亲开始在烧饼铺赊账吃饭，而且越赊越多。后来烧饼铺失火账本被烧了，有些商人议论道："从卖烧饼到赊烧饼，现在账本也烧了，这下可亏大了。"而烧饼铺掌柜赵善俊说："我这账本记的都是乡亲们的命，要是眼睁睁看着他们饿死，亏的是良心，那才真是亏大了。"

清朝中期，宗艾镇上有位茶商叫荣本华，每年都要到江浙一带采购茶叶。由于包装和运输条件简陋，茶叶经过路途颠簸总会有少许压损破碎的情况。在顾客眼里，这点损耗实属正常，可是荣本华心里却过意不去。为了不让顾客吃亏，荣本华在称重完毕后，会另外抓一小撮茶叶添在里面。久而久之，"抓一撮"这一小小的举动就传开了，来店里买茶叶的人越来越多。后来古镇里的商人们纷纷效仿，不论买卖大小，成交之后，卖家总会随手再添上那么一撮。如今，在宗艾的集市上，"抓一撮"已成为当地买卖人的传统与招牌。

资料来源　玉珊．"吃亏"的宗艾商人［N］．企业家日报，2020-08-04.

单元四　从人员结构角度看企业行为文化塑造

企业行为文化是指企业员工在生产实践、学习娱乐等过程中产生的各种行为活动的总称。它包括在企业经营、教育宣传、人际关系、文娱体育等活动中产生的文化现象。它是企业经营作风、精神面貌、人际关系等的动态体现，也是企业精神、企业价值观等的折射。从人员结构上看，它包括企业家行为、企业模范人物的行为、企业员工的群体行为等。下面从人员结构上来谈谈如何塑造企业行为文化。

一、如何塑造企业家行为

1.成就需要

美国社会心理学家戴维·麦克利兰的成就动机理论认为，具有强烈的成就需求的人渴望将事情做得更为完美，提高工作效率，获得更大的成功，他们追求的是在取得成功的过程中克服困难、解决难题、努力奋斗的乐趣，以及成功之后的个人成就感。经济学家熊彼特曾说，企业家存在征服的意志、战斗的冲动、证明自己比别人优越的冲动，他取得成功不是为了成功的果实，而是为了成功的过程和结果带给他生命的尊严。由此可见，成就需求和成功欲望是企业家人格的核心特质，也就是说，真正具备企业家人格的人是一个不甘平庸、不甘平凡、追求卓越、创造卓越的人，一个充满自信、坚定地认为自己运用权力会比别人运用得更好的人，也就是具有强烈事业心的人。

企业家是创造人类幸福的人，是创造实实在在的产品和服务的人，是牺牲自己来创造社会最大幸福指数的人。所以，企业家应该有超越个人本位和金钱本位的更高尚的精神追求。像马克思所说的那样，把个人的幸福和价值建立在为人类崇高的事业而奋斗和为民族振兴的目标而奉献的基础上。这样的精神追求，必然能使企业家行为更为高远，对塑造企业家行为起到推动促进作用。

案例分析 4-4

一代商业传奇功成身退

2019年12月18日，联想控股公开声明，柳传志先生卸任联想董事长一职。

1984年，40岁的柳传志还是中科院一名普通的小科员，在中科院不到20平方米的传达室里面创立了联想，从此开启了传奇一生。短短35年时间里，在柳传志的运筹帷幄下，联想抓住了发展机会，成为行业发展旗帜。短短35年的创业生涯中，柳传志领衔的联想控股向社会交出了一份年营收3 589亿元，拥有20余家成员企业的成绩单。

联想产品总裁杨元庆在柳传志卸任会上，深情地评价柳传志说："柳总是个永不自满的人，他鼓励联想所有员工，不能安于现状，要勇于向更高的山峰攀登。"多年来，柳传志一直秉持身体力行、以身作则、爱折腾的精神，带领联想人攀上一座又一座科研高峰。他回忆说："我是一个在40岁仍然不怕吃苦的人，我不甘心贫穷，我渴望攀登到更高的人生境界。"他勤勤恳恳的工作态度，高瞻远瞩的战略思维，不怕吃苦的执着精神，影响了一代又一代中国企业家。他被誉为"中国商业教父"，他曾多次为马云、史玉柱等行业大佬指明方向，助力他们走向成功。

资料来源　柳传志. 商业传奇［J］. 上海商业，2020（1）.

问题：我们可以从柳传志身上学到什么？

分析提示：立意高远，隐忍以行，审时度势，与政治经济环境和谐共鸣，联想集团在他的领导下创造了中国IT业的奇迹，为中国IT业赢得了尊严。

2.战略头脑

企业家作为企业的统帅，要有科学理性的战略头脑。真正的企业家，一定要有远见卓识，不为眼前某一困难所压倒，不因暂时的挫折而放弃，始终保持冷静和理智，善于思考，胸怀全局，放眼未来，目标明确。企业家可能是冒险家，但不是莽夫，其既要有对理想和目标的执着，又要有实现理想和目标的雄韬伟略。那些目光短浅、只知道起早贪黑的人一定不是企业家。千百年来，小农意识影响下的农民都很勤俭，日出而作、日落而息，多年来"脸朝黄土背朝天"，但始终走不出自己那"一亩三分地"。他们的勤劳和朴实可歌可泣，但他们不去思考未来、只注重眼前的思维方式却束缚了自身发展。企业家不应该是这样的人，企业家既是心存高远、计划未来的事业家，又是脚踏实地、只争朝夕的实干家。有战略头脑的企业家应该持续思考五个问题：企业发展的愿景、愿景实现的路径、企业经营中的主要问题、企业竞争中的优势和劣势、企业人力资源规划和领导团队建设。

3.冒险精神

风险意味着不确定性；冒险意味着敢于面对和估价风险，做出挑战风险的决策，并自觉承担一切后果。每一个企业的成功都是无法完全复制的。面对日益复杂多变的国内、国际市场环境，企业家需要冒险精神，这是企业家创造性人格的特征，也是人类创造精神的来源。企业家的冒险精神并不是莽夫精神，是基于创业冲动而产生的敢为天下先的开拓意识，是建立在对环境与未来的理性分析的基础上的，是基于科学分析之后的果断与勇气。

案例分析4-5

杀伐决断，刘强东回归

"京东最近四五年没有实施末位淘汰制了，人员急剧膨胀，发号施令的人愈来愈多，干活的人愈来愈少，混日子的人更是快速增多。这样下去，京东注定没有希望。"刘强东在微信朋友圈中留下了这段话。

京东上市时，"公司是否会过分依赖刘强东个人"是投资人很担忧的问题，因此，刘强东会有意识地淡出京东日常管理，并把更多的管理权交给团队。但如今的种种迹象表明：刘强东回归了。

2019年4月14日晚，刘强东发内部信回应近期京东快递员取消底薪所引发的争议。刘强东在内部信中表示，京东物流2018年全年亏损超过23亿元，如果扣除内部结算，亏损总额超过28亿元，而且公司已经亏了12年，如果这么亏下去，京东物流融资而来的钱只够亏2年。

刘强东表示，如此安排的目的，并不是节约成本，而是打破大锅饭，以增加揽收单量、增加公司外部收入，提高快递员的收入，最终让公司免于倒闭。

10年前，刘强东执意自建物流，较高品质的物流服务形成了京东的核心竞争力，才得以在电商混战中杀出重围。今天，物流能不能独立盈利和发展？这是京东要迈过的又一道坎：跨过去，京东物流大概率会成为又一个千亿元市值的"顺丰"；迈不过去，这个巨大包袱将成为"不可承受之重"，甚至有可能让京东的任何梦想都笼罩上阴影。

资料来源　孙冰. 京东过坎|刘强东用"猛药"；转型To B？[J]. 中国经济周刊，2019（8）.

问题：我们可以从刘强东身上学习什么？

分析提示：企业家总是能够站在不同时代的经济发展前沿，敏锐地洞察存在的问题，及时把握未知领域的可能机遇。对别人不敢想、不敢干的事业有尝试的勇气与胆量。

正如德鲁克所指出："制定决策是不可避免的，而任何决定的实质都是不确定性。""需要确定型的人不可能是好的企业家。"敢于承担风险的精神是企业家特有的一种精神。敢于承担风险的精神指企业家在决策、用人等企业领导活动中所具有的为达到既定目的而敢于承受风险的气魄和胆略。

敢于承担风险的精神是企业家精神不可缺少的组成部分。企业家在市场竞争中面临的变数非常多，不管对经营决策进行多么科学详细的预测、论证，风险仍然存在，这是现代市场经济的特点。敢于承担风险并不是不去刻意降低或规避风险。一个企业要生存，首先要降低其风险成本。企业家要尽量掌握信息，降低企业的风险成本。

4.创新精神

美国经济学家黑尔斯认为，企业家是"那些能够抓住经济生活中的机遇或能够对经济生活中可能发生的机会做出反应，通过创新为其本人和社会创造更多的价值，从而使整个经济体系发生变化的人"。按其意思，企业家就是使财富发生增值的创业人，这里他提到了创新是财富增值的方式。后来，美国著名经济学家熊彼特在1934年出版的《经济发展理论》一书中，进一步将上述定义明确为，企业家就是经济发展的带头人，或者是能够实现新的组合的创新者。

企业长期稳定的利润来源于企业持续的创新能力。企业的创新能力与企业家的创新精神密不可分。企业家的创新精神表现在追求产品创新，通过不断追求产品质量和性能的改进与提高，来维护、发展和完善这个品牌，并通过这种创新来获取最大限度的长期收益。企业家的创新精神表现为追求技术创新，既包括高新技术的创新，也包括小的革新与发明。善于发现新的技术发明，勇于引入新的技术和工艺，不断创造新的生产方式和方法，以此来推动企业技术的不断升级和生产方式的不断发展，是企业家的一个重要使命。企业家的创新精神表现为市场创新，即能够根据市场经济发展的实际，对市场结构、市场分布进行分析与比较，并通过分析与比较，发现和开拓新的市场，占领市场发展的制高点，提高企业的生产经营效率与收益。企业家的创新精神表现为敢于和善于进行组织和制度的创新，即不仅要善于学习和模仿别人的成功经验与做法，而且要敢于和善于突破与超越别人的成功经验与做法，同时还要敢于和善于在总结和综合前人经验与做法的基础上进行组织与制度的再创新，实现企业组织和制度的新突破，以提高企业的发展力和竞争力。

5.责任感

随着中国经济的发展，环境问题越来越多地暴露出来，中国企业发展的短视问题也越来越多地暴露出来，企业家的社会责任感问题也就越来越多地受到关注。一个有社会责任感的企业家需要认识到企业家的社会责任已经超越了以往只对股东负责的范畴。企业家的社会责任具体包括对企业所有者的责任、对顾客的责任、对债权人的责任、对企业员工的责任、对政府及社区的责任、对社会环境的责任等。企业家最基本的社会责任是企业的法律意识，包括遵守国家的各项法律、不违背商业道德等。在高层次上，其社会责任是企业对社区、环境保护、社会公益事业等的支持和捐助。企业家的社会责任的本质是在经济全球化背景下企业对其自身经营行为的道德约束，它既是企业的宗旨和经营理念，又是企业用来约束企业内部包括供应商生产经营行为的一套管理和评估体系。

案例分析 4-6

企业家董明珠：不能舍弃使命感和责任感

"我们不仅要打造一个好的产品，更重要的是要弘扬一种精神，就是工匠精神和利他精神，为别人多思考。"董明珠指出，中国制造业在"走出去"的过程中，要有共赢共享的思想，才可能把更多的人组织起来。

对于企业家精神，近些年的各种聚焦和讨论越来越多，不同的企业、企业家也给出了不一样的"定义"和践行方式。但进入新时代，尤其是在国际化大潮以及"一带一路"倡议等背景下，更大的责任与担当已经成为企业家精神的重要支撑和精神内核，也无疑成为中国企业行稳致远的重要前提。

"一个企业发展必须要有精神，没有精神，逐利而行，是不可能长久的，集体共赢才是我们的梦想。"这是董明珠在格力电器2018年度干部会议上着重强调的一点。企业精神和企业文化正是企业家精神的重要体现，在一定意义上，格力电器勇于挑战自我、勇挑中国制造大梁的精气神离不开其掌门人的培育和传承，这些精神都已经融为一体，成为格力最宝贵的财富，成为中国企业家精神的活力因子。

近年来，董明珠反复呼吁中国企业要有创造价值的担当意识，不断强调"社会责任"的重要性。在她看来，中国企业已经进入社会责任时代，为此，格力电器从多个层面发力，推进"让世界爱上中国造"，董明珠也因此被社会各界称为"中国制造的最佳代言人"。

作为格力电器的灵魂人物，董明珠践行企业家精神的主要特点是实现"技术创新"和"履行企业责任"的双轮驱动，通过自主创新为人类创造美好的生活，不遗余力地为中国制造摇旗呐喊，引领中国制造和中国品牌"走出去"。

资料来源　董明珠. 企业家要有担当［J］. 现代企业文化，2018（19）.

问题：你怎样看待企业家承担社会责任这个问题？

分析提示：企业家精神是一种负责任的精神。这种负责任是对自己的客户负责任，对自己的企业负责任，对国家负责任，从而使企业成为社会发展的推动力量。

一个企业能否承担社会责任与企业家个人关系密切。如果企业家能够重视这个问题，愿意为承担社会责任贡献力量，那么这个企业就会做出许多对社会有益的事情；如果企业家不重视这个问题，不愿意承担社会责任，那么这个企业就很难做到这一点。因此，企业家行为对企业文化建设起到决定作用。要想使企业承担社会责任，必须培养具有社会责任感的企业家，这样企业文化建设才能落到实处，才能真正有意义。

6.诚信正直

联想集团总裁杨元庆曾经说过："诚信是一个人乃至一家企业生存的根本。诚信的意义不仅在于一笔交易的成败赚赔，而在于它标志着一个企业的品质。诚信共享是联想文化的根本。诚实做人、注重信誉、坦诚相待、开诚布公是联想人最基本的道德准则，诚信是制度规范、流程透明的最佳土壤，滋养了联想集团宽宏刚健的文化品格。同时，作为一家以人为本的企业，联想集团把为员工创造发展空间、提升员工价值、提高员工工作和生活质量作为企业的使命，员工也把个人追求融入企业的长远发展之中。"诚信是联想集团企业文化中的重要元素。企业的诚信受到企业家诚信的重要影响，要想培养企业诚信行为首先要企业家身体力行，做诚信的表率。在市场经济条件下，有时不讲诚信也可以把企业做大，比如通过走私、逃税等其他方式，但是，可以肯定地说，这样一定不能将企业做长久。不讲诚信的企业肯定不会是一个长寿企业，这一点在西方发达的市场经济国家也不例外。例如，安然公司顷刻之间轰然倒塌就是不讲诚信的后果。现在，我国企业短命现象很普遍，有的是因为不熟悉市场经济竞争规则，但也有相当多的企业是因为不讲诚信而丢掉客户、丧失市场。亚当·斯密在其最早的一部著作《道德情操论》中就讲得非常清楚："与其说效用仁慈是社会存在的基础，还不如说信用、诚信、正义是这种基础。不义、偷盗欺诈、杀人、限制他人自由等行为必然会摧毁这个社会的基础，效用仁慈犹如美化建筑物的装饰品，而不是支撑建筑物的地基，信用、诚信、正义犹如支撑整个大厦的主要支柱，如果这根支柱松动的话，那么人类社会的大厦就会顷刻之间土崩瓦解。"

在《德鲁克日志》的第一篇中，德鲁克就向我们提出"领导者必须正直"，企业的精神是从上至下建立起来的。可见，企业家行为对企业行为文化产生了重要影响，企业家是引领企业发展的一面旗帜。现代心理学研究表明，人们一般不会盲目地追随某个人，而是根据自己的价值判断以及对方的人格魅力产生追随行为。无论什么样的单位，如果一个领导者缺乏起码的正直和公平，这个单位一定是人心涣散、秩序混乱的。修炼正直的品格，必须注意以下几点：第一，必须善良、有同情心；第二，必须诚实、坚守信用；第三，必须公正、坚持原则；第四，必须善恶分明、刚正不阿；第五，必须有人文精神、懂得人文关怀，坚持与人为善、与人方便。

7.学习习惯

当今的市场环境是瞬息万变的，企业家必须持续地学习才能跟得上快速变化的环境，才能主动适应新的环境，才能在新的环境中做出有效的决策，才能保持一种持续的创新，才能使企业员工形成一种学习的行为习惯，才能使企业人力资源的素质不断获得提升。

二、如何塑造企业模范人物

1.选才

塑造企业模范人物要以企业员工为基础，要以可以培养的人才为基础，要以具有潜在模范人物特质的人才为基础。选才主要是指企业在招聘员工时，要尽量录用符合企业要求、德才兼备的各类人才。这样的员工能更快地适应企业文化，并能更好地认同企业文化，为以后的工作实践打下坚实的基础。

2.搭建科学的培养平台

按照马斯洛的需要层次论和赫茨伯格的双因素理论，个人的需要是从低到高逐步发展的，或者说，在基本保障得到满足后，就需要得到自我发展的激励。对于企业创新型人才来说，低层次需要是很容易得到满足的，但激励作用更大、持久性更强的是其自我发展、自我实现的高层次需要。塑造企业模范人物并不是要求模范人物只考虑企业利益而不顾员工个人利益，企业要搭建科学的培养平台，使模范人物既能获得个人的职业发展、技能提升，又能为企业做贡献。那么，如何搭建科学的培养平台呢？

首先，要帮助员工进行职业生涯设计，树立以人为本的理念，了解优秀员工的职业发展愿景和自身特点，帮助其确立职业发展目标，使其以此为动力，尽快成长为先进模范人物。

其次，企业应搭建各种正式和非正式的舞台，给予员工各种广泛的创新锻炼和展示自我才能的机会，使其有可能得到领导和其他员工的赏识；给予员工整合团队及其他资源的机会，使其有可能干出业绩，具备成为创新型先锋模范人物的基本要求。锻炼的舞台包括大型工程项目、技术攻关项目、技术"比武活动"、各类竞赛活动、市场推销活动等，应该有意识地让各种创新型人才在这些舞台中不断磨砺成长。为此，相关企业部门每年都要制订计划，并在员工档案中有明确记录。

最后，要为各种潜质好、有一定业绩的创新型员工建立知识、技能的创新培养制度，使其具备胜任、超越工作创新要求的条件。

3. 筛选

如何在实际工作中筛选出企业先进模范人物呢？尤其在大型企业集团，由于员工众多、机构庞杂，筛选更加难以做到客观、公正。良好的创新先锋模范人物评选机制应该是以创新业绩为评价标准，以企业参与创新的员工所认同的方式进行操作。如海尔的"赛马机制"就是一个可以借鉴的比较好的评选先锋模范人物的方式，通过这种市场化的方式，可以形成广泛的相互沟通机制，广泛地发现人才，同时尽量避免信息失真和人为随意操作现象，激发员工的创新竞争意识，最大限度地展示个人创新业绩和创新潜质。

4. 宣传推广

当先锋模范人物被筛选出来以后，企业应该大力宣传其先进事迹，推广其良好的职业风范，激励其更加努力工作，并促使其成为更多人的学习榜样。对于贡献卓越的先锋模范人物，要进一步深入挖掘，并通过内部的宣传渠道和外部的各种媒体大力推广，将其打造成企业的"名片"，以此提高企业的社会知名度和美誉度。

5. 激励机制

先进模范人物往往具有甘于奉献的共同品质，具有牺牲精神的共同特点。企业想使先进模范人物能够真正产生正面长期的影响，就不能只停留在口号和精神上，要有效运用激励理论，对企业创新型先锋模范人物建立相应的激励措施，促使大家都尊重先进、争当先进，形成良好的激励氛围。激励机制能够使先进模范人物持续保持模范行为，使其他员工产生学习先进的工作热情，在企业内部营造一种学习先进模范的文化氛围，从而真正发挥先进模范的示范效应。比如，除了对先进模范进行精神激励之外，还要借助一些物质激励手段，比如给予奖金、期权、股份等。

企业文化专栏 4-6

激励"新智慧"

员工是企业中具有主观能动性的要素，不能将其等同于生产资料或经营成本，管理过程中一旦丧失了柔性，员工的主观能动性就会朝着不利于企业稳定的方向发展（例如，归属感降低、忠诚度薄弱、工作态度消极等）。尤其是在新时代背景下，一方面，"知识经济""互联网经济""经济新常态"等外部环境的新变化，不断颠覆原来企业与员工的关系；另一方面，新时代背景下人们更主张张扬个性、以自我为中心，个体对组织的依赖性越来越小，脆弱的劳动合同无法降低员工的流动意愿，"跳槽"现象已成常态。基于此，新时代的企业管理呼吁"新智慧"，要求企业管理思维逐渐明确员工的资本价值，优秀的管理者往往能洞察员工的需求、目的、发展目标，并采取行之有效的激励方式提高员工士气。

海底捞作为激励案例，其员工激励的最大特色就是"绝对信任"：一线服务员拥有无责的"打折权""免单权"；店长拥有3万元以下的"签字权"；部长级拥有30万元的"签字权"……在这种绝对信任下，每一个员工都等同于企业的主人，都会千方百计地提升服务质量，留住顾客。这一优势帮助企业在火锅连锁经营领域占据不败之地，顾客宁可长时间排队等待也不愿换一家，从而彰显"信任激励"的强大魅力。

　　资料来源　何振中. 提振士气的管理智慧——评《不懂员工激励，如何做管理》[J]. 企业管理，2019（5）.

三、如何塑造企业员工的群体行为

　　无论是什么行业，无论技术含量有多高，无论团队的规模有多大，人与人之间的关系始终是第一位的，团队协作永远大于个人的力量。而让这种团队力量真正凝聚到一点的，是"钩心"而不是"斗角"。

　　1.价值观引导

　　塑造员工群体行为有多种方式，比较有效的做法是进行价值观管理。通过价值观引导、行为规范的约束和行为的不断强化及修正，使员工自觉养成优秀的行为习惯，使员工个人的工作目标同企业发展相融合，主动按照价值观的倡导去规范自己的行为。可见，价值观引导对员工群体行为产生重要的影响。

　　2.工作目标与个人目标兼顾

　　塑造企业员工的群体行为，要把员工的工作目标与员工的个人目标联系起来，使员工认识到工作不仅仅是给老板打工，除了能够对企业有贡献之外，也能实现个人的提升，共同实现工作目标与个人目标。

　　3.建立合理的员工行为准则

　　建立具有可实施性的员工行为准则，能够使员工知道什么该做什么不该做，从而在日常工作中能够从细微处规范自身的行为。

企业文化专栏4-7

海底捞服务宗旨和员工"四不准"

　　一个企业的成败是由该企业人才管理成功与否决定的。海底捞的成功跟很多成功企业一样是人才管理的成功。好的员工，必然能够善待客户，让客户开心；得到客户的认可和尊重，员工会更开心，因为他们的付出得到了社会的认可。这种正能量的循环，便是海底捞成功的秘密！

　　一、海底捞服务宗旨

　　1.细心、耐心、周到、热情。

　　2.客人的每件小事要当成大事去做。

　　二、海底捞员工"四不准"

　　1.不准给客人脸色看，不准与客人争吵。

　　2.不准因客人的打扮而轻视客人、议论客人。

　　3.不准因与客人认识、知道客人的过去而议论客人。

　　4.客人掉落在餐厅内的物品不能据为己有，应主动上交吧台。

　　资料来源　编者根据相关资料编写。

95

4.培养积极的职业心态

积极的心态是一种乐观、进取的心态。它是一种正面的心态，由希望、乐观、勇气、进取、慷慨等正面的特征组成。而消极的心态是一种负面的心态，由悲观、颓废、抱怨、等待等负面的特征组成。培养员工积极的职业心态对群体行为塑造有着不可忽视的影响。

5.建立有效的沟通机制

建立有效的沟通机制是管理艺术的精髓，有效的沟通可以使员工和睦共事，同心同德，形成强大的合力，推动企业的发展。反之，则会造成人际关系紧张，人心涣散。良好的沟通能为组织的决策与执行力提供基本的保障。海底捞公司内部有一个员工分享的平台，员工每天结束工作回到宿舍之后，有一件必须做的事情就是写日记，把今天做的一些有价值的事情，包括好的做法在论坛上公布出来。这样一来，一个门店做得很好的一个小创新很快就会被其他门店看到并效仿，这就是海底捞创新层出不穷的原因。创新层出不穷只是一个"果"，导致这个"果"的"因"在于海底捞有这样一个分享的平台，同时有这么一群员工愿意去分享。

[项目测试]

一、简答题

1.企业家行为有哪些特点？
2.企业模范人物有哪些特点？
3.简述企业员工群体行为和企业行为文化的关系。
4.如何塑造企业行为文化？

二、案例分析题

海底捞的"小团体"文化，是喜还是忧？

在海底捞近几年频频受到社会各界关注的管理理念中，非常出人意料的一点就是它的"小团体"文化。在许多行业企业唯恐避之不及的非正式组织上，海底捞保留了极大程度的宽容甚至鼓励。

海底捞的各种非正式群体相对于各种工作群体来说，属于小群体的范畴。一般同期进来的新员工大多4~5人结成一个团体，虽然老乡会的规模相对较大，却会因为亲戚朋友关系而划分为更小的群体。小群体由于人数较少，共同特性更加一致，内部信息互通更加流畅，从而产生了两方面的影响。

正向的影响：小群体内部频繁的互动，使得该群体内部成员之间凝聚力增强，促使他们在工作中进步。只要上级采取恰当的手段，就可以让高凝聚力的团队产生高绩效。

负向的影响：小群体内部的密谋会产生对大群体的消极抵抗或者不服从。一旦管理出现漏洞，某些"激进"员工产生不满，群体的失望或恐慌就很容易蔓延，其他员工也更有可能被负面信息所影响，产生更低的绩效。

资料来源 张杉. 海底捞的"小团体"文化，是喜还是忧？[J]. 企业文化，2018（21）.

问题：海底捞为什么对"小团体"文化宽容甚至鼓励？

分析提示：海底捞非常巧妙地将个人目标与企业目标统一起来，员工通过个人努力，就能获得超过同行业平均水平的工资福利和发展空间，这就将个人成长与企业发展联系到了一起，因此小团体通常能够发挥出很大的积极作用。

［项目实训］

实训主题：如何塑造企业行为文化

1.内容与要求

（1）学生以6人为一个小组；

（2）搜集企业行为文化塑造的案例。

2.成果检验

制作PPT在课堂汇报。

企业物质文化

【学习目标】

＊知识目标：

1.了解物质文化包含的内容；

2.区分产品文化和品牌文化；

3.熟知企业工作环境设计注意事项；

4.掌握产品文化、广告文化、工具文化。

＊技能目标：

1.能够对具体企业的视觉识别基本要素进行设计；

2.能够对相关企业的企业内刊和企业网站进行评价。

引 例

小米 AIOT 战略

小米 AIOT 战略即智能物联，这些设备主要立足于家居产品，战略意图很清楚，就是卡位和海量设备。怎么卡位？未来智能家居一定是设备跟设备之间、电器跟电器之间互相接收指令，现在我们家里的每台智能化设备几乎都能跟手机联网，这是第一点。第二点比如 Wi-Fi，这些智能设备现在多数要通过 Wi-Fi 联网。小米最成功的一个地方就是它找到了另一个关键点——小爱音箱。将来设备互联真正的核心是人通过语言来指挥，所以小爱音箱就变成了一个很重要的入口。靠服务赚钱要先有海量设备，后有用户群，用户群、海量设备贡献海量数据，海量数据才能衍生出增值服务，通过增值服务才能赚钱，这是小米的逻辑。所以小米开始走海量设备，开始布局大家电，小米已铁定要进入空调、冰箱、洗衣机领域，相关产品会陆续推出，这就是整个生态链。小米最厉害的一招就是把它的 IOT 平台开放，别的企业的产品可以跟我的 IOT 共享数据，共享智能输入。如小米现在跟宜家合作，宜家全系智能照明产品都可跟小爱助理联网，你用了小爱音箱就可指挥宜家的照明系统。现在小米还跟全季酒店合作，开放它的 IOT 系统，做智慧酒店。

资料来源　苗兆光.小米的二次创业［J］.中外企业文化，2019（10）.

这一案例表明：优秀的组织文化是通过重视产品的开发、服务的质量、产品的信誉和企业形象识别系统等物质表现来体现的。

单元一 企业环境与企业容貌 //////○○○○○○○○○

企业环境与企业容貌是企业物质文化的重要组成部分。企业环境主要是指与企业生产相关的各种物质设施、厂房建筑以及员工的生活娱乐设施等。企业容貌是企业文化的表征，是体现企业个性化的标志，它包括企业的名称、企业象征物和企业布局等。

一、企业环境

1.工作环境

企业工作环境的优劣，直接影响企业员工的工作效率和情绪。优秀企业的工作环境为企业员工提供良好的工作氛围，是企业重视人的需要、激励人的积极性的主要手段。

为企业员工创造一个舒适、安全且有效率的工作环境，是管理者的一项重要的工作内容。优化工作环境涉及的范围很广，主要包括以下几个方面：

（1）照明。工作环境中的采光一般有自然采光和人工照明两种形式。在设计照明时，应尽量利用自然光，因为自然光光线柔和，能够让人感到舒适。通常，照明亮度越高，看得越清楚。但如果亮度过高，反而会造成眩目、看不清楚。一般应以人眼观察物体的舒适度适宜为标准。

（2）色彩。在工作环境中选用适当的色彩，不仅可以调节人的情绪，还可降低人的疲劳程度。适当的色彩对人的生理影响主要表现为可以提高视觉器官的分辨能力和减少视觉疲劳。色彩会对人的情绪产生影响，明快的色彩使人感到轻松愉快，阴郁的色彩则会令人心情沉重。

（3）温度和湿度。工作地点要根据不同的作业性质和不同的季节气候，采取必要的措施，保持正常的温度与湿度。通常，夏季当工作地点的温度经常高于35℃时，应采取降温措施，冬季室内温度经常低于5℃时，应采取防寒保温措施。人体的舒适温度夏季为18℃~24℃，冬季为7℃~22℃。

（4）绿化。绿化是优化工作环境的一项重要工作。绿化不仅能改善工厂的自然环境，还能为工作环境中各种因素的优化起到辅助作用。实践证明，花草树木是工作环境天然的"消声器"、"吸尘器"和"空调机"。绿色植物可以吸收有毒气体，杀死细菌，吸滞灰尘，降低风速，减弱噪声，增加空气湿度，降低温度，净化空气。

（5）音乐。音乐调节是指在工作场所创造一种良好的音乐环境，以此来减轻疲劳和调节情绪。心理学的研究表明，柔和的音乐不但不会分散注意力，反而会提高工作效率。一些悦耳的轻音乐可以对人的神经系统产生良好的刺激，促进细胞的兴奋，增强对信息的感受能力与反应速度，提高工作效率。

企业文化专栏5-1

打造"乐园"般的工作环境

在宜家工作时，员工听到的最多的词语就是"have fun"（享受快乐），这种"have fun"的理念绝非停留在口头上，而是体现在各种各样的员工日常工作的细节中。

即使员工们为了某些任务忙得不可开交，但也一定会抽出时间来享受"FIKA"（FIKA是瑞典文"coffee break"的意思，意为"边喝咖啡边休憩一会儿"）。在典型的瑞典企业中，同事们三三两两隔几个小时FIKA一下，到休息室喝杯咖啡，吃点甜点，随便闲聊一阵，也是非常正常的事情，宜家对此持鼓励态度，并将FIKA写入了"宜家员工手册"，规定员工可以在一天的工作中适当休息，FIKA时间每天可以有两次，上午和下午各一次，每次10分钟。

与常见的格子间不同，宜家在设计办公室时取消了传统的区隔限制，让办公环境成为开放的整体，方便员工们在工作中交换意见、传达信息。同时，办公区域也会划分出各个职能区，使空间得到最大利用。

在办公环境的装修方面，采用了各种明快的色彩协调搭配，让员工感觉心情舒畅。灯光、桌椅也尽量打破固定的制式，采用圆桌、没有棱角的椅子、艺术造型的吊灯等，以起到活跃气氛、开拓思维的效果，而且装修风格不会一成不变，常常会根据季节的变化来体现不同的主题，让员工总能获得新的体验；至于办公休息区则完全引入了温馨的"家"的主题，为员工打造出供他们放松身心的休闲空间。

资料来源　杨宗勇. 用爱经营：宜家的经营哲学［M］. 北京：中国法制出版社，2017.

2.生活环境

生活环境包括居住条件、环境卫生、配套的服务设施等。比如，员工公寓有卫生间，配备电风扇或空调；为员工设置文化娱乐场所，其中有图书室、健身室等；为员工办理社保，建立员工医疗室等。

案例分析5-1

争当"中国好企业"，顺丰、京东员工住房福利大公开

顺丰在浙江杭州参与投资建设的首个公租房项目二期工程于2019年6月25日正式启动，计划建设5幢11层的公寓房，共有公租房713套。该项目位于康中路16号康城工业园南面，总占地70余亩，规划建筑面积近10万平方米，合计公寓房1 100余套，其中一期工程已于2015年完工，建筑面积3.1万平方米，11幢388套公寓房已全部出租。该项目还配备幼儿园、农贸市场、停车场，相关基础配套设施相当齐全。

2019年新年伊始，一组来自京东物流一线员工的宿舍图片引起了广大网友的注意，大到配套设施，小到毛巾这样的生活物资，应有尽有。京东员工宿舍位于京东亚洲一号物流园内，是专门为物流一线员工建造的。该项目不但配备了建筑面积10 724平方米的员工宿舍，200间房间，还在宿舍旁边建造了满足700人就餐的餐饮中心。更贴心的是，餐饮二三楼还配有包括健身区、舞蹈室、乒乓球室、羽毛球室在内的健

身区，均向所有员工开放。

资料来源　中国商报. 争当"中国好企业"，顺丰、京东、格力员工住房福利大公开［EB/OL］.
［2020-12-14］. https://www.sohu.com/a/238241582_393779.

问题：为什么顺丰、京东的住房福利这么好？

分析提示：住房福利体现了公司对员工的尊重和重视，只有在薪酬福利、工作生活环境、员工发展和企业文化等方面齐头并进，才能培养出快乐工作的员工，才能留住人才，才能让顾客真正感受到快乐。

二、企业容貌

1.企业名称

现代企业很注重通过宣传、推广企业的名称来树立企业形象，开拓市场。企业名称一般由专用名称和通用名称两部分构成。前者用来区别同类企业，后者说明企业的行业或产品归属。企业名称可以用国别、地名、人名、品名、产品功效等形式来命名。

在企业识别要素中，首先要考虑的是企业名称。名称不仅是一个称呼、一个符号，还可以体现企业在公众中的形象。企业的命名除上述以国别、地名、人名、品名、产品功效等作为考虑因素外，还应考虑艺术性，应当尽可能运用寓意、象征等艺术手法。

企业文化专栏5-2

"天猫"名字的由来

天猫原名淘宝商城，是一个购物网站，它整合了品牌商、生产商，为商家和消费者提供一站式解决方案。2012年1月11日，淘宝商城正式宣布更名为"天猫"。

天猫是"TMALL"的谐音。猫是性感而有品位的，天猫网购代表的就是时尚、性感、潮流和品质；猫天生挑剔，挑剔品质、品牌、环境，这恰好就是天猫网购要全力打造的品质之城。

资料来源　编者根据相关资料整理。

2.企业象征物

企业象征物是一种反映企业文化的人工制作物，它可以制作成动物、植物或其他造型，并且一般矗立在企业中最醒目易见的地方，如厂门、商店进门处，或宾馆大堂、礼堂内等。

企业文化专栏5-3

京东logo为什么是只狗？而且它竟然有名字！

2013年3月30日，电商巨头京东高调地更换域名、logo及VI系统。

一只名为Joy的金属小狗空降京东页面，造型独特，且散发着水银般的金属质感！

为什么会选择一只小狗作为吉祥物呢？Joy是怎样诞生的？

选择小狗作为京东形象并非偶然。在人类世界里，小狗有着忠诚、友善的美好寓意，这恰恰与作为淘宝竞争对手的京东希望向用户传达的电商理念相一致，能够颠覆人们对商人奸诈的偏见认识形象……于是，以狗为原型的设计构想在京东内部一致通过。

小狗作为电商的吉祥物应该会十分贴心，因为小狗通常象征着友好、正直、忠诚、友善。设计团队将这些寓意融入设计的每一个细节中，每一个细节都要简洁、有代表性，要能体现京东的电商形象与文化。于是，一只身体前倾、嘴角微微上扬、温顺俏皮中透着亲切的小狗形象成型了。

2017年8月，京东微博宣布对京东logo进行调整，从新旧对比可以明显看到，除了金属感消失外，其头部的角度，小狗的耳朵、鼻子、眼睛和嘴的位置也进行了调整，整体放大了头部和身体的比例，身体部分较之前更加小巧迷人。但因为整个颜色由白色和浅灰色渐变过渡而成，在白色的背景上面表现得并不是那么突兀。

资料来源　编者根据相关资料整理。

3.企业布局

企业布局是指企业的内外空间设计。一个企业的绿化布局、厂房造型、办公区域布局、各车间布局、各种交通布局等，都应给人一种"花园式企业"的感觉。商店橱窗是商业企业形象的重要组成部分，它不仅是一种广告手段，还是反映该企业精神面貌的一面镜子。在进行商店橱窗设计时，应以商品为主体，以道具、装饰面的背景为衬托，并配合灯光、色彩和文字说明等进行合理布局。在进行商品介绍时，应注意艺术性与实用性的统一。

单元二　企业产品文化

一、企业产品文化的内涵

1.企业产品文化的定义

企业产品文化是指以企业生产的产品为载体，反映企业物质及精神追求的各种文化要素的总和，是产品价值、使用价值和文化附加值的统一，也是一类消费者群体在某段时期内对某种产品所蕴含的特有个性的定位。企业产品文化是某一类产品固有的，与产品的产生发展历史、当地地域和消费文化有关的文化。企业产品文化主要包括三层内容：一是指人们对产品的理解和产品的整体形象；二是与产品文化直接相关的产品质量与质量意识；三是指产品设计中的文化因素。

2.产品文化和品牌文化的联系与区别

产品文化和品牌文化的联系与区别见表5-1。

103

表5-1 产品文化与品牌文化的联系与区别

	产品文化	品牌文化
含义	产品文化是指与产品特性相关的文化	品牌文化是在一种产品类型之下由产品文化和企业文化共同作用产生的；品牌文化是指品牌本身的文化
竞争性	产品文化很容易被竞争对手模仿	品牌本身的文化则为企业所固有，竞争对手很难利用和模仿；只要你的品牌进行了规范的商标注册，那么品牌就将受到法律的保护，品牌文化也就受到了保护
价值构成	产品本身的价值是固定的	品牌价值包括品牌文化和产品文化，品牌文化占据更大的比重；品牌价值是真正的附加值

二、产品的整体形象

当消费者接触产品时，首先打动消费者的就是产品的整体形象。产品整体形象是产品在设计、开发、研制、流通、使用等过程中形成的统一形象，是产品内在的品质形象与产品外在的视觉形象形成统一性的结果。产品整体形象包括产品的品质形象、产品的视觉形象和PI（产品形象）手册三个部分：

1.产品的品质形象

就产品的品质形象而言，它将产品的内在质量反映到外在的企业形象上，如德国大众公司的奔驰轿车、西门子公司的电子产品等，给人更多的是对德国产品的制造技术、产品性能及严格的质量管理体系的联想，形成"车—奔驰—技术—品质—德国"的联想。产品的品质形象涉及产品的设计管理与设计水平，同时，在产品的功能、性能、材料选用、加工工艺、制作方法、设备条件以及人员素质等方面都实施严格的管理。

2.产品的视觉形象

产品的视觉形象是以视觉化的设计要素为中心，塑造独特的形象个性，以供消费者及社会大众识别认同。产品的视觉形象以企业的标志、图形、标准字体、标准色彩及其组合和使用规范为基础要素，应用到产品视觉设计要素的各个环节上，包括产品的外观造型、包装、服务、促销媒介、产品的展示等。

企业文化专栏5-4

可口可乐传奇：一个红色"曲线"瓶

1898年，鲁特玻璃公司一位年轻的工人亚历山大·山姆森在同女友约会中，发现女友穿着一套筒型连衣裙，显得臀部突出、腰部和腿部纤细，非常好看。约会结束后，他突发灵感，根据女友穿着这套裙子的形象设计出一个玻璃瓶。经过无数次的修改，他不仅将瓶子设计得非常美观，很像一位亭亭玉立的少女，还把瓶子的容量设计成刚好一杯水的大小。瓶子试制出来之后，获得大众交口称赞。有经营意识的亚历山大·山姆森立即到专利局申请专利。当时，可口可乐的决策者坎德勒在市场上看到了亚历山大·山姆森设计的玻璃瓶后，认为非常适合作为可口可乐的玻璃瓶包装。经过一番讨价还价，最后可口可乐公司以600万美元的天价买下此专利。亚历山大·山姆森设计的瓶子不仅美观，而且使用非常安全，易握不易滑落。更令人叫绝的是，其瓶型的中下部是扭纹型的，如同少女所穿的条纹裙子。此外，由于瓶子的结构是中大下小，当它盛装可口可乐时，给人的感觉是分量很多。这就是著名的"曲线"型可乐瓶的由来。这个造型富有观赏性，其独特的外观（本是防伪标志）即使在黑暗中也能辨别出来。这个设计在可口可乐的推广过程中居功至伟。

资料来源　编者根据相关资料改编。

3.PI（产品形象）手册

PI手册是产品形象设计的最后阶段，综合了产品形象的全部开发项目，并将其整理成册，予以视觉化、系统化、规范化，适合在任何时间、环境、地点操作、使用和查阅。

产品整体形象是向消费者展示其内在品质与企业信息的最佳契机和最佳窗口，对树立企业品牌、塑造企业形象、宣传企业文化都是必不可缺的。在对产品的不断接触和使用中，产品整体形象让人们逐步接受了其中传达的企业信息和品牌信息，帮助公众认可企业形象、树立产品的品质形象。

三、产品质量文化

1.质量文化的含义

质量文化就是企业在长期生产经营实践中，由企业管理层特别是主要领导倡导、员工普遍认同并逐步形成和相对固化的群体质量意识、质量价值观、质量方针、质量目标、质量标准、检测手段、检验方法、质量奖惩制度等的总和。

2.质量文化的构成

质量文化由四部分构成：

（1）质量物质文化。它指的是产品和服务的外在表现，包括质量工作环境，产品加工技术，设备能力，资产的数量、质量与结构，科学与技术水平，人力资源状况等。

（2）质量行为文化。它包括在质量管理活动、宣传教育活动、员工人际关系活动等过程中产生的文化现象。从企业人员的结构看，质量行为文化包括领导干部的领导行为文化、企业员工的群体行为文化、质量队伍的专业行为文化等。

（3）质量制度文化。它是约束员工质量行为的规范文化，包括质量领导体制、质量组织机构、质量保证体系、质量奖励与管理制度等。

（4）质量精神文化。它是质量文化的核心文化，包括质量文化理念、质量价值观、质量道德观、质量行为准则等。

案例分析 5-2

小米"用品质为产品代言"

"让每个人都能享受到科技的乐趣"是北京小米科技有限责任公司（以下简称"小米"）的愿景。小米应用互联网开发产品的模式，用极客精神做产品，坚持以

"用品质为产品代言"的战略理念，专注研发，致力于让全球每个人都能享用来自中国的优质科技产品。

小米正在实现从"中国制造"到"中国设计"的跨越。2017年，小米获得了全球四大顶级设计奖项（美国 IDEA 设计金奖、德国 IF 设计金奖、德国红点最佳设计奖、日本 Good Design Best 100）的金奖大满贯。小米 MIX、小米 MIX 2 领衔的 5 款手机获得国际顶级设计奖项，小米 MIX 系列手机被法国蓬皮杜艺术中心、芬兰设计博物馆、德国慕尼黑国际设计博物馆等世界顶级博物馆收藏。

小米坚持"用望远镜看创新，用显微镜看品质"；坚持"用品质为产品代言"的战略理念；坚持以"投资＋孵化"的模式帮助更多代表新动能的中小企业共同发展，带动更多产业转型升级；小米作为互联网行业中脱虚向实的领先企业，将为改变世界对中国产品品质和品牌的认知做出不懈努力。

资料来源　中国质量协会. 中国制造业企业质量管理蓝皮书（2018）［M］. 北京：人民出版社，2019.

问题：小米为什么这么重视产品质量？

分析提示：小米的决策者始终视质量为小米的生命。相比追求一次性硬件销售利润，追求产品体验更有前途；相比渠道层层加价，真材实料定价厚道更得人心。

四、品牌文化

客户购买产品，不仅选择产品的品质和功效，还注重品牌的文化品位。优秀的品牌无不蕴含着丰富的文化内涵，品牌文化赋予消费者情感体验，也造就了品牌的价值。

1.品牌文化的内涵

品牌文化是社会物质财富和精神财富在品牌中的凝结，是文化特质在品牌中的沉积，是消费心理和价值取向的高度融合，是品牌经营中的一切文化现象。品牌文化分布于品牌的各个层面，科学技术、道德规范、宗教信仰、风俗习惯、文学艺术、利益认识、情感归属等都丰富和深化了品牌内涵。人们透过品牌的经济现象，可以解读其中的文化意蕴。

品牌文化由品牌物质文化和品牌精神文化两部分构成，二者分别代表了品牌的有形资产和无形资产。品牌物质文化是品牌精神文化的基础和前提，它决定着品牌精神文化的性质与方向；品牌精神文化是从品牌物质文化中派生出来的，它依附于品牌物质文化。有品牌便有品牌文化，有品牌文化便有品牌物质文化与品牌精神文化的统一，每个品牌都是这样。

2.品牌文化意义

（1）品牌文化意味着品牌的个性差异。任何一个强势品牌势必有一个清晰而丰富的品牌识别标志——品牌个性。品牌个性是品牌独特的身份与标志，是品牌与众不同的价值所在。有个性的品牌才会有竞争力，个性越鲜明，竞争力就越强，在消费者心中留下的印象就越深刻。而对品牌个性的最好投资，是用力塑造品牌文化。把一种风格独特的文化注入品牌，品牌的个性才会生动鲜明。

（2）品牌文化意味着品牌的竞争优势。品牌文化一旦在消费者心目中"注册"，它所代表的功能和利益与消费者认同的价值就会产生共鸣，所释放的能量就会非常可观，就会将无形的文化价值转化为有形的品牌价值，把文化财富转化成差异化的竞争优势，使产品在激烈的市场竞争中保持强大的生命力。因为消费者如果对一种文化产生认同，就不会轻易改变。

（3）品牌文化意味着品牌的超凡魅力。品牌文化是企业经营理念、顾客消费理念与社会价值文化理念的辩证统一，是品牌中能够凸显竞争优势、展现品牌独特理念的人性化和哲理化特征，是品牌形象中最有价值、无法模仿和替代的部分。品牌文化可以超越品牌的物理性能和使用价值，创造品牌感知，丰富品牌意象，提升品牌的理性诉求，强化消费者的购买动机。深厚而持久的品牌文化可以使品牌产生超凡魅力。

（4）品牌文化意味着品牌的生命。从品牌生态学的观点来看，品牌可以分为两大类：经济型品牌和生命型品牌。经济型品牌是指以追求经济利益为根本宗旨，把获得最大市场占有率、最高销售额和最高回报率作为品牌成功的最高标准，不重视品牌文化的建设，结果使品牌成为一部纯粹的赚钱机器，导致其生命快速衰竭。生命型品牌是超越经济利益的生命机体，通过建立优秀的品牌文化而对消费者产生持久的吸引力，它更注重长远利益，它的生存能力和发展潜力随着机体的健康成长而不断延续。

（5）品牌文化是品牌的人格化。品牌因文化而独具个性，这些个性通常用形容词加以描述，如奔驰的自负、富有、世故，锐步的野性、户外、冒险，百事可乐的年轻、活泼、刺激等。在这里，品牌已经不是一个死的事物，而是一种活的生命，它具备了人的性格特征。简而言之，就是把品牌人格化了。如果说"性格决定人的命运"，那么我们也可以认为品牌所包含的精神和价值观决定着品牌的命运。从这个意义上说，品牌文化就是品牌的"人生观"，是决定品牌强弱与成败的关键。

案例分析 5-3

安踏的新迭代

2020年7月27日晚，在上海黄浦江畔，安踏北京冬奥会特许商品国旗款运动服饰亮相。据介绍，这是国旗元素首次被准许应用于商品，原因在于此次北京冬奥组委通过国家相关部门获取了可以将国旗和冬奥组委会会标放在一起进行特殊销售的重要权益。

安踏的品牌故事由此多了一个新的章节，更进一步说，在代表中国体育、代表运动精神这一品牌愿景之下，安踏有了更具代表性的装载实体。

据介绍，安踏国旗商品共分为四个系列：国旗经典、国家队装备、星系列及生而不息系列。作为北京冬奥组委会正式合作伙伴，在2022年2月底之前，安踏均可以使用北京冬奥组委组合商标，也即是未来20个月之内，安踏均可以销售国旗类商品，其中"星系列""生而不息"系列因为未使用完整的国旗标志，安踏则可以一直保存。由于国旗款产品的特殊性，国旗款服装将比一般产品售价高2~3倍，销售渠道和销售数量要向冬奥组委报备，有严格的要求，并且不允许打折。

资料来源　叶心冉. 安踏的新迭代［N］. 经济观察报，2020-08-03（19）.

问题：安踏国旗款运动服饰展示了怎样的品牌文化？

分析提示：作为一个专业运动品牌，安踏可以通过这一组产品真正让自己站到专业运动之巅，对消费者产生更强的感召力，获得消费者的认同。通过相关的渠道，安踏把品牌的形象提升到新的高度。

3.品牌文化的培育

（1）围绕品牌核心价值演绎。品牌文化的演绎必须围绕品牌核心价值的主线，改变或偏离这根主线往往使消费者雾里看花，对品牌认知产生错乱，自然难以积淀成深厚的文化内涵。

（2）细小之中见伟大。大而全的品牌文化就是没有文化，无法深入人心、引起共鸣。品牌文化从来就是细小之中见伟大，正如原子弹，其巨大的核威力却来自细小的原子裂变。许多优秀的品牌文化以小见大，以少见多，动人心怀。如金帝巧克力"只给最爱的人"表达了情人之间的爱，打动了无数恋人的心；纳爱斯雕牌日化品通过"妈妈，我可以帮你洗衣了"等电视广告围绕母女情来演绎品牌文化。

（3）自然、清新、独特的内涵。从经典品牌的发展历程可以看出，凡是能够穿越时光、跨越国界的品牌往往都蕴含着自然、鲜明、独特的文化内涵，品牌文化自然流露，动人心弦，保持长久的生命。例如，可口可乐的"欢乐、自由"，戴比尔斯的"钻石恒久远，一颗永流传"等。

（4）满足消费者的需求。只有满足消费者需求的品牌文化才是最有生命力的。品牌文化虽由企业建设培育，但却由消费者需求而定，所以品牌文化的演绎应该洞察消费者的内心世界，满足消费者的相应需求。

（5）多形式的演绎手段。品牌文化的培育应该是点滴积累、循序渐进的过程，全境式的广告轰炸只能快速提高品牌知名度，却很难积淀品牌深厚的文化内涵。除了广告外，品牌文化的培育还需要多种手段，如公益活动、新闻宣传、公关赞助等。

企业文化专栏 5-5

李宁成为国潮主力军

在与《国家宝藏》节目合作过程中，李宁推出了跨界联名产品"君子""汉甲""问鼎"三款鞋。"君子"以水墨国画的梅、兰、竹、菊为设计灵感，脚背织带为墨梅图、鞋身为墨竹、后跟为兰和菊。梅、兰、竹、菊的淡泊名利与中华民族高尚精神一脉相承，又与现代价值观宣扬的"廉洁""谦逊"等良好品质紧密联系，让广大受众守住内心，抵制诱惑，并逐步形成对中华文化的认同。"汉甲"采用汉朝将士的鳞片甲衣结构，细节处点缀代表战士的青铜兽面纹，整体视觉上洋溢古代军事风，以此致敬中华民族勇者不惧的国家精神，鼓励直面生活，砥砺前行！"问鼎"灵感源自中国古代典故"问鼎中原"，鞋身以多层次结构表现古代铠甲，而鞋后跟应用同为国家瑰宝的青铜鼎纹饰，取材于《国家宝藏》中的西周大克鼎纹饰，辅以篆体"问鼎"文字元素加持，象征着"以力立身"，与人肝胆相照、重情重义才能受人敬仰。

李宁成功地将当代文化与中国古典文化进行了融合，让人们产生了精神上的共鸣。清正廉洁、爱国奉献，是中华民族长期以来的精神支柱，也是李宁所要建构和弘扬的品牌文化。

资料来源　龙甲茂，唐煜."国潮"品牌文化认同建构——以李宁为例［J］. 国际公关，2020（2）.

五、产品的文化设计

产品的文化设计包含四大基本要素，即文化功能、文化情调、文化心理和文化精神。

1.文化功能

文化功能是产品文化设计的核心要素。产品文化设计的主要目的在于赋予产品一定的文化功能。比如，不管什么产品，其操作要求、操作速度、操作频率等都要符合人体运动的力学条件，各种显示件要符合人体接受信息量的要求，使人感到作业安全、方便、舒适。为了达到这样的文化功能，就要对产品进行必要的文化设计，使产品的外部物件尺寸符合人体的尺寸要求，使产品与人的生理特征相协调。成功的产品应当集实用功能、审美功能和文化功能于一体。

2.文化情调

作为最感性直观的要素，文化情调是文化设计的切入点。情调就是通过不同的物质材料和工艺手段构成点、线、面、空间、色彩等要素，构成对比、节奏、韵律等形式美，以及由此形式美所体现出的某种并不具体但却实际存在的朦胧情思，表现出产品特定的文化氛围。比如使用古色古香的陶杯、瓷瓶、铜爵、木盒、竹筒作为酒的包装物，则富有古代文化的情调。

3.文化心理

文化心理是指一定的人群在一定的历史条件下形成的共同的文化意识。对产品的设计要充分考虑人们的文化心理，使产品的形态、色彩、质感产生悦人的效果，而不能给人以陈旧、单调、乏味的感觉，更不能因违背习俗而招致忌讳。例如，就色彩而言，幼儿喜爱红、黄两色（纯色），儿童喜欢红、蓝、绿、金色，年轻人喜欢红、绿、蓝、黑色及复合色，中年及老年人喜欢紫、茶、蓝、绿色。

4.文化精神

文化精神是一个民族或一个时代最内在、最本质和最具生命力的特征，同时也是最有表现力的特征。文化精神是产品文化的总纲，文化情调、文化功能和文化心理最终都归结和取决于文化精神。所以，一方面，产品设计要体现民族文化精神；另一方面，产品设计要体现时代的文化精神。

企业文化专栏5-6

文化符号：重现的民族记忆

中国幅员辽阔，千百年来形成的文化博大精深，体现在衣食住行上各有特色，其中在"住"的方面各地建筑在配色、设计方面都大有讲究。李宁将中国三大建筑的特点融入鞋子的设计当中，共有三种配色，分别是"玄""皎""青"，分别对应京、皖、苏派三种地区特色建筑："玄"的灵感来自京派建筑，京派建筑讲究对称分布，方方正正的四合院代表吉祥、团圆；"皎"代表的是皖派建筑，皖派建筑清秀典雅，青瓦白墙，砖雕门楼；"青"的灵感来自苏派建筑，上有天堂，下有苏杭，苏州园林充满诗情画意的景象让大家心生向往。李宁正是通过阖家欢乐、家和万事兴的和谐观念，让消费者感受到民族文化的温度，创造了"精神家园"。

皮影戏是我国民间古老的传统艺术形式，但是现在的年轻人很少有机会去现场看皮影戏。李宁将皮影戏这一传统文化元素与鞋子结合，打造了溯系列·逐光叠影·熠，该系列正是吸纳了皮影戏的精华，将非物质文化的魅力展现出来。

资料来源　龙甲茂，唐煜.“国潮”品牌文化认同建构——以李宁为例［J］. 国际公关，2020（2）.

单元三　企业广告文化

　　企业广告在提高企业知名度、传播企业信息、参与市场竞争、满足市场需要的过程中形成了一种独特的文化，即企业广告文化。

一、企业广告文化的内涵

　　所谓企业广告文化，即蕴含在广告运动过程中的，逐渐被人们所接受和认同的价值观念、风俗习惯等生活方式的总和，是广告中所蕴含的独特的文化底蕴，是广告中必然的构成要素之一。它是以广告为载体、以推销为动力、以改变人们的消费观念和行为为宗旨的一种文化传播形式。广告的传播过程就是一个人们共享社会文化的过程，也是一个企业价值观念不断被传送、强化和被公众接受的过程。

　　1.企业广告文化是一种经济文化

　　广告是目前世界上最普遍、最广泛的一种经济现象。广告既是一种现代商战的利器，也是一种品牌传播工具，各种不同形式的广告将商品信息传播到千家万户，使经济信息的传播取得最佳效果。可以说，广告文化是一种强有力的经济文化。

　　2.企业广告文化是一种社会文化

　　广告是一种现代社会中相对独立的文化现象，贯穿于社会生活的方方面面。它不仅在很大程度上支配着人们的消费观念、消费方式，而且影响着人们的世界观、人生观和价值观。

　　3.企业广告文化是一种大众消费文化

　　广告文化是随着市场经济应运而生的。以大众传媒为载体、以市民大众为主要对象的广告文化，是目前中国社会文化领域中的一种现代文化形态。它唤起人们的消费激情，潜移默化地影响和改变着人们的消费观念、消费行为和消费方式。

二、广告文化的主要特点

　　1.传播媒体的多元性

　　任何广告的发布都必须借助某些媒体。现代企业广告的发布已形成了比较系统的多元化媒体网络，既有传统的广播、电视、报刊出版渠道，也有新兴的互联网门户网站、自媒体平台等。除此之外，广告主通过一切可以利用的媒介自行设计制作的广告更是数不胜数。这使得广告文化具有载体多、传播广、影响力大等独特优势。

2.设计制作的艺术性

为了达到广告的最佳效果，广告发布者都尽其所能、想方设法地增强广告的艺术感染力。因此，广告艺术化是现代传媒的普遍追求，音乐、美术、图文、声像、说唱、戏剧等各种艺术手法经常被综合地运用到广告设计或制作中。

3.内容的思想性

思想性是广告的灵魂，科学性是广告的有效载体。现代多门学科知识、信息技术的运用，使广告的效率大大提高。广告在传递信息的同时，也发挥着教育功能，它激发、鼓舞人们正直、健康、向上的精神，引导人们形成正确的价值观、审美观，造就良好的社会风尚和美好的生活方式。

4.民族差异性

广告文化作为一种文化现象，受不同的经济环境、风俗习惯、民族心理、性格特征、思维方式和价值观念的影响。即使是对同一信息，人们可能产生不同的主观感受，尤其是在跨文化传播中，务必要了解和尊重消费者的文化背景，避免产生沟通障碍。在宗教文化不同、民族区域不同的地方制作广告，其内容和画面应避开宗教禁忌和民族禁忌，避免造成广告传播的障碍。

案例分析 5-4

百雀羚 老国牌新国潮

上海市原卢湾区是百雀羚的诞生地。这个诞生于1931年，经历了89年风雨洗礼的老字号品牌，20世纪以一款铁盒冷霜而一炮打响，带给好几代国人美好记忆。20世纪90年代，随着越来越多的外资化妆品品牌进入我国，国产化妆品品牌受到很大的冲击，百雀羚也渐渐沉寂。

到了2004年，面对窘迫，百雀羚决定进行品牌重塑。

越来越多的年轻人开始看重"颜值"。根据这个特点，百雀羚在商品包装上狠下功夫。2013年，百雀羚推出三生花系列护手霜以及面膜，仅从商品外观上就打动了不少消费者。这个系列由插画设计师多米儿绘制，紧紧抓住年轻人喜爱的怀旧风潮，商品包装的外观设计采用了民国风插画，颠覆了消费者对百雀羚的固有印象，使其在众多同质化的包装中具有鲜明的识别度。

不仅如此，百雀羚还紧跟潮流，进行多次跨界合作。

2015年，百雀羚获得了《中国好声音》第四季的独家特约权。2016年，百雀羚携手电影《百鸟朝凤》海报设计者舒展推出合作款面膜系列。2017年，百雀羚与故宫设计师钟华合作推出了限量款气垫粉底。百雀羚通过多次跨界合作，对传统纹样图案大胆运用，既是对传统文化的传承，也是对消费者需求的充分把握，是百雀羚继承传统文化的社会责任感的体现，有力地树立了品牌形象。

资料来源　程秋. 百雀羚 老国牌新国潮［J］. 中国新时代，2020（8）.

问题：文化的民族性对企业广告制作有什么要求？

分析提示：企业在制作广告时，应针对目标消费者的行为方式、消费习惯、民族与宗教禁忌等文化背景因素做全面的调查，为拓宽广告文化的影响力做好充分的准备。

三、企业广告文化传播中值得注意的问题

企业在广告文化传播中值得注意的问题主要有以下三种：

1.假、大、空现象

所谓"假"，就是有的广告在商品的价格和质量上弄虚作假，欺骗消费者。在价格上标榜"大甩卖""大减价"等，实质上却是故弄玄虚。在质量上有的商品号称最好、最优、最耐用等，而实际上质量却很低劣。所谓"大"，就是有的广告夸张吹牛，动不动就称王称霸，你说"国内第一"，我就说"国际金奖"。所谓"空"就是仅有广告口号，而无实质内容。有的广告词逻辑混乱、自相矛盾、令人费解。

2.广告格调低下、创意不佳

有的广告为了追求感观上的刺激，使用一些低俗镜头或照片，格调相当低下。这样的广告即使在短期内能获得一定的效果，最终也必定失败。另外，一些广告虽然不涉及色情，但是创意的精神境界不高，同样无法令消费者接受。比如，有一家果汁饮料企业的电视广告台词是："只有我甩别人，不能别人甩我。"这种广告词容易对青年人产生误导，同时也让敏感的消费者产生反感。

3.广告文化在深层意义上与民族文化冲突

有些广告在创意时考虑得不够全面，有时会无意中触及有关民族、宗教信仰等敏感性问题。这样的广告不但不会起到宣传推广商品的作用，甚至可能会给本企业带来巨大的负面影响。

四、企业广告的文化传统

传统文化是企业广告文化生存的环境之一，广告创意必然会受到传统文化的影响。充分了解传统文化在广告中的延展性，有助于找到现代广告与传统文化的契合点。

1.民族价值观念

文化的基本要素是传统思想观念和价值观，其中尤以价值观最为重要。中国传统文化的精髓——儒、道、禅、墨、法、名、纵横、阴阳诸家学说的传统价值观，在中华民族文化中留下深深的烙印。比如，维护国家大一统的政治秩序，把国家、民族的利益看得高于一切，强烈的国家意识，对君王和权力的崇拜等。现代广告有时艺术地再现了中华民族的这一根本价值观。比如，长虹电器推出"以产业报国、民族昌盛为己任"的企业形象广告，非常可乐"中国人自己的可乐"，孔府家酒"孔府家酒，叫人想家"，这些价值观体现了民族文化的精神。

2.民族思维方式

广告创造性的思维活动必然受到民族思维方式的深刻影响，但也为传统的思维定式带来突破。中国传统思维方式最显著的特征是唯伦理性，具体表现为直观的思考方式、现实的生活态度和对历史的怀旧心理等。"中庸之道"作为一种传统的辩证思维方式，要求人们自觉调节思想感情和言论行动，讲究和谐与含蓄，使之不偏不倚、无过无不及。

3.理想的民族人格

中华民族传统的理想人格孕育于各家的经典教义中。比如，儒家"孔颜乐处"的圣贤人格，道家"自然而为"的逍遥人格，佛教"与世无争"的忍辱人格，墨家"赖力仗义"的侠士人格等。"道""义"是儒家思想行为的总则，许多企业为了提升自身的形象，在公关活动中重义而乐道，对社会表现出高度的责任感，从而使其品牌的美誉度得到了质的升华。儒家理想人格追求"真、善、美"全面发展的人格境界。许多广告充分利用这一民族传统文化，深入挖掘其深层次的美好东西，使产品的知名度和美誉度都得到很大的提高，收到了良好的广告传播效果。

4.民族道德情感

传统的民族道德情感对内表现为孝、亲，对外表现为忠、信。孝、亲提倡敬养父母、尊敬长辈、敬爱老人，这对每一个中国人来说都是挥之不去的情愫。

5.民族礼仪风俗

中国素以"礼仪之邦"的盛誉而著称于世，风俗是一种历代相袭、积久而成的风尚和习俗，是在广大民众中流行和被认可的不成文的规定。"脑白金"广告中的"今年过节不收礼，收礼只收脑白金"的创意抓住了中国人送礼的风俗。中国人还有辟邪求吉的心理，"金利来"领带把最初的"金狮"改成"金利来"，迎合了人们求吉的心理而打开了市场。中国电信形象系列广告"清明篇"，通过抓住清明节传统的节日活动——插柳、放风筝，以及清明节传统食品"翡翠团子"进行诉求，获得了很好的效果。

6.民族文学艺术

中国的民族文学艺术是一个门类众多的意识形态范畴，主要包括诗歌、散文、小说、戏剧、音乐、舞蹈、书法、绘画、雕塑等。广告作为一种社会的文化形态，必然与传统的文化艺术有着千丝万缕的联系。广告首先选择群众最喜闻乐见的艺术形式，并在跨文化传播中使中国的民族文学艺术放出光彩。北京申奥委的会徽，既形似华夏传统的民间工艺品"中国结"，又形似一个打太极拳的人形，行云流水、和谐生动、充满运动感，让世界的观众都能理解。

案例分析 5-5

中国传统文化元素中的颜色

自古以来，国人对颜色的象征寓意都极为重视，甚至在不同的朝代，其所崇尚的颜色也不尽相同。受此影响，为提高广告设计效果，很多广告在设计时都会引入这一元素。例如在春节时，家家户户都张灯结彩，并且大多数以红色为基调。老台门酒便以此为基础，以"地道中国酒"为设计主题，制作了一个以红色背景为主的平面广告，极大地凸显了其形象和地位。中国历史悠久，早在古代五色就从"五行说"中发展而来，以白、青、黑、赤、黄五色与金、木、水、火、土的五行相关联。比如，在京剧脸谱中红色代表忠勇，黄色代表彪悍，黑色代表刚直，白色代表奸诈，青色代表勇敢。在古老的太极图中，黑白两色象征阴和阳、虚和实。在民间色彩当中，红色是喜庆的颜色，而黑白蓝则多象征死亡、凄凉。

资料来源　刘亚夫. 现代广告设计中的中国传统文化元素［J］. 大观，2020（5）.

问题：传统文化元素在现代广告设计中有何应用价值？

分析提示：中国传统文化元素应用到广告设计中，不仅可以提高广告设计的文化内涵和审美价值，还可以极大地凸显现代广告设计的个性化特点，避免出现设计作品同质化的问题，有利于现代广告设计行业的可持续发展。

单元四　企业工具文化

一、企业服装服饰文化

1.企业服装服饰的内涵

企业服装服饰包含企业制服和企业工作配饰两个部分。所谓制服，指的就是上班族在其工作岗位上按照规定所必须穿着的，由其所在单位统一制作下发的，面料、色彩、款式整齐划一的服装。制服是为不同的工作需要而特制的不同服装。企业制服包括经理制服、管理人员制服、员工制服、礼仪制服、文化衫等；配饰包括领带、工作帽、纽扣、肩章、胸卡等。

制式化的工作服有助于打造企业纪律，强化企业文化凝聚力，增强员工的企业归属感，营造良好的企业秩序。工作服凝聚着企业的标准与规范，体现了协调与和谐的团队精神，对外传递着企业尊严与企业信心。

2.企业制服的价值

（1）企业制服可以提高企业的凝聚力。员工穿制服能够增强员工对企业的归属感和员工之间的认同感，从而提升企业和团队之间的凝聚力以及员工和员工之间的协作力。

（2）企业制服可以树立企业形象。员工穿制服既是个人形象的包装，也是企业形象的体现。成功企业的经验告诉我们，一家具有优秀形象的企业更容易在商海的竞争中脱颖而出，优秀形象能够成为企业在市场和客户面前的制胜法宝。

（3）企业制服可以创造独特的企业文化。企业制服是穿在人身上的，其不仅能反映员工的精神风貌，更能体现出企业的文化内涵。比如，深色调和款式保守的制服体现的是企业稳健的作风，而颜色亮丽、款式时尚的制服能表现企业的创新和开拓精神。

（4）企业制服可以规范员工行为。穿上制服后，员工可以迅速进入工作状态。制服是自律、专业以及忠于职守的体现，这无疑能起到规范员工行为、增强员工纪律观念的作用。

3.企业制服设计要求

（1）适用性原则，即既要考虑员工的岗位，也要考虑季节因素，应设计多套服装。服装要能反映员工的精神风貌，体现出企业的文化内涵。根据特定对象进行系统、完整设计的制服是企业或群体核心精神理念的体现。优秀的企业制服设计能够使企业或群体的形象更具特色，是展现精神风貌的"风景线"。

（2）要基于企业理念，体现企业特色，表现出企业是现代的还是传统的，是创新开拓的还是温和亲切的企业形象属性。企业制服在注重功用的同时，还要充分考虑到设计作品的原创性和艺术性。

（3）要基于行业特色，表现出医院、学校、宾馆、商业等已为大众认同的服装模式。

（4）要考虑视觉效果，通过色彩、标志、图案、领带、衣扣、帽子、鞋子、手套等表现出整体的视觉形象。企业制服制作构思可以从每一个要素出发进行创意，也可以从整体角度出发进行创意；可以用新元素进行创意，也可以用常规元素超常理构成进行创意。总之，企业制服制作构思要出奇、出新、出彩，要有创造性。

（5）可以和已设计好的视觉识别基本要素相搭配。比如，在保持整体风格一致的前提下，将企业的标准字做成工作牌或标徽或直接绣在制服上，并以标准色作为制服的主要色调，以其他不同的颜色区别不同的岗位性质。

案例分析 5-6

宜家的员工着装

宜家认为员工的着装也是视觉营销不可分割的一部分，因此要求员工统一着装以展现出独特的企业风貌。

当顾客走进全球各地任何一家宜家卖场时，都可以看到身着黄色上衣深蓝色裤子的工作人员，他们是来自宜家的销售、物流、营运、人事、客服等各个部门的工作人员。另外，还有身着深蓝色衬衫深蓝色裤子的仓库人员，他们的着装呼应了宜家家居的标准色，并且服装的肩部、胸口等处还印有宜家logo，非常醒目。

设计部及餐厅等部门的工作人员工作服与其他部门有所不同，但都能体现醒目、鲜明的特点，同样能够为宜家的品牌宣传服务，使顾客产生深刻的印象，并做到经久难忘。

资料来源　杨宗勇. 用爱经营：宜家的经营哲学［M］. 北京：中国法制出版社，2017.

问题：企业统一工装的意义何在？

分析提示：在企业形象建设中，视觉识别是一项非常重要的工程。大到企业商标，小到企业门牌和信封，都在向外界传达一个企业的性格和审美取向。

二、企业办公用品文化

1. 企业办公用品文化内涵

企业办公用品是企业信息传达的基础单位，办公用品在企业的生产经营中用量极大，扩散频繁，而且档次、规格、式样变化多端。因此，办公用品是企业视觉识别的有力手段，具有极强的稳定性和时效性。

2. 企业办公用品文化设计

企业办公用品主要指纸制品和工具类用品。办公用品的设计涉及纸制品规格标准的设计、纸制品的形式和格式设计、运用于办公用品中的基本要素的选择及组合、办公用品的空间布局、办公用品的统一设计等。在设计中，应注重以下几个环节：

（1）引入的企业识别标志和变体、字体图形、色彩组合必须规范。

（2）所附加的企业地址、电话号码、邮政编码、广告语、宣传口号等，必须注意其字形、色彩与企业整体风格协调一致。

（3）对于办公用品视觉基本要素的引入，以不影响办公用品的使用为原则，并在此基础上增加美感。如纸张中涉及的企业基本信息要素，应位于边缘一带，并根据心理学的视觉法则，一般应位于整个版面的上方和左方，以给其使用留出足够的空间。

（4）对于办公用品的选择，一般应选择质量较好的制品，不能出于成本原因而因小失大。

三、企业交通工具文化

企业的交通工具是塑造、渲染、传播企业形象的流动性媒介和渠道。交通工具外观的设计，重在企业识别标志和其变体的构成组合，尤其是同车体、车窗、车门构成组合的协调。在设计时，应注意以下几个方面：

（1）车辆外观的设计应和企业名称设计、产品名称设计、标准字的运用、标准色的选取等相一致。

（2）由于车辆形体、大小、车型的不同，在应用时还应注意和具体的交通工具相结合，使车辆对企业的宣传得体、恰当。

四、企业视觉识别系统手册

1.企业视觉识别系统手册结构体系设计

（1）概念的诠释，如VI概念、设计概念、设计系统的构成和内容等。

（2）基本设计项目的规定，主要包括各设计项目的概念说明和使用规范说明等，如企业标志的意义、定位、单色或色彩表示的规定、使用说明和注意事项，标志变化的开发目的和使用范围，具体禁止使用的例子等。

（3）应用设计项目的规定。

2.手册的装订形式

（1）将基本设计项目规定和应用设计项目规定按一定的规律编制装订成册，多采用活页形式，以便于增补。

（2）将基本设计项目规定和应用设计项目规定分开编制，各自装订成册，多采用活页和目录形式。

（3）根据企业机构（如分公司）或媒体的不同类别，将应用设计项目分册编制，以便使用。

3.手册的具体内容设计

（1）引言部分，如领导致辞、企业理念体系说明和形象概念阐述、导入VI的目的和背景、手册的使用方法和要求等。

（2）基本设计项目及其组合系统部分，如基本要素的表示法、变体设计等。

（3）应用设计项目部分。

（4）主要设计要素样本部分，如标志印刷样本或干胶、标准色样等。

单元五　企业物质文化设计

一、视觉识别基本要素设计

1.企业名称和品牌设计

在诸多要素中，企业名称是首先要重视的，好的名称能产生一种魅力，是企业形象的重要组成因素。人们对一个企业的记忆和印象直接来自其名称，俗话说"名不正言不顺"，企业的名称对企业形象有重大影响。如果企业名称不适于信息传递，将会直接影响到企业的商业活动。从传播学的角度来说，企业定名的要诀在于：

（1）简洁。易读易记的名称是理想选择。越简单、明快的名称，越易于与消费者进行信息交流，易于刺激消费者的遐想。根据日本经济新闻的调查，企业名称的字数对认知度有一定影响，名称越短越利于传播，4个字的企业名称在被调查者中的平均认知度为11.3%，8个字的则只为2.88%。雷同、重复或易混淆是企业定名之大忌。

（2）创新。新和特有时不可分离，唯有富含新鲜感、有创意的名称，才有可能是独特的。以全然未出现过的词语作为新企业的名称，往往引人注意，但也要冒着能否被大众接受的风险，所以，反复进行宣传是有必要的。"柯达"一词在英文中根本不存在，本身也无任何意义，但响亮新奇，厂商通过设计和宣传建立起独特的概念。

（3）响亮。发音响亮、朗朗上口的名字，比那些难发音或音韵不好的名字容易传诵。企业拥有一个响亮的名称，是让消费者"久闻大名"的前提条件。如音响中的著名品牌健伍（Kenwood），原名为特丽欧（Trio），其发音节奏感不强，最后一个音"o"念起来没有气势，后改名为Kenwood，ken与can谐音，有力度和个性，而wood又有短促音与和谐感，整个名称节奏感强，颇受专家好评和消费者喜爱。

（4）巧妙。巧妙地利用联想的心理现象，使企业名称能给人以好的、吉利的、优美的、高雅的等多方面的提示和联想，能较好地反映出企业的品位，在市场竞争中给消费者好的印象。"娃哈哈"这个名称，使人自然地联想起天真活泼的孩子，反映出企业的本质和促进少年儿童身心健康的企业宗旨。

企业文化专栏 5-7

重启未来，舍名取利

传统的家电企业纷纷布局具有溢价空间优势的高端产品线路，加大与互联网的融合，向着"科技""智能""高端"靠拢，家电产品智能高端转型升级被推上一个又一个新高度。比如：

海尔：选择聚焦智慧家庭领域的海尔，将"青岛海尔"更名为"海尔智家"，是从智慧家庭发展战略出发，加速智慧家庭生态品牌落地。实际上，海尔近年来在努力打造U+智慧生活云平台，"海尔智家"相比之下更好地体现出公司的全球化发展，有助于推进物联网智慧家庭生态品牌战略的实施。

创维：经过多年的布局和发展的创维，已经从单一的彩电生产企业发展成长为集彩电、冰箱、洗衣机、空调、数字机顶盒、厨房电器及多元智能设备为一体的大型科技集团。因此，"创维集团"更符合目前创维多元化发展的经营现状。

海信：与海尔同为青岛家电上市公司，视像产业收入比重合计超过90%，公司在重构视像、显示产业链布局的同时，已经从单一的电视产品制造企业逐渐发展成为集视像技术研发应用、全场景云平台运用为一体的综合解决方案提供商。显然，更名可以更好地反映公司的主营业务和战略定位。

TCL：已剥离智能终端和配套业务的TCL集团，开始聚焦科技产业发展，相比试图向综合性企业转型的企业，轻装上阵的"TCL科技"更强调了高科技产业的特点，也更为准确地反映出公司的业务范围和经营情况，有意将TCL的经营由多元向专业转化。

资料来源　侯婷婷. 重启未来，舍名取利——隐藏在企业名称里的秘密［J］. 家用电器，2020（10）.

2.企业标志设计

在视觉要素中，标志是核心要素。企业标志是指那些造型简单、意义明确、统一、标准的视觉符号，一般是企业的文字名称、图案记号或两者相结合的一种设计。标志具有象征功能、识别功能，是企业形象、特征、信誉和文化的浓缩。一个设计杰出的、符合企业理念的标志，会增加企业的信赖感和权威感，在社会大众的心目中，它就是一个企业或某品牌的代表。

标志就其构成而言，可分为图形标志、文字标志和复合标志三种。

（1）图形标志。图形标志是以富于想象或与企业相联系的事物来象征企业的经营理念、经营内容，借用比喻或暗示的方法创造出富于联想、包含寓意的艺术形象。

（2）文字标志。例如，麦当劳黄色的"M"字形标志醒目而独特。汉字的标志设计则多是充分发挥书法给人的意象美及组织结构美，利用美术字、篆、隶、楷等字体，根据字面结构进行加工变形做艺术处理，但要注意字形的可辨识性，并力求清晰、美观。

（3）复合标志。文字、图案复合标志指综合运用文字和图案因素设计的标志，有图文并茂的效果。

在标志的设计中应注意以下几个方面：

第一，好的标志应简洁鲜明、富有感染力。无论用什么方法设计的标志，都应力求形体简洁、形象明朗、引人注目，而且易于识别、理解和记忆。

第二，优美精致、符合美学原理，也是一个成功标志所不可缺少的条件。

第三，标志要被公众熟知和信任，就必须长期宣传、广泛使用，因此稳定性、一贯性是必需的，同时也应具有时代精神。

第四，在各应用项目中，标志运用最频繁，它的通用性便不可忽视。标志除用于商品包装、装潢外，还要适宜电视传播、霓虹灯装饰、建筑物、交通工具等使用，以及适宜各种工艺制作及有关材料，包括各种压印、模印、丝网印和彩印等，在任何使用条件下确保其清晰、可辨。

3.企业标准字体设计

标准字体是企业形象识别系统中的基本要素之一，应用广泛，常与标志联系在一起，具有明确的说明性，可直接将企业或品牌传达给观众，与视觉、听觉同步传递信息，强化企业形象与品牌的诉求力，其设计与标志具有同等重要性。

标准字体的设计可划分为书法标准字体、装饰标准字体和英文标准字体的设计。

4.企业标准色设计

标准色是象征经营理念或产品特性的指定颜色，是标志、标准字体及宣传媒体专用的色彩。在企业信息传递的整体色彩计划中，具有明确的视觉识别效果。标准色设计应尽可能简单、明快，以最少的色彩表现最多的含意，达到精确快速地传达企业信息的目的。

企业文化专栏5-8

标准色的一般规律见表5-2。

表5-2　　　　　　　标准色的一般规律

色彩系	适用行业
红色系	食品业、交通业、百货业、药品业
橙色系	食品业、建筑业、石化业、百货业
黄色系	百货业、化工业、建筑业、电器业
绿色系	金融业、农林业、建筑业、百货业
蓝色系	药品业、交通业、化工业、高科技产业
紫色系	化妆业、服装业、出版业、药品业

5.辅助要素设计

辅助要素设计包括象征图案和特形图案的设计。

（1）象征图案。象征图案又称装饰花边，是视觉识别设计要素的延伸和发展，与标志、标准字体、标准色保持宾主、互补、衬托的关系，是设计要素中的辅助符号，主要适用于各种宣传媒体装饰画面，加强企业形象的诉求力，使视觉识别设计的意义更丰富、更具完整性和识别性。

（2）特形图案。特形图案是象征企业经营理念、产品品质和服务精神的富有地方特色的或具有纪念意义的具象化图案。这个图案可以是图案化的人物、动物或植物。选择一个具有意义的具象物，经过设计，赋予具象物人格精神以强化企业性格，突出产品品质。

二、企业文化视觉传播网络设计

企业文化视觉传播网络设计是营造好气氛的一种有效手段，通过视觉传播系统，把企业的价值观用直接快速、耳濡目染的方法传递给员工，营造良好的企业氛围。

1.企业内刊设计

企业内刊是企业文化的外在表现形式，是企业文化的重要载体。企业发展到一定阶段，会形成一定的文化氛围和底蕴。企业文化的演进过程，在很大意义上是企业对自身历史和未来不断阐释和描绘的过程，而这种阐释和描绘不能仅仅停留在口头传播的形式上，它必须以文字的形式"固化"，才能持续并广泛传播。企业内刊是企业递出去的一张美丽名片，也是员工学习企业文化和掌握企业信息的重要阵地。

企业内刊一般有报纸、杂志两种形式，随着信息化的发展，还可以有电子报刊，有周报、月刊、半月刊、双月刊、季刊等。

（1）企业内刊刊名设计。可以参考知名企业内刊，但要具备自身特点，刊名可叫"××之窗""××天地""××报""××人"等（"××"代表企业名称）。

（2）企业内刊的栏目设计。内刊栏目的设计要结合企业的背景、行业特点、企业自身特点等因素，设计能体现企业特色的栏目，当然也要兼顾内刊作为宣传物品的固有栏目。

一般可以从以下几个栏目着手："论坛视窗""总裁论道""企业动态""管理平台""市场扫描""精英风采""实战课堂""媒体链接""信息之窗""员工天地""企业文化"等。对这些栏目还可以进一步细分，如"员工天地"栏目可以细分成"我与同事""员工之星""员工心声""工作交流""生活万花筒"等。

（3）设计制作。设计制作环节不外乎三种模式：自聘、兼职和外包。随着经济水平的提高和社会专业分工的不断发展，期刊设计的外包模式正日益受到欢迎，主要原因是专业制作公司具有较高的设计水平和规范的工作流程，刊物的设计质量较高，且可以相对稳定地维持在一定的水准上，可以使编辑最大限度地将精力集中在内容采编上。

企业文化专栏 5-9

企业文化的温度

《万科》周刊在企业内刊中的地位首屈一指。《万科》周刊于1992年创刊，是国内业界第一家企业内刊，也是最早全面转型互联网的内刊。如果说万科企业关注人的居住需求，那么《万科》周刊则关注人的精神需求，强调"企业视角""人文情怀""理性观察"，立足企业，关心外部世界。

在2018年4月23日"世界读书日"这一天，《万科》周刊将过去一段时间万科内部广泛推荐和讨论的22部图书在万科集团官网上推出。在此书单中，王石的《道路与梦想——我与万科20年》名列榜首，凯文·凯利的《失控》紧随其后。前者记录王石人生心路、万科成长历程，具有鲜明的万科特色；后者则关注全人类的最终命运和结局。《万科》周刊的文化情怀、精神追求可见一斑。

《万科》周刊所散发的文化魅力自然而然吸引并凝聚了有相同价值观、信念和行为方式的员工，并使之体验到"诗意栖居"的家园感和归属感。万科的一名普通员工坦言，"在万科工作感觉到有一种荣誉感和归属感"。万科管理者缔造的价值理念，借助《万科》周刊的文化传播力和影响力，作为有温度的企业文化深入人心。

资料来源　陈曙娟，赵龙祥. 论企业内刊文化影响力的现象和本质［J］. 江苏经贸职业技术学院学报，2019（3）.

2.企业文化标语

在企业文化建设中，简明扼要、节奏鲜明、朗朗上口的文化标语是文化沟通的必要形式。

企业文化标语就是将企业管理理念和管理方法浓缩为简短的语言，配以生动的场景、卡通、漫画等，设计并制作成标语、挂图，供企业张贴或悬挂在车间、办公室等场所，使工作环境变得轻松、活泼、阳光、进取。这不仅有助于提升整体形象、塑造团队精神、提高员工士气、增强凝聚力，而且具有在生产现场和办公室等场所直接培训员工的价值，帮助企业真正实现以最低的成本，最大限度、最大范围地对员工进行培训和教育。

案例分析 5-7

工厂标语、口号中的隐喻变迁

标语、口号是具有宣传鼓动作用的简短而特殊的文本。"宁可少活二十年，也要拼命拿下大油田""把贫油的帽子甩到太平洋里去""有条件要上，没有条件创造条件也要上"等标语口号成为一代产业工人难以磨灭的文化记忆。随着改革开放的深入，中国逐步被纳入全球化体系中，无论是经济产业构成还是社会价值观念都发生了变化，这种变化同样表现在工厂标语、口号中。

改革开放后，随着西方企业文化理念的传入，在公与私的关系层面表达上，工厂的口号、标语发生了新的隐喻转向，出现了大量的"家庭隐喻"。比如，"爱岗敬业，团结协作""让我们的家园每天享受新的阳光""心系服务、钟情百姓""全员的能力关怀、全过程的能力培养、全方位的能力展示""队以人为本，人以队为家""员工的伤，企业的痛""激励在职职工，体贴下岗同志，照顾离退休人员，关心退养家属，帮扶特困家庭""安全工作不听见亲人的哭声，环保工作不听见后人的骂声""思想上交心，工作上同心，生活上关心"，等等。

资料来源　潘晓婷，龙耘. 工厂标语、口号中的隐喻变迁与现实构建［J］. 天府新论，2019（1）.

问题：企业标语对企业文化建设有哪些作用？

分析提示：细致入微的标语能够彰显出它独特的魅力。虽然它很微小，但也体现了企业管理者的观念、心胸、智慧和愿景。

3.企业文化展馆

一些有历史积淀的企业，为了弘扬企业文化和企业精神，强化外部宣传，建设了一系列以展示为主的企业博物馆或者企业文化展厅（馆）。

（1）企业博物馆。博物馆首先为企业服务，馆内藏品与企业密切相关。博物馆展示企业实力、企业文化和企业形象，同时也是企业与消费者沟通、激发消费者热情的平台。企业博物馆在国外有很长的历史，奔驰、波音、可口可乐等跨国企业都有自己建的企业博物馆。中国也有不少企业办了自己的博物馆，比如海尔集团办了家电博物馆，青岛啤酒办了啤酒博物馆，红蜻蜓集团办了鞋博物馆，宁波贝发集团办了文具博物馆，北京自来水集团办了自来水博物馆等。

（2）企业文化展厅。企业文化展厅是综合企业文化的场所，一般分为几个展厅，有文字、图片、道具、参观者参与项目等。展厅将展示的内容集企业文化大成于一体，能让参观者从中感受企业文化的整体风貌。可以说，企业文化展厅既是企业员工学习企业文化的场所，也是企业对外宣传企业形象的窗口。

4.企业网络

网络号称文化传媒的"第四媒体"，具有即时性、开放性、平等性和主动性等特点，彻底抛弃了传统手段的单一枯燥、费时费力、严肃有余、活泼不足等弊端，给企业文化建设带来新的气象和新的格局，更好地实现了企业文化的内部沟通。

（1）传播制度文化。在内部网站上，建设制度汇编栏目，并经常性地出台一些制度修订或制度解释，方便员工查阅，使制度不再躺在领导的文件夹里，不再存放在档案室的铁柜里，使制度变得鲜活起来。

（2）网上培训基地。在知识经济时代，在企业团队塑造学习型组织的过程中，员工培训显得尤其重要。内部网站是进行培训的理想工具。

（3）网上员工俱乐部。在企业网站中建设员工之家版面，将工会文化活动移植到网站上，成立网上乐队、网上篮球队、网上乒乓球队、网上歌咏队等，形式喜闻乐见，内容丰富多彩。这无形中增加了团队的亲和力与凝聚力。

（4）企业的信息沟通平台。内部网站建设的根本宗旨就在于促进信息的交流与共享。在内部网站中建设"企业动态""通知通告""部门园地""经营管理""员工论坛"等栏目，搭建企业的内部邮件服务器，使员工关心企业的一举一动，在企业内部营造一种良好的沟通文化，最终为企业的经营管理服务。

5.新媒体运营平台

除了利用企业App进行推广外，企业还可以根据自身产品特色和用户画像来选择不同的新媒体运营平台，利用不同平台的特点和内容流量倾斜来实现企业文化的推广目标。这些新媒体运营平台包括音视频平台（如直播平台、视频平台、音频平台等）、社交平台（如微信平台、微博平台、问答平台）和自媒体平台（如头条号、企鹅号、搜狐号等）。

[项目测试]

一、简答题

1.企业环境包括哪些内容？

2.简述产品文化和品牌文化的联系与区别。

3.品牌文化的培养包括哪些方面？

4.产品的文化设计包括哪些内容？

5.广告文化的主要特点是什么？

6.简述企业文化视觉传播网络设计的内容。

二、案例分析题

没有典萃，怎么能叫文化？

在中国市场上，化妆品销售排名首位非欧莱雅莫属。在欧莱雅旗下的子品牌中，兰蔻无论从销售量还是市场品牌形象定位来看，都可稳居第一。兰蔻品牌崛起的秘密在于产品独特的开发理念及产品利益诉求的方式，用于支撑整个品牌的典型产品就是兰蔻小黑瓶。其产品开发理念是"将微生物应用到皮肤"，产品的利益诉求是"调节皮肤微生态"。兰蔻从微生物出发，再到调理皮肤表层的微生态，完全遵循着西方科技与西医的文化路线。这个正好与一直主张中草药护理皮肤的相宜本草构成了中西方化妆品文化的两极。

近年来，相宜本草作为本土品牌，在化妆品市场上快速崛起，该品牌整体销售量已经升至化妆品市场排行榜的前列。相宜本草在品牌理念上声称：3 000年中草药智慧与中医世家的熏陶，孕育了"相宜本草"。为了支撑整个品牌理念与产品利益诉求，推出了一个经典亮眼的明星产品：小红瓶——相宜本草红景天焕亮精华液，主要成分来自川西藏高原海拔4 200米的红景天植物中抗氧化活性物质。

兰蔻的小黑瓶和相宜本草的小红瓶，无论从品牌塑造还是产品利益诉求，似乎都在攫取各自民族文化中的优秀与自豪的因素。西方人的文化心理自豪感来自近现代科学与技术，而中国人的文化心理自豪感源于古代儒释道传统的深厚沉淀。

然而，令人遗憾的是，相宜本草的品牌文化自信在细节上出现露怯之虞。例如在相宜本草官方旗舰店的网页上，在对"焕亮红景天"小红瓶的功效介绍上，第9个理由竟然写着：小红瓶"含酵母菌溶胞物提取物，有效促进肌肤胶原蛋白的生成"。这不仅让人联想到，其产品开发的理念与技术，有模仿兰蔻小黑瓶的"酵母微生物"之嫌，而且似乎一不小心就把中医博大文化与经皮导入原理给抛之脑后了。

相宜本草这些秉承中华医学文化的本土品牌，从文化营销的核心操作上看，应着重在个别产品上塑造、成就经典，经历数年，始终保持一致性，这个绝对是必不可少的。

没有典萃，怎么能叫文化？无论是西方文化还是中华文化，无论是兰蔻还是相宜本草，无论是小黑瓶还是小红瓶，品牌文化的本质，就是成就经典。

资料来源　陈文军. 兰蔻VS相宜本草品牌文化深层竞争下的可能结局［J］. 中国化妆品，2019（8）.

问题：相宜本草在品牌文化运作上，与兰蔻小黑瓶的差距在哪里？

分析提示：相宜本草要走文化定位并且上升到中西文化对抗竞争的高度，那么，塑造精粹、典籍、尊贵，甚至随着时间流逝，在品牌愿景中成为经典"国粹"的代表，也未尝不可。在相宜本草的产品线中，必须有一两款产品（比如小红瓶）致力于成为中华医学文化之典萃。中华文化的独特竞争力必将会在化妆品的市场竞争中逐步体现出来，本土走中医文化路线的品牌应该有这种文化自信和高瞻远瞩的定力。

［项目实训］

实训主题：企业文化建设员工活动策划方案

1.内容与要求

（1）由教师选取一家合作企业，向学生说明其经营范围、员工规模、文化建设现状等企业基本情况；

（2）由3～5名学生组成一个小组，到实地进行调查；

（3）根据企业情况撰写企业文化建设员工活动策划方案，包括活动主题、活动目的、活动形式、活动时间、参加人员、活动组织、准备工作、经费预算等。

2.成果检验

（1）方案课堂展示与分析；

（2）在有条件的情况下可以实施。

企业文化传播

【学习目标】

*知识目标：

1.了解企业文化传播内容与范围；

2.熟悉企业文化传播过程与时机；

3.掌握企业文化传播载体；

4.掌握企业文化传播技巧。

*技能目标：

1.熟悉各种传播渠道的特性；

2.能够运用适当方法开展企业文化传播。

引例

小米手机品牌传播

在小米手机刚上市时，小米公司与消费者进行沟通的互联网渠道只有QQ空间，这个渠道有其自身的弊端，如消费者与小米公司无法进行实时的沟通，小米公司无法及时满足消费者提出的需求。因此，小米公司投入大量精力拓宽了自主运营的沟通服务渠道，建立了针对小米公司产品粉丝及潜在消费者的服务平台，即MIUI论坛。越来越多的粉丝在MIUI论坛开通了自己的社交账号并积极参与产品研发讨论，大大增进了小米公司与消费者的沟通与交流。在手机行业，消费者与厂商之间联系的紧密度在一定程度上决定了用户对品牌的信任程度，而品牌信任度的高低直接影响着产品口碑在社会公众间的扩散效果。当前，越来越多的品牌信息都是在基于对品牌充分信任的基础上，通过用户在微博及微信朋友圈等社交媒体、抖音等短视频平台分享扩散的。

资料来源　张莹莹. 小米手机社会化媒体品牌传播营销分析［J］. 品牌研究，2020（13）.

这一案例表明：小米公司正是借助互联网平台，通过顾客参与价值共创，实现了小米手机品牌的快速成长及其美誉度的快速提升。

企业文化的关键在于"落地生根"。无法"落地"的文化就只是口号，只有倡导者的激情，却没有响应者的行动；无法"落地"的企业文化更像是空中楼阁，即使建构起健全的文化体系，也只能悬在空中。因此，企业文化建设需要通过有效的方式传播，将理念转化为认知与行动，从而确保文化的"落地"，这就离不开企业文化的传播。

单元一　企业文化传播概述 ////// ○○○○○○○○○○○

一、企业文化传播的内涵

1.传播与文化

传播是信息传送者（传达者）和信息接受者（被传达者）之间意识的分享和共有。文化与传播的关系是如此密切，以至于有人认为文化的本质是传播，一切文化都是在传播的过程中得到发展的。

文化作为一种十分重要的社会现象，它不是瞬息万变的，而是一种深厚的符号积累和沉淀。文化传播是将文化中的精华保留下来、传播出去，使之世代相传并与其他文化碰撞、融合的过程。传播使文化在历史长河中得以沉淀和积存。

2.企业文化传播的含义

企业文化的传播是对企业文化的全部内涵和组成要素进行全方位的推广和扩散。

企业文化的传播与一般文化的传播有一定的共性，但也有自己的特殊性，无论是传播内容，还是传播方式、传播媒介、传播目的，都与一般文化的传播有很大的不同，因此不能照搬或套用一般文化传播规律，而是要研究发现其特有的规律。一个企业的企业文化的传播半径、影响深度与该文化的质量密切相关，是优质文化还是劣质文化，是强文化还是弱文化，决定着企业文化的传播效果。

企业文化专栏6-1

一般文化传播与企业文化传播的区别见表6-1。

表6-1　　　　　　　　一般文化传播与企业文化传播的区别

区别	一般文化传播	企业文化传播
传播内容	知识、艺术、宗教、神话、法律、风俗及其他社会现象	企业价值观、信念、规范行为、企业形象等
传播方式	人际传播、组织传播和大众传播	主要是组织传播
传播媒介	电视、网站、广播、报纸、杂志、体育、饮食、服饰、旅游等	电视、企业网站、企业广播、企业内刊、宣传栏、展示中心、博物馆、厂徽、厂歌、商标、信息平台、主题活动等
传播目的	将文化中的精华继承下来、传播出去，使之世代相传并与其他文化碰撞、融合的过程	内部的文化认同，外部的文化认可，不断增强内在凝聚力和外在影响力

资料来源　编者根据有关资料整理。

3.企业文化传播的分类

（1）按照受众不同可以分为内部传播和外部传播。

①内部传播。企业文化内部传播指的是通过各种手段和方式，在企业全体员工中

加强、深化交流和沟通，形成对企业物质文化、制度及行为方式、企业精神和价值观的共识，以减少甚至消除企业内部冲突和分歧，从而便于整合和形成一体化的风貌。企业内部的文化传播又分为个体传播和组织传播。个体传播是指企业里认同与支持企业文化的员工，通过自己的实际工作行为去传递企业文化信息；组织传播是指企业通过完善的组织机构或者渠道，比如宣传部门、橱窗栏、内部刊物等来宣传与推广企业文化。

②外部传播。企业文化外部传播是公开对外宣传本企业的文化，最终在社会公众心目中建立良好的认知，塑造企业形象，提升企业的文明度、知名度和美誉度，促进企业与其他社会组织和合作企业之间良好关系的形成与协调，为企业打造良好的外部运作环境。

（2）按载体不同可以分为产品传播、人员传播和媒体传播。

①产品传播。产品传播即企业在生产和销售产品的过程中传播自己的企业文化。一般而言，企业是以畅销产品为主流载体，让消费者在认识和使用产品的过程中接受企业文化，并由此使得企业的品牌价值得到提升。

②人员传播。人员传播即通过企业领导者和员工的语言与行为等符号系统传播企业文化。

③媒体传播。媒体传播即通过各种大众传播媒介传播企业文化。

案例分析 6-1

抖音：小米手机品牌传播的新战场

2016年9月，抖音应运而生，这是一款运用音乐短视频进行社交的软件。目前，小米手机的抖音粉丝数量突破了340万，获得了1 100万的点赞量，通过"小米手机"参与的话题量有3 955万个。2018年8月25日，一段街头采访"成都小甜甜"的视频红遍网络，短短几天，600万的讨论量、200多万的点赞、数十万的评论，让人们记住了这个"养活自己，能带她吃饭就好了"的简单女生。在小米8发布时，公司专门找这位"成都小甜甜"在抖音拍了视频，120多个"抖友"点赞，让小米手机的品牌传播深入人心。

在抖音上，小米手机主要是通过短视频让消费者用最直观的感觉来捕获小米手机的各类使用技巧。2019年1月10日，小米手机发布了红米Redmi系列新手机红米Note 7，公司内部代号"小金刚"。通过在抖音里面发布短视频，用冰桶冷冻手机、用脚踩手机、用手机砸核桃、敲打测试等一系列性能测试，用2.1亿次的播放量，让"小金刚，品质杠杠的"的产品信息深入人心。在小米商城开售后，虽然红米Note 7备货百万台，但仅仅8分钟就卖断货了，小米手机利用抖音进行品牌传播营销取得了极大的成功。

资料来源　张莹莹. 小米手机社会化媒体品牌传播营销分析［J］. 品牌研究，2020（13）.

问题：小米利用抖音进行品牌传播的出发点是什么？

分析提示：小米的用户都是由"草根"构成的，草根群体有一个共同的特点，就是不盲目地迷信品牌效应，他们更注重手机的性能，对手机性价比非常敏感，是一群比较专业的消费群体。小米公司抓住了目标客户的特色，利用抖音进行品牌文化传播，不仅大大降低了交易成本，迎合了"草根"们消费低、性价比高的需求，还形成了以"草根"为中心的企业文化。

二、企业文化传播的意义

企业文化的传播是通过不同的工具和途径，将已设计出来的企业理念、核心价值观等有针对性、有计划地呈现出来，并为企业内部和外部所认知、认同的过程。企业文化只有通过有效地传播，才能真正对企业的发展起到促进作用，企业的理念和价值观才能真正融入企业的生产和经营管理中去。传播企业文化的具体意义表现在：

（1）为企业的发展创造良好的环境。

（2）为企业创造文化品牌，提升产品或服务品牌的附加值。

（3）增强客户或消费者对企业和品牌的忠诚度和依赖感。

（4）以文化的感召力影响社会。

企业文化建设的最高境界是让文化理念融在思想里，沉淀在流程中，落实到岗位上，体现在行动中，要达到这一境界，企业文化传播必不可少。

三、企业文化传播的内容

1.物质层文化传播

企业文化中的物质层文化，是企业文化的外表部分，它包括企业生产的产品、企业提供的服务、企业的生产环境、企业的形象、企业厂房建筑、企业产品包装与设计、企业员工衣着、企业技术服务、企业环境保护、社会赞助等。物质层文化就是以物质形态作为载体，以看得见、摸得着、能体会得到的物质形态来反映企业的精神。

2.制度层文化传播

企业文化中的制度层又叫企业的制度文化。在企业中，企业制度文化是人与物、人与企业运营制度的结合部分，它既是人的意识与观念的反映，又是由一定物的形式所构成的。同时，企业制度文化的中介性，还表现在它是精神和物质的中介。制度文化既是适应物质文化的固定形式，又是塑造精神文化的主要机制和载体。企业制度层文化传播能够将企业物质文化和精神文化更规范地表现出来，能够更多地使企业物质文化和精神文化得以延续、推广和扩展。

3.精神层文化传播

企业的精神文化是用以指导企业开展生产经营活动的各种行为规范、群体意识和价值观念，是以企业精神为核心的价值体系。企业精神是企业广大员工在长期的生产经营活动中逐步形成的，并经过企业家有意识地概括、总结、提炼而确立的思想成果和精神力量，它是企业优良传统的结晶，是维系企业生存发展的精神支柱。企业精神这一概念把企业人格化了，是由企业的传统、经历、文化和企业领导人的管理哲学共同孕育的，集中体现了一个企业独特的、鲜明的经营思想和个性风格，反映着企业的信念和追求，也是企业群众意识的集中体现。企业精神应体现出生产力的优化，企业经营战略和决策、管理水平、人员素质的优化，还要使企业领导者与员工之间、个人与组织之间相互理解、精诚团结，进而齐心协力地推进企业的振兴与发展。

案例分析6-2

小米论坛：最忠诚的"米粉"代表地

小米首次使用社会化媒体展开品牌传播，就创办了最合适的论坛平台，主要是因为论坛最符合小米产品的特点。小米首次发布的产品是MIUI系统，小米通过MIUI论坛收集用户针对MIUI开发版的需求和BUG反馈。小米则每周五发布一个开发版的更新，橙色星期五其实是一种产品迭代的方式，这和我们常见的产品迭代方式不太一样——在这个产品的迭代过程中，用户是一直参与其中的，可谓是用户、小米产品经理、小米工程师的零距离接触。

小米公司有规定，工程师必须每天在MIUI论坛上"泡"1个小时。工程师"泡"论坛的行为对于用户和工程师来说都是一种激励。对于工程师来说，如果不去面对客户，就会经常出现与产品经理意见不合的情形，自己也没有成就感，不知道自己研发的产品在市场上到底是怎样的。而一旦工程师面对客户，后者就会迫使他及时修复BUG，重视需求，知道这是用户真实的需求，而不是产品经理拍脑袋拍出来的。同时，他们也会有一种成就感，因为看得到自己研发的产品有多少用户在积极参与。对于用户来说，他们可以和研发自己所用产品的工程师接触，可以向工程师直接提意见，反馈问题。相对于向客服反馈问题，这种方式不仅提升了效率，还提升了用户的参与感和忠诚度。

截止到2019年4月，小米论坛用户高达4000万，他们大多数对电子科技也有一定的研究，能够给小米公司提供很多建议。小米论坛中精华帖数量很多，高达几十万，这能够吸引越来越多的专业爱好者共同交流与探讨。

资料来源　张莹莹. 小米手机社会化媒体品牌传播营销分析［J］. 品牌研究，2020（13）.

问题：在小米论坛中传播的企业文化内容主要是什么？

分析提示：小米论坛传播的是一种"工程师文化"，"工程师文化"一定要和产品的用户价值挂钩，建立企业–用户间的双向沟通机制。"工程师文化"还从制度上保证了最核心的员工不断重复履行塑造文化的行为，"创新""极致""共享""平等"之类的核心理念才能真正落地。

四、企业文化传播范围

企业文化传播范围包括企业内部和企业外部两大部分。

1.企业文化内部传播

（1）企业文化内部传播的范围。企业内部传播范围包括纵向范围传播和横向范围传播。纵向范围传播包括领导层、管理层和员工层之间的传播，以及母公司与子（分）公司之间的传播；横向传播包括员工与员工、部门与部门、子（分）公司与子（分）公司之间的传播。

（2）企业文化内部传播的对象。企业文化的对内传播实际上就是对企业内部员工及管理者进行的文化培训、教育、宣传、灌输。企业文化对内传播具有辅助企业文化形成的功能，又兼有使企业文化得到传承和发扬，从而激发员工战斗力的功能。企业文化的形成、发展、积累都与企业文化对内传播有密切的关系。

（3）企业文化对内传播的通道。企业发展过程中的种种事迹、故事案例等，是对内传播的无形通道；将企业文化用语录、标语、口号等形式表达出来，就成为对内传播的有形通道；企业管理者对下属的要求及个人行为、作风等，构成对内传播的主要通道；企业文化培训、考核、激励机制的制定与实施，是对内传播的重要通道；企业举办的一系列活动、仪式、庆典等，是对内传播不可缺少的通道。

企业文化专栏6-2

从小米上市一窥小米文化

2018年7月9日，小米成功上市，小米的员工也收到了一份特别的礼物，那就是一件印有小米文化内涵的T恤。T恤正面写着大大的"厚道"二字，旁边有一行小字——厚道的人运气都不会太差，背面则是一行拼音"傻人有傻福"。这展现了小米草根文化的特色：以"和用户交朋友，做用户心中最酷的公司"为愿景，用厚道的价格走自己的路，形成公司内部的工程师文化，以及公司与用户间紧密连接的"米粉文化"。

在上市前给员工的一封公开信中，雷军写下了这样一段话：

"伟大的公司都是把好东西越做越便宜，把每一份精力都专心投入做好产品，让用户付出的每一分钱都足有所值。

用户是我们一切业务运转考量的核心。小米前进的路上，我们一直在思考：从古至今，商业世界变化纷繁，跳出形形色色的商业模式话题之外，始终不变的是什么？

用户对'感动人心、价格厚道'的产品的期待，这就是小米的答案。"

资料来源　编者根据相关资料编写。

2.企业文化外部传播

（1）企业文化外部传播范围。企业文化外部传播范围包括本企业与社会公众、本企业与行业内竞争对手、本企业与其他行业企业之间的传播。企业文化对外传播具有树立企业形象、提高品牌忠诚度和竞争力的功能，同时也兼有推动社会精神文明建设、促进社会文化进步的作用。

（2）企业文化外部传播对象。企业文化的对外传播是一种文化交流，不是单向的文化输出。全面准确地对外展示、传播本企业的文化能最终在社会公众心目中留下一个美好印象，塑造良好的企业形象。根据格鲁尼哥和亨特于1984年推出的新的环境划分模式，按组织面对的"公众"类型，把组织环境分为四大部分，即职能部门、功能部门、规范部门和扩散部门。而一个企业的文化的对外传播对象就是这些部门，如作为职能部门的市场监管、税务、公安等各级政府部门；作为功能部门的供应商、顾客、人才中心、银行等；作为规范部门的商会、行业协会、竞争者等；作为扩散部门的社区和一般公众。企业将自己的企业文化向这些部门传播，让最具评价力的社会公众来充分认识自己的文化，并塑造良好的公共形象，推进企业发展。

（3）企业文化对外传播的通道。对外传播的途径主要有企业文化的主动输出式传播、企业文化的示范传播、企业文化的交流合作。

企业文化传播是全方位的，内部传播是一个企业文化的生成和发展的问题，外部传播是一个企业形象的塑造和社会声誉的形成问题。并且，无论是内部传播还是外部传播，都有一个主动传播和自然传播的问题，也有一个良性传播和恶性传播的问题。

单元二 企业文化传播过程

一、企业文化传播的过程

1.企业文化传播三阶段

对于企业文化信息，其接受者的反应是由初级阶段的注意、认识向更高层次逐步发展的，这种从信息接触到行为活动的各个阶段被诸多学者模型化，称为传播效果的层次模型。其主要包括以下三个阶段：

（1）企业文化认知阶段，包括注意、认知、理解、学习、信念等变量。

（2）企业文化情动阶段，包括兴趣、关心、评价、感觉、态度、确信、信服、感情等变量。

（3）企业文化行为阶段，包括行为倾向、行为举动、具体工作行为等变量。

2.文化传播五要素

一个基本的传播过程，由以下五个要素构成：

（1）传播者。传播者指的是传播行为的引发者，即是指主动发出信息传播给他人的人。在社会传播中，传播者包括个人、群体、组织。

（2）受传者。受传者指的是信息的接收者和反应者，传播者的传播对象。受传者不是完全被动的信息接受者，受传者可以通过对信息的反应来影响传播者。受传者包括个人、群体、组织。在传播过程中，受传者和传播者双方是互动关系，有时会发生角色置换。

（3）信息。信息指的是传播者和受传者之间的传播内容。信息是传播者和受传者之间互动的中介，通过信息，传播者和受传者发生交流，达到互动的目的。

（4）媒介。媒介指的是传播通道、渠道。媒介是信息传播的工具，也是将传播过程中的各种因素相互连接起来的纽带。

（5）反馈。反馈指受传者对接收到的信息的反应或回应，也是受传者对传播者的反作用。反馈是体现社会传播的双向性和互动性的重要机制，其速度和质量根据媒介渠道的性质而有不同，但它总是传播过程中不可或缺的要素。

二、企业文化传播的时机

企业文化传播的时机问题，主要是站在企业文化建设的角度，就企业文化塑造者主动传播企业文化来说的。因为对于隐性的文化传播，企业文化的塑造者是不能把握和控制的，也无法掌握时机。在企业文化的传播过程中，选对传播时机对于推广企业文化来说能起到事半功倍的效果。常见的企业文化传播时机主要有以下几种情况：

1.重大事件

当某个事件能引起受众的积极关注时，受众会很期待进一步了解事件。此时，受众对事件的理解与接收更为主动，也愿意花时间去关注，企业可以利用这个时机去传播企业文化，使受众及时了解事件、了解企业。

2.危机事件

企业在成长过程中，必然遇到一些困难与挫折，甚至面临经营危机。企业在看到危险的同时，也要看到机会，主动引领公众视线，主动展示企业经营理念，主动化解危机，使企业由面临危险到捕捉机会。北汽福田集团在"非典"期间，并没有放弃企业文化推广，利用人们对健康的关心，及时满足了消费者心理需要，也使产品被消费者认可，这既提高了企业销售业绩，也推广了企业文化。

3.典型事件或典型人物

企业在经营过程中会产生一些典型事件或者典型人物，其可能是正面典型，也可能是负面典型。企业尤其要利用正面典型，对其加以推广宣传，使企业员工更好地提升职业技能，使社会公众更好地了解企业文化。

4.企业变革

企业为了适应环境变化，在成长过程中会择机变革。变革期是企业员工和外界非常关注企业的时期，也是企业文化传播的良机。企业可以利用变革期人们对企业的关注来传播企业的价值观念、经营理念、新产品特色、企业战略愿景等，这个时期进行企业文化传播也非常有效。企业变革时期要积极地推广企业文化，积极地利用人们的关注，在员工和社会公众心目中建立好的企业形象，这对企业文化传播极为重要。否则，变革时期可能产生的多种猜测会影响企业形象。

三、企业文化传播的载体

1.会议传播

（1）会议传播的范围。

会议传播是企业文化传播的常用手段。会议一般具有正式、严肃的特点，是企业经营管理中的常用手段。企业会议有销售会议、经销商会议、技术会议、管理者会议、董事会会议、股东会议等。除了企业会议之外，还有一些社团、协会会议，例如行业协会会议、科学协会会议、教育协会会议以及技术协会会议等。

（2）会议传播的注意事项。

①采用会议传播要考虑会风问题。会风问题不是某个单独的会议所能解决的，它受到多种因素的影响，比如企业的体制、相关的企业文化理念、员工的行为习惯等。

②采用会议传播还要考虑会议效果问题。会议效果往往受到企业高层的影响，同时也受到与会人员素质的影响。如果企业的会议决定总是不能实施，那么企业员工对企业会议就会越来越漫不经心、不予重视；如果企业的会议决定总能够落到实处，那么企业员工就会积极参与会议，并在实践中认真履行。

案例分析 6-3

从企业年会看企业文化

岁末年初，各家企业精彩纷呈的年会陆续上演。作为一年一度的年终员工联欢活动，年会也是企业管理的一个缩影，我们从中可以看出一个企业的企业文化、经营情况等。

在小米公司2018年年会现场，小米创始人雷军携各位高管共同表演了《新长征路上的摇滚》。众位大佬换上了海军衫、军绿裤，系上了红领巾在舞台上劲歌热舞。除此之外，雷军还与专业魔术师合作了"读心术猜扑克"的魔术表演。

在小米公司2019年年会现场，率先登场的是小米"第一天团"——老板们，大秀才艺！小米公司各个部门都准备了精彩的专场才艺节目，来自印度尼西亚团队的小米同事还为大家带来了充满地域特色的舞蹈。值得一提的是，小米年会的特等奖是21台价值16.58万元的小鹏汽车G3尊享版，美煞旁人……而在娱乐之余，雷军在年会现场的一番演讲也颇为引人注目：2018年7月9日，小米成功在香港主板上市；10月26日，小米提前两个月实现了年出货量突破1亿台的目标，巩固了全球手机品牌第一阵营的地位。雷军宣布小米下一个五年的核心战略：2019年，正式启动"手机+AIoT"双引擎，小米将在AIoT领域持续投入超过100亿元！

资料来源　沐垚. 从企业年会看不同的企业文化［J］. 当代电力文化，2019（1）.

问题：从企业年会视角，如何看待小米公司企业文化？

分析提示：企业领导者是企业文化的塑造者，在企业文化建设过程中发挥重要的指导作用。企业文化是领导者文化素质的放大。雷军是一个崇尚自由、平等，没有森严的等级观念的人，所以小米公司每一位员工都是平等的，在自由、平等、轻松的伙伴式工作氛围中发挥自己的创意。

2.企业制度传播

（1）企业制度传播范围。

企业制度传播是一种正式的组织传播形式。将企业的理念、价值观、行为规范等形成各种制度，并在工作实践中指导员工的行为，比如形成员工指导手册、企业规章制度等，这对企业制度的传播和传承发挥不可忽视的作用。

共同的价值观和行为规范是规章制度的内核，在企业发展过程中，规章制度是刚性约束，企业文化是柔性约束。企业只有在制度体系中浸润企业文化的核心理念，以企业文化的核心理念统领制度建设，用制度来展现企业文化核心理念的内涵，企业文化与制度才能做到宽严并济、理念与行动统一。

（2）企业制度的传播效果。

制度是企业所有员工共同遵守的行为准则。从制度规范的内容来看，可以分为两类：一类是用来惩罚某些行为的惩罚性制度，目的就是抑制或者杜绝某种企业不提倡的行为，我们可以理解为惩罚性制度；另一类是用来奖励某些行为的奖励性制度，目的就是使企业提倡某些行为，我们可以理解为奖励性制度。企业可以将企业核心价值观里面所提倡的行为，通过奖励性制度的制定予以保障，一旦有这样的行为出现，马上通过制度进行奖励，鼓励这样的行为。对于那些企业不希望出现的行为，企业可以通过惩罚性制度进行制止，以减少这样的行为出现，保障企业核心价值观的权威性。

企业文化专栏6-3

小米企业制度文化

1.组织架构。公司采用了扁平化组织结构，上下沟通不超过3级，分别为创业合伙人、部门主管、公司员工。公司内部讲究团队作战，灵活高效，小团队之间可以形成良性竞争，有助于激发创造力。扁平化结构降低了公司内部沟通成本，提高了沟通效率，为公司营造了自由、平等、轻松的工作氛围。

2.管理制度。公司内部并没有采用KPI考核体系，甚至连打卡出勤都没有，完全依靠员工的自我管理。工作衡量指标是用户对产品是否超出预期，用户是否自愿把产品推荐给朋友。

3.激励制度。公司分别从物质层面和精神层面两方面激励员工。物质层面，公司实行"全员持股，全员投资"计划，并提供了持股门槛较低且灵活的股权和薪酬组合供员工选择。精神层面，公司一方面对优秀员工给予相应荣誉，另一方面着重培养员工的责任感和使命感。

资料来源 肖丽娜，等.互联网时代优秀企业文化构建——以小米公司为例［J］.科技创业月刊，2019（10）.

3.培训传播

（1）培训传播的范围。

培训也是常用的企业文化传播手段。从培训主题来看，培训传播分为两种：一种是专门的企业理念、企业精神的企业文化培训；另一种是对企业员工进行的其他各种专业技能的培训。

（2）培训传播的效果。

培训传播的效果受到培训的组织、培训的教师、接受培训成员的素质、培训的环境、培训课程的设置等多种因素影响。例如，企业常常对新员工培训，而新员工不了解企业，所以这种培训就要求培训讲师能够准确、巧妙地传递企业文化，使新员工能够快速认同并接受企业文化。企业也经常对老员工进行专业技能培训，在专业技能培训过程中，也要贯穿企业理念，体现企业文化。另外，在运用培训传播的时候，要结合接受培训成员的素质，设计不同的培训课程，使培训能够有针对性，并能激发学员的学习热情。

4.媒介传播

（1）媒介传播的范围。

借助媒介传播是传播企业文化的重要途径。从传播企业文化的角度来讲，媒介传播包括对内传播媒介和对外传播媒介。对内传播媒介主要指企业内部的信息传播交流平台，例如企业内部刊物、企业内部电视台、企业内部广播电台、企业内部阅报栏等；对外传播媒介主要指大众报纸、大众广播、大众电视、大众杂志、大众广告牌、大众交通工具、企业产品、企业产品包装袋等。

（2）媒介传播的效果。

对内传播媒介往往能直接影响到本企业内部员工，企业要利用这一特点进行企业文化传播，通过内部企业文化传播，增强员工对企业的理解认同，增强员工的忠诚度和满意度，塑造企业员工精神，及时传播企业文化。比如，科龙集团在进行"万龙耕心"企业文化塑造的系统工程中，内部企业文化传播就借助定期刊物、信息走廊、意见箱等对内传播媒介进行企业员工价值观培养、企业行为信条培养、企业组织管理培养。对外传播媒介往往是企业对社会公众亮相的媒介，是企业建立社会信誉度、提高知名度的关键，企业要利用对外传播媒介的特点科学地进行企业文化传播。

（3）媒介传播的注意事项。

通过媒介传播企业文化，有些人是受到直接影响，有些人是受到间接影响。例如，从对内传播媒介角度来看，对本企业员工而言，受到了本企业文化传播的直接影响，对本企业员工家属而言，受到了间接影响。从对外传播媒介角度来看，企业文化传播是一种社会行为，一部分社会大众是受到本企业广告的直接影响，一部分社会大众只是通过口口相传而对企业有所了解。中国有句俗话叫"好事不出门，坏事传千里"，尤其是当企业面临公关危机的时候，一些负面信息会传播很快，这个时候企业尤其要注意对外传播策略，甚至可以借助一些专业的公关公司及时处理，以把负面影响降到最低。

5.网络传播

网络传播是指通过互联网这一信息传播平台进行企业文化传播。网络传播和传统媒介相比，有着较多的优点，例如：信息量大、速度快、传播手段多样；传播过程多向互动、交流具有开放性、传播主体广泛等。企业文化传播可以积极利用互联网这一信息传播的优点，使受众能够更快、更多、更及时了解企业文化。同时，由于互联网的普及，人们资讯获得渠道越来越多地依赖于网络，企业文化传播应该重视这一趋势，充分利用互联网的优点对企业文化进行推广。同时，我们也要认识到网络传播也有一定的弊端，就是负面信息传播也非常迅速，当出现不利于企业的信息时，企业要及时监控管理，防止负面信息蔓延，从而避免对企业造成恶劣影响。

企业文化专栏 6-4

人人都是自媒体

《2019抖音大数据报告》显示：截至2020年1月5日，抖音国内日活跃用户数突破4亿，46万个家庭用抖音拍摄全家福、父母们每天在抖音拍下308万条视频记录与孩子相处的温馨日常。2019年，在抖音有176万次迎接新生、18万次高考、38万次毕业、709万人分享婚礼，人生的每一个重要时刻，都值得被认真记录。抖音国内用户全年打卡6.6亿次，足迹遍布全世界，其中"大唐不夜城不倒翁"相关话题播放量超23亿次；曼谷是用户最喜欢打卡的国外城市，接下来是首尔、东京、大阪……点赞最多的国内城市是北京，其次是成都、上海、深圳……

除了旅行、生活，抖音成为最大的知识、艺术、非遗传播平台，美食制作、语言教育、学科教育、职业教育、知识科普成为抖音最受欢迎的知识门类TOP 5。

资料来源　编者根据相关资料编写。

6. VR技术

VR技术结合了计算机仿真技术、计算机图形技术、显示技术、传感器技术等多种学科技术，在多维信息空间上创建一个虚拟信息环境，使用户具有身临其境的沉浸感，具有与环境完美交互的能力，并有助于启发构思。VR技术的核心建模与仿真，已被很多企业应用到产品交互体验中，将在未来的企业文化传播中发挥越来越大的作用。

单元三　企业文化传播技巧

一、企业文化传播内容美化与包装的技巧

1. 比喻法

在对传播内容进行美化与包装的过程中，可以采用比喻法，借助具体感人的形象来表达抽象的理念。人们往往采用熟悉而又能轻易接受的具体事物来表达某种文化思想或观点。比如，华为公司用"狼"来解释自己的企业文化内涵，是因为狼有三种特性被华为人利用：一是嗜血，反映出对市场信息的敏感性；二是耐寒，反映出百折不挠的进取精神和不畏艰难的意志；三是结群，反映出团队合作的精神。再比如，西安杨森制药有限公司大力宣传以"鹰"为代表形象的企业文化，他们自己这样解释："鹰是强壮的、果断的、敢于向山巅和天空挑战的，它总是敢于伸出自己的颈项独立作战。在我们的队伍中，鼓励出头鸟，并且不仅要做出头鸟，还要做搏击长空的雄鹰。作为企业，我们要成为全世界优秀公司中的雄鹰。"

2. 假借法

在对传播内容进行美化与包装的过程中，可以采用假借法，有目的地把企业文化理念与大众普遍接受或者喜爱的美好事物联系起来，使人由于对假借事物有美好感情进而对本企业文化产生美好认知。

企业文化专栏6-5

"电力表情包"助推企业文化传播

在网络时代，"表情包"成为最言简意赅的表达方式。国家电网台州供电公司"打造电力表情包助推企业文化传播"项目，分为意识形态、企业文化、社会责任、党团建设、工作状态五大类进行表情包设计，通过夸张有趣的人物形象、

表情和场景，将干瘪、晦涩的文字内容转变为生动有趣的文字符号，并借助微博、微信和手机客户端实现企业文化的创新传播。

资料来源 张光福."电力表情包"助推企业文化传播［J］.中国电力企业管理，2019（11）.

3.引证法

在对传播内容进行美化与包装的过程中，可以采用引证法，引用事实材料和数据理论资料来证实自己的企业文化价值。运用引证法所选取的材料必须真实可靠，不能任意编造，不能过分夸大事实造成对受众的误导。例如，一些企业在进行新产品介绍时，往往借助一些科研院所的数据来证明本企业产品的科学性。

4.明示法

在对传播内容进行美化与包装的过程中，可以采用明示法，将所要传播的核心思想进行提炼、浓缩、总结，采用直接表述的方式来表明这种核心思想。例如，微软公司的使命是"致力于提供使工作、学习、生活更加方便、丰富的个人电脑软件"；沃尔玛提出"尊重每一个人"；美国通用电气公司提出"以科技及创新改善生活品质，在对顾客、员工、社会与股东的责任之间求取互相依赖的平衡"；惠普公司的使命是"为人类的幸福和发展做出技术贡献"。

二、企业文化传播礼仪与仪式

1.企业文化传播礼仪与仪式的必要性

礼仪和仪式是公司日常生活中一些系统化和程序化的惯例。企业通过日常行为表现即企业生活中的礼仪，向员工表明它们期望的行为方式，生动而有力地提供了公司支持和赞赏的范例；公司通过盛大的典礼即企业仪式，生动而有力地提供公司支持与赞赏的范例。

古人云：人心齐，泰山移。一个公司的员工如果没有团队精神，就如同一盘散沙。我们清楚地认识到，随着经济全球化进程的加快和企业间竞争的加剧，企业越来越重视凝聚力等软实力的较量。企业如何把这一信息传递给员工呢？这就离不开恰当的仪式。

企业文化专栏6-6

颁发优胜者勋章仪式

许多礼节和仪式看上去就像一场普通的庆典活动，但它的意义却十分重大。以一家我们了解的大公司为例，该公司成功地把海军以前的那种拍拍肩表示赞许的仪式改成了颁发优胜者勋章的活动。如果该公司里有人得到5枚勋章，他便有资格获得一个更高的奖项——一份有全美企业协会主席亲笔签名的高级礼物。

颁发优胜者勋章时，公司总要举行一个盛大的庆典，当管理者走进大厅并响起铃声时，所有工作都暂停下来，大家离开自己的工作岗位和办公室，放下手中正在处理的工作，聚在一起。在美妙的音乐声中，管理者宣布将颁发又一枚优胜

137

者勋章:"我谨代表在座的各位在这里宣布,这枚优胜者勋章授予XXX,以表彰他在XXX项目中的出色表现。"这时祝贺声此起彼伏。当获奖者回到自己的办公室时,他便会将勋章钉在墙上。

即使是年薪超过15万美元的经理们,也在为获得这些勋章而努力奋斗。优胜者勋章是被认可的象征,而且这一过程中充满的幽默气氛也使它更具有娱乐性而不是竞争性。优胜者勋章仪式意味着认可成就,它使得企业文化中的每个人都能清楚地了解公司期望的是什么,不期望的又是什么。最终结果是员工们士气高涨。

资料来源 迪尔,肯尼迪. 企业文化:企业生活中的礼仪与仪式 [M]. 李原,孙健敏,译. 北京:中国人民大学出版社,2008.

2.企业文化传播中的游戏

这是企业生活中富有创造力的一面,它能缓解紧张气氛并鼓励创新活动。虽然它本身并没有特别的目的和规则,但各种形式的游戏能将人们团结在一起,并能减少冲突,产生新的远景规划和文化价值观。通过鼓励创新,它有助于企业文化的不断更新。IBM等公司会在工作时间内提供许多游戏的机会,例如工作坊、体育活动、啤酒聚会、娱乐、不定期的战略研讨会。

3.企业文化传播中的工作仪式

企业工作中的仪式指导着人们的行为,它是企业的基本文化价值观的体现。仪式提供了地点和脚本,让员工能够体验其中的意义。如果没有这种联系,那么仪式不过是一种惯例,除了给人们以某种安全感和确定性外,起不到其他作用。

案例分析6-4

腾讯员工排成"旺"字领红包

新年开工第一天,都会被马化腾发红包刷屏,红包越发越多,场面越来越壮观。开工第一天老板派发红包的企业越来越多,根据我观察,这种带有仪式感的活动对于凝聚人心、激励斗志是很好的。新年开工第一天就有红包拿,钱不在多,老板派发的是红包,可员工拿的是情感,是关心,是上班第一天的彩头。有了红包,大家自然能更快地进入工作状态,以饱满的热情投入新一年的工作中。反过来,大家新年第一天兴冲冲地上班去了,什么都没有,往冰冷的凳子上一坐就开始工作,内心往往是冰冰的、凉凉的,工作状态可想而知。所以,企业在发展过程中,需要像开工大吉这样有仪式感的活动,并且,凡是仪式感足的企业其发展的效率与活力是远远高过仪式感不足的企业的。

资料来源 窦林毅. 企业发展越来越需要仪式感 [J]. 销售与市场(管理版),2018(4).

问题:为什么在企业发展过程中需要开展具有仪式感的活动?

分析提示:现在的企业员工处于物质富足阶段,仪式感与精神追求是他们生活的标配。当人们在工作与生活中越来越注重仪式感时,仪式感自然在企业发展中发挥越来越重要的作用。

4.企业文化传播中的庆典

当员工完成了某种里程碑式的工作时，庆典活动有助于公司体现出对英雄人物、传奇事迹、神圣象征的赞颂。庆典活动使企业文化得以充分展现，并提供了那些能被员工铭记在心的经历和体会。如果做法恰当，庆典会将价值观、信仰和英雄形象深深刻在员工的脑海和心灵中。

如果缺乏富有表现力的事件，任何企业文化都会消亡。没有了仪式与庆典，那些重要的价值观就难以对人们产生影响。庆典活动与文化的关系就如同电影与剧本、音乐会与乐谱、舞蹈与音乐的关系，用任何其他方式都难以很好地表达出来。每一个优秀的企业及其管理者都应该懂得，创造一整套仪式和庆典，使文化以具体的形式表现出来，能够带来丰厚的回报。

企业文化专栏6-7

玫琳凯（中国）迎来25周年庆

2020年5月，玫琳凯（中国）公司迎来了25周岁生日。5月3日，玫琳凯在官方抖音直播间举办"25周年超级品牌盛典"，拉开了25周年庆的帷幕。在盛典直播中，玫琳凯全球设计中心发布了2020年的潮流趋势——Shero女王风和彩妆流行色，获得了60万人次在线观看。此外，玫琳凯将与sHero国际论坛合作，发起"SHERO25"榜单评选活动，用以表彰2020年全国杰出、美丽、令人瞩目的女性代表。与此同时，全国各地"美力25"系列活动陆续开启：线下热门商圈大屏打卡、讲述自己的"美力"故事……

资料来源　王晓红. 美力25势不可当——玫琳凯（中国）迎来25周年庆［J］. 知识经济，2020（17）.

5.增强礼仪与仪式感的方法

（1）每年的周年庆典。企业是什么时候成立的，是如何一步一步走过来的，这些都要作为企业重要的文化予以传承。企业的周年庆典要作为一个很重要的活动来举办，让每个人参与其中。

（2）每年的客户联谊会。这是与外部沟通的重要活动，是企业实力积累的外延，是外部各种资源参与并见证企业成长的重要形式。在资源整合越来越重要的今天，每年的客户联谊活动是必不可少的。

（3）每年至少有一次大的新品发布会。新品的研发与发布往往决定了企业的生死。企业日常的不断升级、不断迭代多是以局部、微调为主，但大的新品发布会是每年必须有的。例如，华为公司每年的新品发布Mate系列、P系列都是推动企业不断进步的引擎。

（4）新员工的入职仪式。新人作为企业发展的新鲜血液是宝贵的资源，通过新人入职仪式可以让新人熟悉自己的企业和自己的职责定位，尽快投入新的工作，融入新的环境。

三、企业内刊编制的技巧

现在，不少企业都办有自己的内部报纸。它既是企业宣传贯彻经营管理方针的喉舌，也是建设企业文化的重要阵地，更是员工抒发胸臆的田园。因此，企业内部报纸对企业的发展、和谐、增强凝聚力发挥着独特的作用。

企业内部报纸是企业内部刊物的一种形式，一般为四版，定位以企业内部员工和企业的重要客户为主，内容多涵盖企业的经营管理决策、企业重大事项、职业培训、员工生活、客户信息反馈等。企业内部报纸虽小，但对从前期准备到编印、内容和栏目的策划、发放等环节却要求很高，是一个系统工程，每个环节都需要认真对待。

1.前期准备

这是办好企业内部报纸的基础，包括：

（1）取得支持。首先是取得企业领导的支持。报纸编辑人员要经常就编排、内容等工作向主管领导请示；企业主要领导也要关心、过问企业内部报纸，并给予必要的经费支持。其次是取得企业员工的支持。报纸内容来源于员工、映射于员工，因此要采取激励、互动等手段，激发员工的关注热情。例如，对投稿被采用的员工给予一定的稿酬，并不定期地以座谈会、笔友会、旅游等形式与投稿积极、稿件质量高的人员进行交流，年底还要评选优秀通讯员、优秀稿件，这会取得较好的效果。

（2）确定刊名。报纸的刊名要与本企业的名称或所处行业、发展方向等紧密结合，避免过于突兀、不知所云的情况。刊名可以请企业主要领导或社会知名人士来书写。

（3）版面划分。各版面都要在一段时期内有相对固定的主题，其编采的稿件要紧紧围绕这个主题来进行。版面划分大致是：一版为企业动态，以企业的经营管理信息、企业大事、产品服务信息等新闻性稿件为主；二版为培训园地，以工作心得、优秀事迹介绍、案例讲评、客户信息反馈等为主，从而提高员工的职业道德和服务技能；三版为理论版面，多以理性探讨、介绍行业先进经营管理理念为主，从而提高员工的理论水平和综合素质；四版为娱乐生活，以员工的文艺作品、节日祝福、生活常识、热点话题等为主，与员工互动。

同时，还要注意在报纸的合适位置注明期刊号、主办单位、企业地址、通信方式、投稿方式等内容，服务类行业最好把企业各主要的客服电话也一并写清楚。

（4）编采网络建设。首先是编辑人员的确定，包括总编辑、主编、责任编辑等，其中总编辑可以邀请企业的主要领导担任；编辑可以由专职人员负责，也可以由相关人员兼职。其次是建立通讯员网络，需要在每个部门设定一名兼职通讯员，大的部门也可以多设定几名通讯员；要求每名通讯员都要定期投稿，及时反馈本部门或相关部门的信息，并根据报纸编辑人员的要求进行组稿。对于企业的大型活动，可以组织跨部门的通讯员联合组稿。

（5）选定印刷单位。一家好的编排、印刷单位会根据版面的需要对文章的编辑和修饰形式提供有益的建议，而且其版面的文字、图片等的印刷质量也会相对较高。

2.编印

这是决定企业内部报纸质量的根本，包括：

（1）统稿。各版面统稿时要根据版面的主题、时效性、稿件质量、字数需要等综合考虑，采取"广种薄收"的方法，细选、精选稿件。除非情况特殊，文章一般不要太长，每版还要多选出1~2篇稿件以备用。各版负责统稿的责任编辑不但要选稿，而且对相关的文章要加以剪裁、润色，"去芜存菁"，并对其中涉及的行业术语、统计数据及重要人物的职务称呼等进行核实。

（2）审稿。责任编辑统稿后，交由主编审稿。主编审稿后，最好再交由企业主管领导审核、把关。

（3）划版。首先是版面安排。一般来说，最重要的新闻要放在头版头条，即报头正下方的位置；次级重要的新闻或公告、人事任命、奖励等内容要放在"报眼"，即报头右侧的位置；其他内容依次下排。每版最好有1~3幅照片或图片，位置、大小要安排合理，注重整个版面的平衡、协调，其内容要和文章紧密结合，也可以独立编辑成图片新闻。其次是标题安排，方向上分为横向、纵向或不规则形状。头条的新闻标题最好用黑色实体字，字号要比其他新闻的标题大些；各文章标题的排列方向和字体要有所区别、要穿插开，还可以通过底纹、报花等进行修饰。在文章位置的安排上，既忌讳"横平竖直"、过于呆板，也不要"龙飞凤舞"、毫无章法；文字的分栏线要尽量错开，必要时还可以采取文字的竖排法，以增加版面的活跃度。

（4）校版。通常为三校。一校、二校要由责任编辑逐字、逐句地校对，并对已校出的错误跟踪复核；三校由主编把关，对整个版面和重点内容进行调整、审核。

（5）交付印刷。报纸的印数、用纸等要充分考虑受众面、档次及成本、经费的情况。报纸印出来后，还要进行认真检查，确认无误后，再予以发放。

（6）存档。每期报纸都要留有一定的数量存档，以备查阅。每年年底，还可以将全年的报纸制成"合订本"，分送给重要的部门和客户。

3.内容和栏目的策划

内容和栏目的策划是办好企业内部报纸的关键，包括：

（1）内容要及时、准确、有深度，尤其是涉及企业的经营管理决策和重要人物的新闻，不能出现错误，以免误导员工或造成不良影响。

（2）栏目要追求多样化，在突出版面主题的前提下，每期都要有所不同；内容要新颖，以贴近员工的工作、生活为主，可以设立诸如"双语文章""疑难解答""热点话题讨论""生活小百科""猜谜语""明星小档案"等栏目，与员工产生良性互动，激发员工的参与热情。

（3）文章要以宣传正面典型为主，弘扬优良的企业文化。即使对不良现象进行批评时，也要注意表达方式，可以以幽默、图片、讨论等形式进行劝导。

4.发放

这是使企业内部报纸发挥应有效果的保障。发放的地点主要有：

（1）客人经常驻留的地方，如前台、会议室、企业大堂等处。

（2）员工经常驻留的地方，如员工通道、员工食堂、员工宿舍等处。

（3）邮寄给重要客户、上级机关、友好单位、新闻媒体等。

重视企业内刊创办，是企业领导者和思想政治工作者开展工作的有效手段，是企业文化建设进步的成果，也是交流意识和企业内部人文思想意识的觉醒。万事万物皆文化，相信在拥有一份优秀企业内刊的企业里，它的企业文化建设必定会如虎添翼，它的企业文化、企业精神也必定会传承不衰。

[项目测试]

一、简答题

1.简述企业文化传播内容与范围。

2.企业文化传播载体有哪些？

3.简述企业文化传播过程与时机。

4.为什么说企业文化传播仪式感很重要？

二、案例分析题

"卖萌"的三只松鼠

三只松鼠股份有限公司是一家主营坚果、干果等休闲零食的电子商务公司。2012年，三只松鼠在成立初期首次参加"双11"便获得了食品电商行业销量第一的成绩。八年来，三只松鼠树立了自己的品牌文化，开展了企业形象与品牌建设。

包装是无声的推销者，不仅将产品推销给顾客，也将品牌与企业形象传达给顾客。三只松鼠通过产品包装、官网形象包装、快递包装等传达企业的品牌文化。在产品包装上，以品牌吉祥物作为主体形象，生动可爱，引人瞩目。在官网形象包装上，三只松鼠构建了独特的、具有梦幻感的松鼠世界，并在首页突出其品牌文化。在快递包装上，三只松鼠采用印有松鼠头像的"鼠小箱"作为外包装，突出主打元素，实现品牌推广。

三只松鼠称顾客为"主人"，提高客户体验，其体验营销主要体现在线下投食店的设立。目前已设有70家线下投食店，投食店设计独特，打造森林系主题，体验感十足，摆放有巨型松鼠，给顾客留下了深刻的品牌印象。

三只松鼠的娱乐营销主要体现在影视植入，《欢乐颂》中邱莹莹手中的必备零食，《小别离》中与张小宇的捆绑出镜等。不是没有感情的硬植入，而是抓住消费者心理，将产品与剧情紧密结合，使顾客不知不觉中记住品牌，加深品牌印象，甚至产生购买欲望，实现了品牌推广。

资料来源　李婷，岳文欣，郭琳琳.三只松鼠品牌推广策略研究［J］.财富时代，2020（2）.

问题：三只松鼠的"主人文化"是怎样传播的？

分析提示：三只松鼠将自身的产品巧妙植入场景，不断创造并满足用户对产品的需求和体验，提升品牌的美誉度和传播力，让消费者对品牌的记忆通过场景为载体体现出来，自然而然地达到传播目的。

[**项目实训**]

实训主题：企业文化传播策划方案

1.内容与要求

（1）学生以6人为一组；

（2）以所在地区某一企业为策划背景，撰写企业文化传播策划方案，必要栏目包括"企业背景分析""企业文化宣传目的""传播宣传项目""费用预算"等。

2.成果检验

在课堂上展示各组方案。

【学习目标】

＊知识目标：

1.掌握企业变革的原因及变革时机，了解企业变革的内容及可能遇到的阻力，掌握企业文化变革的策略和步骤；

2.掌握企业文化融合的内涵及其对策、建议，了解文化融合中常见的问题；

3.掌握企业文化创新的四个趋势；

4.了解文化网络的存在形式、功效及企业文化网络的类型。

＊技能目标：

1.结合企业的实际情况，运用不同的企业文化融合模式；

2.掌握企业内部刊物及报纸的编制技巧。

引例

可口可乐的创新文化

《福布斯》杂志发布的"2018年全球最具创新力企业百强榜单"显示，可口可乐公司凭借创新溢价的强势预期，成功入围榜单并名列第53位。

长时间加班导致的睡眠不足是诱发"过劳死"的病理原因，而东京是全球最缺睡眠的城市，对此，可口可乐在日本饮料市场推出了一款含有茶氨酸、能够缓解紧张并促进睡眠的"酷乐仕睡眠水"。可口可乐公司的产品开发部门也曾尝试将咖啡粉融入碳酸饮料中，开发出具有提神作用的咖啡味可乐Coca-Cola Coffee Plus。

2016年圣诞节，可口可乐公司在日本推出了拉花瓶，消费者只要轻松拉动标签背后隐藏的拉线，可口可乐的标签就会绽放成一朵色彩艳丽的丝带花，这种别出心裁的包装设计让可口可乐变成了一份特别的圣诞礼物。2019年4月1日，日本内阁官房长官菅义伟公布了日本新年号为"令和"，在新年号推出不到半个小时，东京新桥站前就出现了2 000瓶"令和可乐"，免费领到"令和可乐"的民众很快在各自的Twitter上展示出来。为了迎接2020年东京奥运会，可口可乐公司联合美国电脑软件公司Adobe邀请全球众多艺术家和创意专家以此为题进行包装设计，创作了一系列以日本国旗的"红白"为基础色调，以红日的"圆形"为核心元素的品牌视觉形象。

资料来源　汪帅东. 日本可口可乐创新文化导入路径及启示［J］. 技术经济与管理研究，2020（3）.

这一案例表明：只有不断进行产品创新或者技术创新，才能持续提升企业的硬实力与竞争力，也才能不被市场淘汰。企业文化建设的实践也是这样，必须与时俱进、不断创新。

企业文化创新，是指为了使企业的发展与环境相匹配，根据本身的性质和特点形成体现企业共同价值观的企业文化，并不断创新和发展的活动过程。企业文化创新的实质在于在企业文化建设中摆脱与企业经营管理实际相脱节的僵化的文化理念和观点的束缚，实现向新型的创新经营管理方式转变。

单元一　企业文化的变革

一、企业文化变革的原因

与其他组织变革的发生相似，任何企业的文化变革也有其产生的原因，按照变革动力来源可以分为内因和外因。

1. 企业文化变革的内因

企业文化变革的内因是企业文化本身产生的冲突。

只要存在文化，随着文化的发展，一定会产生冲突，但企业文化冲突不像企业社会文化冲突那样复杂、剧烈，因为企业文化的时间跨度、空间跨度、民族与国家的跨度以及文化冲突的动因都是有限的。企业文化的冲突可能通过矛盾的缓和、转化而直接得到解决，但也可能引发一场文化危机，结果就会产生企业文化的变革。可能产生企业文化冲突，进而产生企业文化变革的因素主要有以下几个方面：

（1）企业经营危机。当企业陷入重大危机时，除了个别的不可抗力或偶然的重大决策失误原因以外，多半有深刻的根源。将这种根源与企业的旧文化联系起来，就会让管理者意识到危机是文化冲突的结果，从而为新文化的形成提供了心理基础。

（2）企业主文化与亚文化的冲突。企业文化包括了一组对立统一的文化——企业主文化与企业亚文化。所谓企业亚文化，相当于企业的副文化，即企业在一定时期里形成的非主体的不占主导地位的企业文化，它是企业文化的补充文化、辅助文化，也可能是企业的对立文化、替代文化。如果目前的主文化是落后的、病态的，适应内外部环境的亚文化在发展的过程中就会受到主文化的打压和限制，就会带来文化冲突，甚至可以取代主文化而成为新的主流文化。

（3）群体文化与个体文化的冲突。企业文化虽然是企业成员共同遵守的价值观和行为规范，但企业文化作为群体文化并不是个体文化的简单叠加，因此个体文化与群体文化的冲突是普遍存在的。在同一组织内，由于不同的利益诉求或者不同的价值观认知，就可能产生个体文化与企业文化之间的冲突。

2. 企业文化变革的外因

企业文化变革的外因是企业主动适应环境变化。

今天企业所面临的经营环境是瞬息万变的，既没有所谓的常胜将军，也没有所谓的万能战略。企业在竞争日益激烈的情况下必须主动地进行战略调整，从行业调整到规模调整，而行业调整和规模调整的过程往往都伴随着文化的转变、冲突和融合的问题。

　　还有一个重要的外因是企业高层管理者的更迭。众所周知，企业文化与高层管理者有密切的关系，因此，高层管理者的更迭是可能引起企业文化变革的另一因素。

案例分析 7-1

IBM 的文化变革

　　IBM 成为百年老店的一大成功要诀缘于企业文化。

　　IBM 由老托马斯·沃森创立，老托马斯·沃森的人生观和价值观包括：努力工作；体面的工作环境；公平；诚实；尊重；无可挑剔的客户服务；工作是为了生活。他秉持的这些观念成为 IBM 最初的企业文化，为公司的快速发展提供了价值指引。

　　小托马斯·沃森子承父业，继承了其父亲的经营理念和作风。在《一个企业的信念》一书中，他结合自己的管理经验和体会，将 IBM 的价值观总结为三句话：尊重个人；追求卓越；服务客户。这三句话一度被称为 IBM 的"基本信念"，让 IBM 公司坚守了几十年，并引领其成为"蓝色巨人"。

　　随着时代的变化，企业文化也需要进行变革。20 世纪 90 年代，郭士纳接掌 IBM，当时公司陷入了困境，甚至有媒体认为 IBM"一只脚已踏进了坟墓"。郭士纳非常清晰地认识到，企业文化在公司发展过程中曾发挥绝对重要的作用，要解救 IBM 必须从改变文化开始，因为时代已经发生了变化。他说："我必须公开坦言文化、行为、信仰——不能含糊其词。"

　　郭士纳深刻认识到，当时阻碍 IBM 发展的正是曾经引领其制胜的企业文化。例如，"尊重个人"理念已演变为奢侈的员工福利，演变成了人人都可以说"不"，以及对不合作制度的支持；"追求卓越"理念演变成为过度追求内部流程的复杂性和完整性，甚至不惜牺牲企业运作的效率；"服务客户"理念也因为企业的市场垄断而被淡忘，变成傲慢和以自我为中心。郭士纳看到，当环境发生巨大变化时，如果组织文化不能相应变革，就会成为组织转型和改变自己适应能力的巨大障碍。

　　资料来源　江滨. IBM 和 GE 的文化变革［N］. 中国航空报，2017-07-20（A05）.

　　问题：我们能够从 IBM 的文化变革中得到哪些启示呢？

　　分析提示：时代在发展，环境在变化，企业文化也要随之进行变革，消除阻碍企业持续发展的旧观念、旧体制，帮助企业克服管理中的突出问题。企业领导人员要始终坚持把传播价值观作为自己的重要职责，不断激发员工的热情和创造力，并且身体力行，塑造企业所需要的职业信仰。

147

二、企业文化变革的时机

　　21 世纪是知识经济时代，知识化、信息化、全球化对企业经营与发展产生了全方位的影响，企业只有变革，才能适应不断变化的环境和企业持续发展的要求。

　　至少在以下五种情况下最高管理层应考虑把重塑新文化当作最主要的工作。

（1）当企业一贯以价值观为动力，而环境正在发生根本变化时，最高管理层应重视重塑企业文化工作。处在已发生急剧变化的环境中的企业，传统的价值观若不改变，将导致严重灾难，或者严重衰退。

（2）当本行业竞争激烈而环境迅速变化时，最高管理层应重视重塑企业文化工作。这实际上就是一种专门应付环境变化的企业文化。在技术或市场领域中可能遭遇迅速变化的任何企业，都应该深入地考虑一下自身的文化，对发展变化持开放观点。要想使一种真正的适应能力制度化，唯一的办法可能就是建立一种反应迅速和具有应变能力的企业文化。

（3）当企业成绩平平或每况愈下时，最高管理层应重视重塑企业文化工作。企业一旦陷入这种状况，就是将要或已经进入了衰退，企业必须着手进行全面改革，重点是要重塑企业文化，先从企业精神上扭转衰退。

（4）当企业确实创业成功或就要成为一家大型企业集团时，最高管理层应重视重塑企业文化工作。随着企业创业的成功和企业规模的扩大，官僚主义会慢慢抬头。此时，原先的文化和支撑它的价值观往往受到威胁，而且如果文化要在向大型企业环境转移的过程中继续生存，有可能需要重新构筑。因此，完成了创业的首次冲刺而转向稳定和成功的大多数企业，都应该暂停下来，深入检视一下自己的文化。

（5）当企业十分迅速地成长时，最高管理层应重视重塑企业文化工作。有时候，新生企业特别是高技术企业成长十分迅速，这就意味着每年需输入大量的新员工，而这些新员工对企业并不了解。因此，迅速成长的企业应该对自己的企业文化是否扎实多多思考。

三、企业文化变革的内容

企业文化的变革是企业所有变革中最深层次的变革，涉及对企业成员从认知到行为两个层次上的改变，具体来讲，主要包括以下几个方面：

1.企业价值观的变革

这种变革既涉及对企业整体的深层次把握，也涉及对企业环境变化的重新认识。在企业价值观中，管理哲学与管理思想往往随着企业的成长和对外部环境的不断适应发生变化。以海尔为例，在海尔全面推行其国际化战略后，创新或者说持续不断创新成为其最主要的经营哲学，在海尔的宣传中，也可以看到以"海尔永创新高"代替了海尔发展早期的"真诚到永远"。

2.企业制度和风俗的变革

企业制度和风俗变革主要包括员工和管理者行为规范的调整，企业一些特殊制度和风俗的设立与取消。比如，有些企业在建立学习型组织的过程中，制定了从员工到管理层的学习制度。当然，这些变化都是为了体现核心价值观的变化，是核心价值观的行为载体。

3.企业标志等符号层的变化

企业标志等符号层的变化多数是为了建立企业文化的统一形象，并树立个性鲜明的企业形象和品牌形象。

数字时代，IBM 重构人力绩效管理

IBM 在全球 170 个国家和地区雇用了约 6 万名员工。在连续 22 个季度收入下降后，该公司在 2017 年第四季度扭转了这一趋势，随后出现了收入增长。其云计算、人工智能、网络安全服务和区块链部门的成立对业务好转做出了贡献，目前约有一半的收入来自新业务领域。事实上，IBM 已经在人工智能和混合云上押下重注，它曾经宣布计划以 340 亿美元收购混合云技术的革新者、开源软件先驱——红帽公司。新的战略方向要求 IBM 改变企业的工作方式和人才管理方式。

面对变革，IBM 做出了一项堪称明智的关键决策：以众包方式与员工共同设计新的绩效管理系统，大幅提高了员工对新设计的参与感。公司对该系统进行了多次迭代和复盘，员工一直参与设计过程。该系统最终版本在 2016 年 2 月正式发布，这是一个更关注反馈而不是评估的绩效管理系统——Checkpoint。通过应用移动 ACE（赞赏、指导和评估），员工可以从上级、同级或下级那里寻求反馈。新的、更灵活的系统允许 IBM 员工全年修改他们的目标。自从 IBM 部署了 Checkpoint 绩效管理系统以来，员工敬业度提高了 20%。事实上，在 IBM 的年度敬业度调查中，员工指出 Checkpoint 是他们在 IBM 工作经历中最大的变化。

资料来源　Kiron D，Spindel B. 数字时代，IBM 重构人力绩效管理［J］. 董事会，2019（11）.

四、企业文化变革所面临的阻力

文化有很强的惯性，变革过程中会遇到各种障碍和阻力。比如，变革对员工来说意味着未来的不确定性，与生俱来的对变化的恐惧心理和反抗心理形成了文化惯性阻力；企业中的既得利益集团在利益受到损害时，为维护自身的利益会反对变革等。因此，企业文化的变革会遭遇来自各个层面和各个方向上的阻力。这些文化障碍表现在以下五个方面：

1.守旧的思维习惯

企业绝大多数员工都喜欢按习惯的方法思考、分析和解决问题，对熟悉的事物有一种亲切感，越是目前效益比较好的企业，员工的创新意识越差。很多人具有守旧的思维惯性，其结果是表现出安于现状的惰性和对学习新知识的抵触，对改变原有工作习惯的恐惧，缺乏学习和创新的积极性。这是企业变革的最大阻力，因为企业变革不只是企业领导的事，它还需要企业全体员工的积极参与。

2.注重个人利益或小团体利益的陋习

许多员工包括部分管理人员把自己定位在打工者的位置上，这种错误的定位导致他们缺乏大局观念和责任感。他们往往会产生失去原有职位的恐惧和失去原有权力的担忧等，出于个人或小团体的利益，对企业变革做出抵触行为或进行谋权活动等，从而阻碍了企业变革。

3.传统企业文化的特有惯性

企业文化是在一定的历史环境中，在企业经济活动和各种文化因素的影响下，在生产经营管理实践中逐渐形成的具有企业特点的共同思想、作风、价值观念和行为准则。传统企业文化的特有惯性是指企业文化具有稳定性，它存在于组织中每个员工的信仰、价值观和规范之中，一旦形成，不容易变化。它是特定环境下的产物，当企业的内外环境发生变化时，企业文化也应随之变革，否则，传统的企业文化就会成为企业生存和发展的阻力。

4.传统企业文化中创新精神的缺乏

由于企业文化的形成本身就是观念和思维方式的同一化，新聘任的员工在原同事的影响、要求或者约束下，会逐渐适应或者效仿企业共同的思维及行为方式等，这种同一化会扼杀员工个性的发挥和创新精神。这实际上就是企业共同价值观与个性理念文化的冲突。如果企业文化缺乏这样的创新精神，就会直接导致企业的发展停步不前。

5.跨文化冲突

经济全球化使企业越来越多地开展跨国经营活动，跨文化管理已经成为中国企业管理的新趋向。随着市场竞争的加剧，企业也在向跨地区、跨行业的横向联合方面发展，同样存在跨文化管理问题。在跨文化企业中，员工的观念、态度和行为上存在差异，这些差异无形中就会导致企业管理中的混乱和冲突，使决策和执行活动变得更加困难。

企业文化的变革阻力是无法完全排除的，但如果在变革实践中探索出一套有效的策略，则可以将变革的阻力降到最小。

企业文化专栏 7-2

老字号的传承和创新

"一块招牌，就是一段传奇。"老字号大都产生于明代或清代。随着商品经济和手工业的发展，在城市中逐渐形成了米市、肉市、布市等行业性专门市场或庙会市场；到了明、清时期，在一些大、中城市中又形成了繁华的商业街区，街区里店铺林立、商贾云集、人头攒动，一大批闻名遐迩、各具特色的老字号就栖身其中。经过长期的竞争和淘汰后，各行各业形成了一些历久不衰、颇受消费者欢迎的产品和服务项目——这就是老字号的缘起。

如今的老字号家族中，绝大多数为中小型企业，大型企业主要分布在食品加工及制造业，有70多家上市公司。一些重焕青春，一些难掩失落，一些无人问津。全国政协经济委员会副主任、商务部原副部长房爱卿介绍说："中华老字号企业中，发展势头良好的占40%，持续稳定经营的占50%，有10%面临发展困境。"

经营失败的原因多种多样：有的是经济体制、运行机制制约，与市场要求脱节；有的是在城市改造过程中失去店铺黄金地段；有的是固守农耕时代经验，难以抵挡现代技术、市场经济的冲击；有的是人才流失、难以为继；有的是知识产权保护不力，生生被"李鬼"击垮；有的是盲目扩张延伸……

另外，在全球化背景下，老字号企业不可避免地会受到"洋字号"的冲击。有学者认为，我们一些伙伴和"洋字号"比，脑子不够灵光，品牌创新不足导致竞争力弱。作为茶叶古国，我们这么多茶叶老字号的销量却比不过"立顿"；几百年历史的"王麻子""张小泉"剪刀，却没有瑞士军刀、德国双立人国际知名度高……这些意见，我们要认真吸取、"有则改之无则加勉"，做好传承和创新的平衡，创新市场营销手段。老字号是国家品牌的一张名片，我们必须担负起时代使命。

资料来源　葛亮亮，王珂. 中华老字号平均140多岁　宁波黄古林工艺品1300多岁了［N］. 人民日报，2018-06-05.

五、企业文化变革的策略和步骤

1.企业文化变革的策略

勒温曾指出，不管是对个体、群体还是对组织的变革，都会经历解冻、变革和再冻结三个阶段。管理者应深入企业的各个部门之中，花费很大一部分时间，尽可能多地与组织中的人员接触。通过频繁的沟通让员工理解新的文化，可以适时地改变不符合新文化的行为和制度。

总而言之，符合企业现实情况的变革才是成功的变革，核心策略主要包括以下四个方面：

（1）理通。推进变革就是要把变革的原因和道理充分地与员工沟通和交流，让员工明白并争取大家的支持，尤其是要培育和创造一种符合企业实际、催人向上的企业精神。如果管理者"一向不会做太多的解释"，会使员工"感觉如坠云雾之中"，那么员工对变革的感受大都是负面的。

（2）情顺。除了让员工理解变革的意图以外，企业变革更要顾及员工的感受，而经常的警告和责骂只能让员工产生更大的反感情绪和抵制心理。

（3）法到。无论如何，员工在变革中肯定会有一些抵触情绪存在，所以，恰当的制度保证是必需的。

（4）人正。企业文化变革推进过程中，领导人以身作则非常重要。要求员工做到的自己首先做到，要求员工不做的自己坚决不做，用良好的形象带动广大员工做好企业文化创新和变革。

2.企业文化变革的步骤

（1）构建清晰的变革愿景和战略。变革推进者要确立合理、明确、简单而振奋人心的变革愿景及相关战略，并将它传达给所有员工，用"理通"的策略让所有人员达成共识，建立责任感和信任感。

（2）组织变革团队。成功的变革领导者会在变革伊始就召集那些有着一定的可信度、技能、关系、声誉和权威的人员，组成一支指导团队来担任变革过程中的推进工作者。

（3）营造危机意识。既然变革对于企业的发展来说是历史发展的必然，那么，除了因客观危机造成的不得不变革以外，企业还要学会营造危机紧迫感，改变员工对待变革的态度，激发他们追求变革、适应变革的内在动力。

（4）创造短期成果。变革推进者要尽可能在变革实施后的最短时间里创造业绩和凸显成果，这样不仅可以使参与者得到激励，更能让员工产生信心和动力。

（5）巩固提升战果。在取得一些短期成果后，团队的信心已经被调动起来，变革措施也开始得到理解和认可。这时，变革领导者绝不能放松努力，而应加紧推进，直到彻底实现组织变革的愿景。

（6）稳固变革成果。变革取得成功后，领导者还需要用较长的一段时间来巩固成果，整个组织还需要不断取得新的成果，以证实变革措施的有效性。

总之，企业文化变革不是轻而易举的，组织在一段时间内会蒙上一层"外壳"而不易改变，人们的观念也会穿上"铠甲"而不愿改变，所以，组织文化的变革会经历阵痛。跨越了这个阶段之后，企业就会形成与新业务和新发展规划相适应的组织文化。

企业文化专栏7-3

倡导企业集体的共识

达成共识只需要做到四件事：共同的事物、共同的语言、共同的行为、共同的感觉。

1.共同的事物。无论是服装、办公室布置，还是公司的VI标识系统，都要给员工明确的共同指示与规范。很多时候人们不关心这些共同的东西，但正是共同的事物让员工可以和组织完全保持一致。

2.共同的语言。语言具有特殊的作用是人们所熟悉的。西方谚语说，世界上最近的距离和最远的距离都在舌头上。这说的就是语言的功效。如果可以让员工有共同的语言，也就让员工之间达成了共识而没有距离。

3.共同的行为。部队是运用共同的行为达成共识的典型。军人会要求自己的一切举止符合要求，无论是步伐、吃饭、训练还是睡觉，这些完全一致的行为举止训练，使得军队形成了强大的战斗力。我们在打造企业文化的时候，也一样需要员工具有共同的行为举止。

4.共同的感觉。给员工以好的感受有着非凡的意义。这样的感觉一旦成为员工的共识，就会发挥出巨大的作用。当一家公司的员工评价公司说"公司对我们很好，我们喜欢这个地方，我们关心公司是因为公司关心我们"，那么这家公司就形成了员工共同的感觉。

资料来源　忻榕，陈威如，侯正宇. 别让企业文化变成一句"空口号"[J]. 销售与管理，2020（1）.

单元二　企业文化的融合

文化发展离不开文化融合，文化融合会产生更为优秀的文化，这是文化发展的规律。企业文化的融合不是简单的文化替代和渗透，而是文化的提升和再造，文化间的共生、共创与共荣成为企业文化融合的必然取向。

一、企业文化融合概述

1.文化融合的含义

文化融合指具有不同特质的外部文化和内部文化通过相互接触、交流进而相互吸收、渗透并融为一体的过程。文化融合是文化调整的方式之一，是两种比较接近的文化体系接触后，原来的文化体系随之消失或改变其形貌，从而产生一种新的文化体系的过程。文化发展历史上的断裂、冲突、融合都是常见的事。文化在发展分化中，由于特殊环境而形成独特的文化。文化在发展交融中，因为交流融合，也在创造新的文化。

2.文化融合的过程

（1）接触。两种文化由传播而发生接触，这是文化融合的前提。

（2）撞击和筛选。每种文化都具有顽强地表现自己和排斥他种文化的特性，两种文化接触后必然发生撞击。文化在撞击过程中进行社会选择，即选优汰劣。

（3）整合。从原来的两个文化体系中选取的文化元素，经过调适整合后融为一体，形成一种新的文化体系，如现代美国文化就是多种文化融合的结果。

3.企业文化融合的内涵

（1）企业文化的融合不是简单的文化替代和渗透。企业兼并首先要解决的就是文化认同问题，即共生、共创、共荣。无论是企业的兼并还是重组，都要让企业每个员工有主人翁的感觉。文化认同得不到真正解决，企业就会产生各种隐患，一旦碰到合适的环境，这种隐患就会爆发出来。所以，企业文化的融合过程实际上是文化的提升和再造过程。文化融合追求整体成功再造，甲、乙两个企业在重组过程中，最后生成的新文化一定是再造的文化，而不是一个简单的"1+1=2"的结果。

（2）企业文化融合首先应立足管理实际。简单地把国家的大政方针，特别是眼前的大政方针拿过来作为自己的企业文化，结果容易造成企业文化泛政治化。不是说国家的大政方针不好，而是很难和企业的经营实际联系在一起，企业文化更多的是要解决特色性的企业文化认同问题。

（3）企业文化融合要正视文化差异、各美其美。两个企业文化在融合过程中，要正视文化差异，不要简单粗暴地用一种文化替代另一种文化。文化传统是几代人传承下来的，简单地忽略这种企业认同，会产生这样或那样的矛盾。每个企业的文化都有历史，要看到不同资源的独特价值。文化只有通过各美其美、美美与共，才能形成文化"合金"，打造出一个"合金"企业文化。"合金"意味着新文化形态的形成，而不是简单的原有文化的相加。

企业文化专栏7-4

电影《功夫熊猫3》的中西文化融合

《功夫熊猫3》是第一部中美合拍的动画片，影片中大量使用了中国元素，吸引了众多的中国观众。影片依然浓墨重彩地凸显中国文化元素，作为以中华国粹"功夫"+中国国宝"熊猫"为最佳组合看点的动作影片，制作组选取了代表中国武术精髓的太极和气功作为熊猫阿宝的"必杀技"。再加上中国古代神话传说中"灵界"的概念，使得整部影片具有浓郁的"中国味儿"。所以，无论是场景设置，还是人物形象设计，或者是故事情节的处理，都能够看到中国元素的痕迹，散发出浓浓的中国传统文化的气息。

《功夫熊猫》每一部影视作品都有一个明晰的主题。第一部讲述主人翁阿宝的"成长与努力"经历；第二部则是在第一部的基础上塑造了阿宝的英雄形象，进行了"复仇与拯救"；第三部最终解开了谜底"我是谁"，即"寻找自我与爱的力量"。这些主题都有传递正能量的教化功能，从中国古典的传统价值观——"邪不胜正"这个角度来看，"正义"战胜"邪恶"需要亲情、友情等爱的力量给予鼓励，依靠集体亲密合作，同时也说明人在危难之际相互之间需要支持和帮助。"做最好的自己"、"责任与勇气"和"正义必胜"始终成为贯穿三部作品的总主题与核心理念，传播了全人类普遍认可的价值观与情感，这类主题在中西方两种文化价值观中不谋而合。

《功夫熊猫3》比前两部作品拥有更为深邃的核心思想。整个系列都在讲述阿宝的成长，阿宝找到了生父，似乎就拥有了"中国灵魂"，他寻找着"本我"，安放"心灵"，解开了"我是谁"之谜。阿宝来到熊猫村，回归自然，"家族本位"的思想引导他完成了自己的转变。打败敌人的关键不再是仅凭个人的勇敢、坚持和"必杀技"，而要依靠家族、亲人和朋友的支持，这与中国传统儒家思想中的"修身齐家治国平天下"不谋而合。故事在关于冷静、乐观和寻找本心等哲学命题上的探讨，也吸取了传统佛学、道家等古典文化中的思想和情怀。

《功夫熊猫3》表层结合了中国风元素和美国流行文化，内核又讲述了中国传统价值观和美国精神，只有在本土传统文化与世界现代流行文化之间找到平衡，同时将各种元素成功糅合在一起的作品，才能在全世界不同民族、不同文化背景的观众中引起共鸣。

资料来源　梁钊华，赵丽玲. 电影《功夫熊猫3》的中西文化融合 [J]. 湖北工业大学学报，2017（3）.

二、文化融合中的常见问题

1.集而不团，忽视文化跟进

虽然整体的协调到位了，但是企业的文化变革没有跟上，常常导致企业文化融合"出师未捷身先死"。很多时候，在企业的运作过程中，各部门的办事风格和部门文化存在着一定的差异，由于部分文化风格和企业的整体文化风格有着一定的差异和区别，因此容易导致文化的融合和统一在很多时候仅停留在表面上，没有深入地跟进和贯彻。

2.漠视员工归属感和文化认同

对于文化认同的问题，企业的老板不应以一种强势的行政命令方式来解决。因为企业文化是一种"塑心"工程，即塑造心灵的工程，而制度不一样，制度是"束身"

工程，即制度是约束规范人的身体行为，所以文化的提升是从身体到心灵的提升工程。同时，文化认同是最难做到的，因为文化认同要大家从内心拥戴企业的价值观。与员工的心理沟通需要时间，对员工精神境界、思想观念的塑造也是一个非常难的过程。

3.貌合神离，形连心不连

好多企业重组后又各奔东西，最后也没有真正地解决心理的沟通和认同问题。貌合神离，说明企业文化建设没有落到实处。因此对于企业文化的灌输和深入，一定要按层级做好员工的思想工作，使企业上下对文化融合的问题统一认识，让其对企业的变革调整和文化的融合产生服从的心理，该工作对于企业管理者而言，无疑是一项较大的挑战和考验。

4.文化传统、资源的流失

应通过有效的途径把我们的传统资源保持住，一个社会越走向现代化，它越有一种文化的记忆，而这种文化的记忆是让一个人心理认同的外在标志性的东西。例如，我们可以通过一些电子手段，把企业的旧厂房拍下来，建一个数字化的档案馆，留给后代一些生动的回忆；另外，也可以让一些老员工讲讲过去，留些音像资料，形成企业记忆。历史很重要，而人一走就把这段历史全部带走了，要进行抢救式管理。文化的最大特点就是它的时间性，它是和记忆、历史连在一起的，有历史的文化才能够得到大家的认同。

三、文化融合的对策建议

1.培育核心价值观、愿景

在企业文化的建设过程中，最急需解决的就是企业核心价值观和企业愿景的塑造。企业应确立一个非常独特的、能真正体现企业性格的企业精神。企业精神和企业价值观的内容是企业文化的精髓、企业文化的核心，人们往往对在企业再造中改变企业精神心存疑虑，担心这样做会对企业的整体产生影响。

2.包容、理解和信任机制的建立

文化需要包容，一定要认真面对我们所整合的企业文化资源，考虑员工的感受。在国家与国家的交流互通中，强势文化要考虑弱势文化的感受，企业与企业之间也是如此。再造企业文化要特别关注弱势文化方的感受，比如兼并了一个小企业，但小企业也有历史，也可能具有深厚的文化传统，只有建立包容、理解和信任机制，才能做到良好沟通。

3.打造文化融合的优秀团队

文化重组后，为了让新的文化尽快实现文化再造，可以在企业中成立一个试验区，从一个车间或班组开始，首先把优秀文化示范性成果展示出来，并流传下去。

4.建立有效的文化沟通渠道

一旦在文化重组中出现文化冲突、文化摩擦，应该有一个文化沟通的渠道，不要把文化冲突和摩擦的情绪积累下来，企业应在一些细微的方面及时化解矛盾、化解文化冲突，减少文化摩擦。

————————

企业在"一带一路"建设中的文化融合

2017 年 5 月 14 日，习近平主席出席"一带一路"国际合作高峰论坛开幕式并发表主旨演讲，在谈到"民心相通"时，他指出："国之交在于民相亲，民相亲在于心相通。"

"一带一路"沿线国家由于区域不同，所属的民族、信仰不同，呈现出不同的政治、经济、法律、安全环境以及语言、历史文化、风俗习惯等，给企业的经营理念、管理思维、行为方式、人际关系等带来较大影响。比如：西方发达国家强调合法合规，注重逻辑、效果；阿拉伯国家和地区在商务活动中更重情感、讲交情；非洲国家则关注人与人的关系，将感情、神灵象征等放在首位。针对这些区域文化特点，需要找到与之相适应、相匹配的管理模式和行为方式，形成既能实现经营目标，又能促进融合的管理文化。

中国电力建设集团承建的巴基斯坦 PKM 高速公路，是"一带一路"倡议及"中巴经济走廊"建设的首批落地项目。面对当地雇员的宗教信仰，该公司表现出了最大程度的尊重，在营地里修建了清真寺并在工作中留足时间，方便雇员一天五次的礼拜。每年的斋月里，考虑到雇员的身体状况和工作配合问题，特意修改了作息时间，避开高温时段户外作业。为了使当地雇员在项目结束后依然能有好的去处，项目部为各种岗位的雇员制订了不同的培养方案，通过中巴员工"一对多"师带徒、高级雇员提升性管理培训等多种方式，为当地雇员提供了有效的学习途径。

资料来源　王志江.以一流的企业形象当好"一带一路"文化融合的桥梁 [J]. 企业文明，2020（10）.

问题：国有企业在经营中如何建立促进融合的管理文化？

分析提示：国有企业在推进本土化经营的过程中，注重培育既有"国际范"，又有"当地味"的企业管理理念，同时也积极适应当地文化的行为方式，充分尊重当地风俗习惯，缩短心理距离。

四、文化融合的模式

企业文化融合包括四种模式：注入式（也称替代式）、渗透式（也称融合或整合式）、改造式（也称改进或促进式）、分离式（也称隔离式）。

1.注入式文化融合模式

注入式文化融合模式是指合资一方（多是取得合资企业控股权的一方）以其强势文化注入合资企业，而他方则全盘接受，使合资企业文化成为该强势文化的延伸。这种模式多在强势组织与弱势组织合资合营时采用。

2.渗透式文化融合模式

渗透式文化融合模式是指合资各方在相互学习和吸收他方文化优点的基础上，各自进行不同程度的调整，相互渗透、相互融合，使各种不同背景的文化最终融合成一种能被各方认同、被员工接受、具有合资企业鲜明特色的新型企业文化。这种模式多在合资各方都具有优秀的企业文化，且都欣赏他方企业文化的优点，乐意调整自身文化中的一些不足的情况下采用。

3.改造式文化融合模式

改造式文化融合模式是指合资各方企业文化的优、缺点都相对突出，为了避免优质文化和劣质文化产生相互抵消的现象，既要改进优质文化，增加其强势，又要改造劣质文化，削弱和遏止其影响力，使合资企业形成一种新型的、强势的优质文化，以强化合作关系，促进企业发展。这种模式由于要在内部进行一些改革，将触动某些团队或个人的利益，转变他们的观念，因此往往会受到很大阻力。

4.分离式文化融合模式

分离式文化融合模式是指各方文化背景和企业文化风格截然不同，甚至相互排斥或对立，这给文化融合带来了极大的难度，可能会付出较大的代价。因此，一段时间内或某个特定区域内如果能保持各方文化的相对独立，避免文化冲突被激化，反而更有利于企业的发展。但这毕竟是权宜之计，通过较长时期的潜移默化和人员的调配重组等方式，合资企业最终仍应形成不再相互排斥、风格趋于大同的企业文化。

这四种文化融合模式并非完全独立，而是相互转化、相辅相成的，甚至可以多管齐下加以运用。

案例分析 7-3

海尔并购三洋　10多年缘分终成眷属

在并购三洋之前，海尔是最早竖起国际化旗帜的中国企业。三洋有着60多年的发展历史，在日本家电市场占有一席之位，其产品涉及的领域较为广泛，但在海尔并购三洋之前，三洋已经长时间呈现亏损状态。海尔看中了三洋优秀的研发能力以及其在东南亚的市场，希望可以与三洋形成资源上的优势互补，提高自己的竞争力，实现海外资源快速扩展和整合。

海尔收购三洋属于横向跨国并购，两者都是各自国家的知名家电企业，双方对家电行业都较为熟悉，没有跨行业并购行业认知上的困难。三洋电机是日本本土耳熟能详的品牌，在当地具有很高的文化认同度，人们的思想很难转变过来，并不会轻易接受新的海尔文化。因此二者需要相互借鉴，取长补短，本着友好的态度积极沟通，力求破除文化差异，实现互补。从海尔成功并购三洋电机的过程可以看出，海尔早在并购之前就开始接触三洋，双方有着接近10年的合作关系，并且在销售渠道、生产技术、人员交流上提前有所了解，合作双方并不陌生，对彼此的企业文化具有初步的认知。

并购完成后，海尔将日本的酒文化融入管理中，运用酒文化与企业员工拉近了距离，通过酒与他们深入沟通交流。此外，海尔推出了退休人员再雇佣制度，把关于奉献、团队合作、个人创新的海尔文化带到日本，在日本生根。海尔并购三洋后，企业文化整合取得了初步成功。

资料来源　刘青．企业跨国并购文化整合研究——以海尔跨国并购为例［J］．特区经济，2019（2）．

问题：从这个案例中能够获得哪些启示？

分析提示：该案例带来的启示包括：（1）跨国并购前需进行必要的文化调查，调查内容既要包括企业文化，还要包含对方历史文化、生活风俗习惯、大致的价值观等；（2）建立相应的文化协调沟通与企业文化培训机制，提高企业员工对新文化

157

的认识并推行员工激励制度；（3）树立共同目标与愿景，可以凝心聚力，激励员工向着共同的目标奋进。

单元三　企业文化创新的实践

面对日益激烈的国内外市场竞争环境，越来越多的企业管理者不仅从思想上认识到创新是企业文化建设的灵魂，是不断提高企业竞争力的关键，而且逐步深入地把创新贯彻到企业文化建设的各个层面，落实到企业经营管理的实践中。

一、企业文化创新的含义

企业文化创新，是指为了使企业的发展与环境相匹配，根据本身的性质和特点形成体现企业共同价值观的企业文化，并不断创新和发展的活动过程。企业文化创新的实质在于企业文化建设中突破与企业经营管理实际脱节的僵化的文化理念和观点的束缚，实现向贯穿于全部创新过程的新型经营管理方式的转变。

二、企业文化创新的重要性

1.企业竞争的核心在于企业文化

继技术竞争、管理竞争、营销竞争、品牌竞争之后，现代企业竞争的核心转移到企业文化方面。企业文化能使企业保持长久的竞争力，企业文化创新也由一种全新的文化理念转变为对提高企业竞争力有决定作用的新型经营管理模式。企业文化有助于增强企业的凝聚力，增强产品的竞争力。企业文化的核心是思想观念，它决定着企业员工的思维方式和行为方式，能够激发员工的士气，充分发掘企业的潜能。一个良好的企业文化氛围建立后，它所带来的是群体的智慧、协作的精神、新鲜的活力，这就相当于在企业核心装上了一台大功率的发动机，可为企业的创新和发展提供源源不断的精神动力。

2.企业文化创新是企业可持续发展的重要依托

现代企业文化更紧密地把企业文化活动与企业的实际收益联系在一起，或者说直接挂钩。因此，它在企业中的地位就愈发重要和突出。当企业内外条件发生变化时，企业文化也相应地进行调整、更新、丰富、发展。成功的企业不仅需要认清发展环境，还要有意识地依托合适的企业文化应对挑战，只有这样才能在激烈的市场竞争中靠文化带动生产力，从而提高竞争力。

文化创新会直接作用于人的观念意识、思维方式，进而影响人的行为。一个企业无论实力多么雄厚，它的企业文化建设一旦停滞不前，失去了创新的动力，这个企业的发展必将会成为强弩之末。

案例分析7-4

TCL变革创新的文化基因

近年来，TCL在全球化的过程中遭遇到了很大的困难和挑战。2004年，TCL并购汤姆逊彩电业务，但彩电很快从显像管转到显示面板，而汤姆逊的专利几乎全部集中于显像管，一大堆专利技术很快就失去了用武之地。

2014—2016年是TCL发展的停滞期，企业需要为发展注入新的动力，需要新一轮的变革创新，但是其2014年的转型行动没有成功。越有历史的企业，被大企业并购的概率就越高，越需要全体员工对外部的变化灵活应对，这样才能保持企业的活力。这轮变革的成果在2017年初步显现出来，2018年，TCL又经历了持续的改善。如果不是企业有变革创新的文化基因在推动，TCL可能就很难走到今天。

如今，面对全球竞争，TCL的战略更为清晰，简单来说就是要聚焦资源、集中资源，聚焦在主要的产业上。2017年之后的一年半时间里，TCL大概重组、剥离了30家企业，同时进行了企业组织机构的调整，倡导"简单、高效"，就是优化组织流程，提高效率。经过这一轮变革，企业高管团队平均年龄下降了5岁，各个层级的干部年轻化取得了很大的成绩。

资料来源　李东生. 若不是变革创新文化基因的推动TCL很难走到今天［J］. 中国商人，2020（5）.

问题：TCL为什么要进行组织调整？

分析提示：组织调整的结果会让受到不利影响的人尽量减少。该行动得到了更多人的支持，也减少了企业创新的阻力。

三、企业文化创新与管理创新、制度创新的关系

1.管理创新首先要推行文化创新

管理的方式与文化总是密切相关的，企业进行管理创新，必须先推行文化创新。企业要进行管理创新，必须变革约束创新的思维、观点，打破现有文化模式。为了在新的竞争环境中求生存、谋发展，企业必须进行一场深刻的、彻底的管理变革，这就涉及深层次的方面。企业管理理念化、企业精神等方面根源于企业经营者的思想深处，要求企业必须创新建立健全具有自身特色的企业文化。

2.制度创新的基础就是文化创新

没有文化的创新，制度创新就是一句空话。企业在深化改革、完善企业制度的过程中，应切实重视企业文化的建设，把创新与企业文化结合起来，以企业文化创新为载体推动制度创新，真正为企业注入持久的文化推动力。制度创新是企业文化创新的主要现实表征。其中两类制度创新比较重要：一是对内部员工的激励导向制度的创新，比如工资制度、福利制度、培训制度、考核制度、干部制度、招聘制度等；二是对业务流程和制度的创新。

四、企业文化创新基本思路

企业文化创新要以对传统企业文化的批判为前提，对构成企业文化的诸要素，包括经营理念、企业宗旨、管理制度、经营流程、仪式、语言等进行全方位系统性的弘扬、重建或重新表述，使之与企业的生产力发展步伐和外部环境变化相适应。

1. 企业领导者观念的转变

企业文化创新的前提是企业经营管理者观念的转变。因此，进行企业文化创新，企业经营管理者必须转变观念，提高素质。

（1）对企业文化的内涵有更全面、更深刻的理解。要彻底从过去那种认为搞企业文化就是组织唱唱歌、跳跳舞，举办书法、摄影比赛等的思维定式中走出来，真正将企业文化的概念定位在企业经营理念、企业价值观、企业精神和企业形象上。

（2）积极进行思想观念的转变。要从原来的自我封闭、行政命令、平均主义和粗放经营中走出来，牢固树立适应市场要求的全新的发展观念、改革观念、市场化经营观念、竞争观念、效益观念等。

（3）全面提高管理能力并拓展管理视野。要认真掌握现代管理知识和技能，积极吸收国内外优秀的管理经验，并且在文化上积极融入世界，为企业走国际化道路做好准备。

（4）强烈的创新精神。思维活动和心理状态要保持一种非凡的活力，紧盯国际、国内各种信息，紧盯市场需求，大脑中要能及时地将外界的信息重新组合构造出新的创新决策。

2. 企业文化创新与人力资源开发相结合

（1）加强企业文化相关内容培训。全员培训是推动企业文化变革的根本手段。企业文化对企业的推动作用得以实现，关键在于全体员工的认同与身体力行。为此，在企业文化变革的过程中，必须注重培训计划的设计和实施，督促全体员工接受培训学习。

（2）制定激励和约束机制予以强化和保障。相应的激励和约束机制是企业文化创新的不竭动力。价值观的形成是一种个性心理的累积过程，这不仅需要很长的时间，而且需要给予不断强化。新的企业文化的建立和运行过程必须通过相应的激励和约束机制予以强化和保障，使之形成习惯并稳定下来。

（3）增强团队凝聚力。顽强的企业团队精神是企业获得巨大成功的基础条件。要把企业成千上万名员工凝聚起来，只靠金钱是不够的，企业必须具备共同的价值观、目标和信念。对共同价值的认同会使员工产生稳定的归属感，从而吸引和留住人才。

企业文化专栏 7-5

Apple 追求卓越的创新文化

Apple 摒弃了普通的卓越价值观，认为追求卓越就是不畏权威、勇敢挑战、独树一帜、我行我素。乔布斯提出的"'做海盗'胜过加入正规海军""Think Different"等口号，就是该价值观的典型体现。Apple 的产品不遵从特定的行业标准，选择了完全不兼容 Windows 系统，这与乔布斯追求完美和卓越，提供最完美的客户体验的核心价值观直接相关。

对于客户至上，Apple 认为客户的需求是简单和易于操作，这与索尼、戴尔、微软等公司认为客户至上就是产品带给客户精彩纷呈而复杂功能的理解有所不同。在客户体验至上理念的指引下，有了图形界面和鼠标在Mac上的应用、触摸式滑轮在iPod上的应用，有了手指拉伸就可以放大图片的iPhone和iPad。为了让客户在使用上更便捷，或者不误用按钮，Apple重视细节，甚至简化按钮的颜色、数量。

注重培养员工主人翁的责任感。除采用股票期权的方式外，在招聘时就通过各种方式给员工灌输"每位员工都是Apple创新的一分子"的理念，让员工们认为自身的贡献对于公司的发展和创新过程都非常重要，每个员工都是Apple改变世界的重要力量。乔布斯认为培育员工的主人翁意识是创新战略的重要组成部分。

资料来源　丁宇. 创新型企业文化对企业成长的影响——基于3家创新领先企业案例的研究［J］. 科技导报，2020（15）.

3.建立学习型组织

建立学习型组织和业务流程再造，是当今最前沿的管理理念。为了在知识经济条件下增强企业的竞争力，世界排名前100家企业中已有40%的企业以"学习型组织"为样本进行脱胎换骨的改造。成功的企业将是学习型组织，学习越来越成为企业生命力的源泉。企业要获得生存与发展，提高核心竞争力，就必须强化知识管理，从根本上提高企业综合素质。

五、企业文化创新趋势

企业文化创新，现已成为提高企业竞争力的一种重要方式。当前，国内企业文化创新出现了一些新趋势。

1.确立双赢价值观的趋势

在传统市场经济条件下，企业奉行非赢即输、你死我活的单赢价值观。这种价值观既有迫使企业实现技术和产品更新的驱动力，也有滋生为打垮对方而不择手段以致恶性竞争的弊端。以高科技为基础的知识经济的崛起，在使这种狭隘价值观受到致命冲击的同时，也催生出与新的经济发展要求相适应的双赢价值观。一个企业只有奉行双赢价值观，才能不断地从合作中获得新知识、新信息等创新资源，提高自身的竞争实力，从而在激烈的竞争中左右逢源，立于不败之地。

2.选择自主管理模式的趋势

传统的企业管理模式，将人视为企业运营过程中按既定规则配置的机器零件，忽视人的自主精神、创造潜质和责任感等主体能动性；在管理过程中，较多地依赖权力、命令和规则等外在的硬约束，缺乏凝聚力。随着市场竞争的深化，人的主体价值在企业运营中的作用日益重要，旧的管理模式越来越难以适应新的竞争形势，而体现人的主体性要求的自主管理模式逐渐成为企业的自觉选择。

3.既重视高科技又"以人为本"的趋势

高科技可以在一个阶段成为企业制胜的法宝，但更深层次的竞争最终体现在理念方面，"科技以人为本"这句话就包括了这层意思。随着高科技的发展，现代人对生产和消费产生了日益强烈的人性化要求。在这一背景下，企业创新只有把高科技与"以人为本"密切结合起来，才能提供既有高科技含量又充满人性关怀的新产品、新服务，才能开拓新的市场空间。否则，企业即使兴盛一时，终究会因受到消费者的冷落而退出历史舞台。

4.提高企业家综合素质的趋势

实践证明，企业家只有具备了融通古今中外科技知识与人文知识、管理经验与民风习俗，善于应对各种市场变化的智慧，才能具备不断创新的实力，掌握市场竞争的主动权。

[项目测试]

一、简答题

1.简述企业文化变革的原因和内容。

2.企业文化变革的策略和步骤是什么？

3.简述企业文化融合的内涵。

4.企业文化融合的四种模式是什么？

5.企业文化创新的四个趋势是什么？

二、案例分析题

从B站跨年晚会看文化融合与媒体融合

2019年12月31日，在Blibli（以下简称"B站"）成立10周年之际，一场B站与新华网联合制作的名为"2019最美的夜"的跨年晚会，让B站成为第一家举办跨年晚会的网络平台。2019年12月31日当晚，收看B站跨年晚会直播的观众超过1亿，弹幕超过84.5万条。这场跨年晚会凭借其高水准的制作和将不同文化融合在一起的节目内容成功"出圈"，也尝试了小众媒体与主流媒体融合的新模式。

党的十八大以来，我国不断强调要大力传承中华优秀传统文化、赋予中华优秀传统文化时代内涵。随着科技的飞速发展，5G、8K、AI、VR等高科技广泛运用到各个领域。B站跨年晚会上，民乐大师方锦龙带来的两个节目将传统文化与现代文化的结合表现得淋漓尽致。在第一个节目中，他与用AR技术呈现出来的虚拟偶像洛天依一起合作了中国传统民歌《茉莉花》，在演唱时，使用全息投影技术让舞台百花齐放，营造出了美轮美奂的舞台效果。在第二个节目中，方锦龙用高音琵琶、锯琴、尺八等多种中国传统乐器与乐团一起演奏了《十面埋伏》《沧海一声笑》《魂斗罗》《教父》等多部世界知名影视作品曲目，给观众带来了一场长达11分钟的视听盛宴。交响乐团演奏影视配乐很常见，但用民族乐器，尤其是使用并不常见的民族乐器来演奏现代影视配乐，让不少观众感到惊喜，观众纷纷在弹幕中评论"这就是文化自信"。

B站这场跨年晚会，真正做到了"高雅文化不晦涩，大众文化不低俗"，既让观众得到了艺术熏陶，同时获得了跨年的狂欢与仪式感的氛围，在保留B站小众个性的同时，彰显了文化多元融合的魅力。

资料来源　翟元堃．从B站跨年晚会看文化融合与媒体融合［J］．西部广播电视，2020（19）．

问题：传统文化与现代文化相融合有何意义？

分析提示：传统文化与现代文化融合，为传统文化赋予了时代内涵，让青年群体能够了解传统文化、喜爱传统文化，激发观众的民族自豪感，推动对优秀传统文化的保护与传承，有助于将中华优秀传统文化转化为实现中华民族伟大复兴、构建"人类命运共同体"的强大精神力量。

［项目实训］

实训主题：用易企秀制作企业（班级）文化宣传片

1.内容与要求

（1）每5名学生组成一个小组；

（2）收集H5企业文化宣传资料并分类整理；

（3）学习H5产品制作软件——易企秀；

（4）收集制作素材：内容涵盖企业重大事项、行业动态、员工生活、生活资讯、最新通知等，可个性化增加其他相应的内容。

（5）策划宣传主题，并完成制作。

2.成果检验

课堂公开展示，并在校园内进行评比展示。

中国特色企业文化

【学习目标】

＊知识目标：

1.掌握中国传统文化对企业文化的影响；

2.理解中国文化建设的特点；

3.了解中国企业文化的认识误区；

4.明确中国企业文化建设的主要问题。

＊技能目标：

能够收集指定企业的企业文化相关素材并进行案例分析。

引例

曹德旺：说实话　做善事

2019年春节过后，受疫情影响，不少企业纷纷告急，桔子酒店创始人吴海的一句"魅KTV公司账上有1 200万元，但在连续3个月不开张的情况下，每月支出超过500万元的魅KTV必将关门大吉"在网络上迅速传播开来。当舆论风向倾向钦佩吴海道人所不敢道、言人所不敢言时，曹德旺说出了自己的观点："没有几个企业的账面资金会超过3个月，扛不过3个月是你自己的事情，企业必须自救。"他们说的都没错，只是很少有人像曹德旺这样敢直接地讲出来。

很多人知道曹德旺是在2010年的玉树抗震救灾活动上。当时在中央电视台演播大厅举行的这场活动为青海玉树募捐到21.75亿元，其中1亿元来自曹德旺，这让他成为当时的"中国第一捐"。有报道指出，曹德旺已累计捐款达110多亿元。这次疫情，曹德旺名下的河仁慈善基金捐赠1亿元，通过福耀集团在海外的渠道从各国购买了242万件物资，价值超过1 000万元。曹德旺本想把钱款全部以抗疫物资的形式捐赠，但疫情伊始，他问遍了德国、韩国等多个国家，都无法购买。这让他深深地感受到，中国必须有也应该有一个长期繁荣昌盛的传统产业，否则中国经济就无法实现独立自主。这也是他一再强调制造业才是救国之本的原因之一。2013年，中国全面小康论坛将"致敬时代人物"奖授予曹德旺。

几十年如一日，曹德旺依然在坚持说实话，做善事。无论是挣钱还是捐钱，曹德旺的理念只有一条：国家会因为有你而强大，社会会因为有你而进步，人民会因为有你而富足，这是企业家必须拥有的境界和情怀。

资料来源　袁帅.曹德旺：说实话　做善事［J］.小康，2020（19）.

这一案例表明：曹德旺自幼深受中国文化的熏陶，在他身上充分体现了开放包容、刚毅拼搏、诚实守信、家国情怀、智慧通达等中国企业家的特质。

单元一　中国企业文化特点

中国传统文化是以儒家文化为核心，博采道、佛、法、兵、墨等各家之言的多元传统文化。传统文化中的优秀思想对中国企业文化的建设有着深远的影响，主要特点表现在以下几个方面：

1.集体主义和团队精神

中国传统文化重视集体主义的力量，其有利于在企业中培育忠诚的企业文化和团队精神，有助于形成团队凝聚力和竞争力，有助于企业整体目标的实现。在中国企业文化中，员工重视集体的力量，希望通过集体的努力实现个人的愿望，在团队中看重的是长期的结果和长远的利益。

2.以人为本的思想

中国传统文化中蕴含着深厚的人本思想。首先，把人看成是天地万物的中心，深信人是价值的源泉。其次，强调"爱人"思想。孔子把"爱人"作为"仁"的重要思想内涵，而"仁"则是他学说的唯一原则和最高道德标准，强调无私奉献、舍己为人的精神思想。墨子也提出"爱人若爱其身"的思想，主张要像爱自己一样爱别人。中国传统文化中的人本思想在企业里就体现为"重视人、尊重人、相信人、培养人"的人本文化。

企业文化专栏8-1

从"顾客至上"到"员工至上"

拥有极佳服务口碑的海底捞公司，对员工十分体贴和慷慨。海底捞的员工大多数来自乡镇，属于文化程度较低的80后、90后新生代群体，而海底捞一直秉持着"人人平等"的价值观，为员工提供畅通和公平的职业发展通道。员工的工资在行业内虽然只是中等偏上，但福利很好。比如，让员工住在配套设施齐全的小区，雇用专人打理宿舍，提供专项基金给员工及其直系亲属治疗重大疾病，让优秀员工带父母免费旅游。这一系列的支持就是资源补偿，让员工能发自内心愿意为顾客提供最好的服务。

资料来源　孟亮，鲜琦.告别情绪耗竭：从"顾客至上"到"员工至上"[J].清华管理评论，2020（9）.

3.求真务实精神

在中国传统文化中，儒家、道家和法家的文化都表现出了鲜明的求实精神，如儒家的"经世致用"思想、道家的"无为无不为"观念、法家的"奖励耕战"做法等。中国传统文化中的求实精神，首先表现在积极入世的人生态度，重视环境对人思想的作用；其次是朴实无华的民族性格，讲究踏踏实实的经商治学，重视内涵修养。

4.和谐发展的思想

中国传统文化重视天人和谐的思想，在对待人与自然关系的问题上，比较重视人与自然的和谐发展，把人生处世的理想目标确立为"天人和谐"，重视人与人、人与自然的平衡，追求管理的和谐与稳定。受这种观点影响，中国企业会运用适度的原则，以保证经营管理活动的准确性、合理性，有意识地避免企业经营管理中的极端思想，遵守自然规律，保护生态平衡，使人和自然融为一体。

企业文化专栏8-2

中国文化的精髓——"和合"文化

中华文化源远流长，瑰丽灿烂。"和""合"二字最早见之于甲骨文和金文。"和"的初义是声音相应和谐；"合"的本义是上下唇的合拢。"和合"这个词，较早见于《国语·郑语》中：商契能和合五教，以保于百姓者也。

秦汉以来，"和合"概念被普遍运用，"和合"思想自产生以来，作为对普遍的文化现象本质的概括，始终贯穿于中国文化发展史的各个时代、各家各派之中，而成为中国文化的精髓和被普遍认同的人文精神。"和合"文化的基本内涵从"和"与"合"两字字面上就可以体现出来，概括起来主要是两方面：一是承认各个事物各不相同，比如阴阳、天人、男女、父子、上下等，相互不同；二是把不同的事物有机地合为一体，如阴阳和合、天人合一、五行和合，等等。和合的范畴显然比和平、和谐或合作、联合的内涵更为丰富，外延更为广泛，层次也更深入。到了现代，"和合"文化最为显现的定义就是"和谐"二字，只有重视"和"与"合"的价值，保持完满的和谐，万物才能顺利发展。

资料来源 编者根据相关资料编写。

5.求索开拓精神

中华民族有着很强的求索和开拓精神，具体表现在反抗强暴、至死不屈的品格上，在危急关头挺身而出、为探索真理锲而不舍，以及为国为民奋斗不息的性格。屈原的"吾将上下而求索"就是这种精神的凝结。正是传统文化中的开拓创新精神激励着中国企业探索创新途径，开拓市场，推动科学技术的进步。

6."修己安人"的企业家精神

中国传统哲学认为，企业家必须重视自我修养，从自身的修炼开始，"修身、齐家、治国、平天下"，这样才能有益于社会，才能管理好企业。企业家修身正心包含了"仁""德""智"等各方面的修养，要成为道德表率，通过言传身教的方式，借助有形的教育和无形的感化影响员工，从而达到管理上"安人"的目的。

7.勤劳自强精神

数千年来，以农业为主的中华民族劳动人民形成了勤劳勇敢、淳朴务实的精神，同时也形成了忍辱负重、自强不息的民族性格。在现代企业文化中培养勤劳自强的民族传统，对中国企业的发展壮大、开拓创新具有重要意义。吃苦耐劳、勤俭节约的美德是企业生存的基础，是中国企业文化中的精神财富。

案┐例┐分┐析┐ 8-1 ————

蒙牛文化

蒙牛的快速发展是以蒙牛集团的企业文化为底蕴的。具有"要强"精神的蒙牛人齐心协力，不忘初心，艰苦奋斗，开拓进取，携手客户与公司，一起成就乳业冠军，铸就基业长青的百年蒙牛。以下六点是其企业文化的具体表现：

（1）诚信：百德诚为先，百事信为本，诚信是蒙牛文化的核心。

（2）感恩：滴水之恩，涌泉相报，感恩报恩是蒙牛做人的原则。

（3）尊重：领导与员工之间、员工与员工之间的尊重是其基本相处发展之道。

（4）合作：在相互合作中共同盈利是蒙牛人做事的原则。

（5）分享：一个人的智慧可能有限，但如果大家能够一起分享智慧，就会产生不可估量的效果。

（6）创新：创新是蒙牛集团发展必不可少的一点，蒙牛的创新就体现在它能与时俱进。

资料来源　方乐. 企业文化对员工绩效的影响——以蒙牛集团为例［J］. 纳税，2019（10）.

问题：蒙牛文化体现了怎样的中国传统文化？

分析提示：蒙牛文化体现的是中国传统文化里的仁义精神。"义"在蒙牛人身上表现得非常突出：拼搏奉献、义薄云天、舍生取义，这种精神在某种意义上也与牛根生早年的生活轨迹和他个人的性格有关。

单元二　中国企业文化赏析 //////..........

一、阿里巴巴企业文化

1.背景资料

阿里巴巴集团是一家由中国人创建的国际化的互联网公司，经营多元化的互联网业务，致力为全球所有人创造便捷的交易渠道。自成立以来，集团创建了领先的消费者电子商务、网上支付、B2B网上交易市场及云计算业务，近几年更积极开拓无线应用、手机操作系统和互联网电视等领域。集团以促进一个开放、协同、繁荣的电子商务生态系统为目标，旨在对消费者、商家以及经济发展做出贡献。

阿里巴巴集团是由本为英语教师的马云于1999年带领其他17人创立的，集团由私人持股，为来自超过240个国家和地区的互联网用户提供服务。

2014年9月19日晚，阿里巴巴正式在纽交所挂牌交易，创下了当时规模最大的一桩IPO交易纪录。

2017年11月20日，阿里巴巴集团、Auchan Retail S.A.（"欧尚零售"）及润泰集团宣布达成新零售战略合作。各方将融合线上及线下的专业能力，共同探索中国零售行业的新零售发展机遇。

2019年9月，阿里巴巴集团6个核心价值观于集团成立20周年之际全面升级为

"新六脉神剑"。

2019年11月，阿里巴巴集团在香港联合交易所主板正式挂牌上市。

案例分析 8-2

阿里巴巴企业文化中最有冲击力的当属它的大小"WC"文化，即大墙体（办公区）和小墙体（厕所）文化。阿里巴巴充分利用了墙面、楼梯间、办公卡座、洗手间等空间，以文字、图片、影音等形式，生动展现了阿里巴巴的发展历程和企业文化风貌。这些"文化墙"、海报、吊牌等环境文化布置用品，既统一使用了阿里巴巴的VI标识，又独具创意，比如会议室叫"光明顶""黑木崖""侠客岛"，女厕所叫"听雨轩"，男厕所叫"观瀑亭"等，非常轻松诙谐。厕所里每个蹲位正对着的门板都被开发为广告位，由专业部门负责管理，所有"帮派"都可以在这里发布通告，交流信息。

阿里巴巴的整个办公环境满眼都是鲜明悦目的阿里橙色，红彤彤的阿里牛头点缀在郁郁葱葱的绿化小盆景中，随处可见印有各种响亮口号的挂牌和海报。每个部门的标识牌上都有自己的口号，如信用融资部的"没有胆量，哪有产量"、商情发展部的"打造中国最实用的商业信息平台"等，这些口号目标明确、响亮明快，让员工干劲十足。各部门的宣传栏别具特色，很好地体现了部门的专业特色和业务内容。

资料来源　编者根据相关资料改编。

问题：阿里巴巴的"WC"文化产生了怎样的作用？

分析提示：阿里巴巴通过建设丰富多彩、规范而又独特的文化环境来打造蓬勃向上、充满激情的文化氛围。

2.阿里巴巴企业文化的特色

（1）阿里巴巴的使命：让天下没有难做的生意。

（2）阿里巴巴的愿景：我们不追求大，不追求强，我们追求成为一家活102年的好公司。我们旨在构建未来的商业基础设施。我们的愿景是让客户相会、工作和生活在阿里巴巴。到2036年的愿景：服务全世界20亿消费者，帮助1 000万家中小企业盈利以及创造1亿就业机会。

（3）阿里巴巴的核心价值观：

①客户第一，员工第二，股东第三。这就是我们的选择，是我们的优先级。只有持续为客户创造价值，员工才能成长，股东才能获得长远利益。

②因为信任，所以简单。世界上最宝贵的是信任，最脆弱的也是信任。阿里巴巴成长的历史是建立信任、珍惜信任的历史。你复杂，世界便复杂；你简单，世界也简单。阿里人真实不装，互相信任，没那么多顾虑猜忌，问题就简单了，事情也因此高效。

③唯一不变的是变化。无论你变不变化，世界在变，客户在变，竞争环境在变。我们要心怀敬畏和谦卑，避免"看不见、看不起、看不懂、追不上"。改变自己，创造变化，都是最好的变化。拥抱变化是我们最独特的DNA。

④今天最好的表现是明天最低的要求。在阿里最困难的时候，正是这样的精神，

帮助我们渡过难关，活了下来。逆境时，我们懂得自我激励；顺境时，我们敢于设定具有超越性的目标。面向未来，不进则退，我们仍要敢想敢拼，自我挑战，自我超越。

　　⑤此时此刻，非我莫属。这是阿里第一个招聘广告，也是阿里第一句土话，是阿里人对使命的相信和"舍我其谁"的担当。

　　⑥认真生活，快乐工作。工作只是一阵子，生活才是一辈子。工作属于你，而你属于生活，属于家人。像享受生活一样快乐工作，像对待工作一样认真地生活。只有认真对待生活，生活才会公平地对待你。我们每个人都有自己的工作和生活态度，我们尊重每个阿里人的选择。这条价值观的考核，留给生活本身。

企业文化专栏8-3

> 　　阿里巴巴的logo是一张笑脸，阿里巴巴的文化就是微笑文化，阿里巴巴被誉为"中国笑脸最多的"互联网公司。马云说："我们阿里巴巴的logo是一张笑脸。我希望每一个员工都是笑脸。"
>
> 　　阿里巴巴认为，人有一样东西是平等的，就是一天都有24小时。不快乐地工作就是对自己不负责任。阿里巴巴对员工的工作时间没有严格的打卡要求，只要完成工作任务，随便什么时候上下班都可以。阿里巴巴人事部管理人员说道："像IT业，研发性的工作用脑量大，员工处于紧张繁忙的状态。提供优雅一点的工作环境，可以让员工心情舒畅，开心工作。"
>
> 　　资料来源　编者根据相关资料改编。

　　3.点评

　　企业领导者是企业的领头羊，也是企业文化的灵魂人物。企业领导者对企业文化的重视和身体力行，将极大地推动价值观的落地。企业文化建设是一项系统工程，需要多方协助、群策群力，并需要相应的人力、物力投入加以保证落实。同时，化虚为实，把抽象的价值观转化为员工易于理解接受的行为规范，更有利于价值观的宣传落地。阿里巴巴的"新六脉神剑"对阿里巴巴的价值观进行了诠释，并转化为员工可操作的行为规范。借助丰富多彩的环境文化建设和生动灵活的团队建设来推动各部门特色文化建设的开展，是阿里巴巴推进企业文化建设的一个有效途径。

　　"新六脉神剑"出炉历时14个月，前后修改过20多次。升级的使命、愿景和价值观体现了阿里巴巴鲜明的态度、对企业发展方向的本质思考，更是阿里人对于如何走向未来的共识。它们将帮助阿里巴巴凝聚同路人，进一步提升组织的创造力，进而更好地拥抱数字经济时代的机遇与变革。

　　阿里方面表示，使命、愿景、价值观是阿里巴巴的DNA。无论环境如何改变，阿里巴巴对使命的坚持不会变，对愿景的坚信不会变，对价值观的坚守不会变。

二、华为企业文化

　　1.背景资料

　　华为创立于1987年，是全球领先的ICT（信息与通信）基础设施和智能终端提供商。作为一家100%由员工持股的民营企业，目前华为约有19.4万名员工，业务遍及170多个国家和地区，服务30多亿人口。

2.华为企业文化的特色

（1）华为的愿景：构建万物互联的智能世界。

（2）华为的使命：把数字世界带入每个人、每个家庭、每个组织，构建万物互联的智能世界。

（3）华为的核心价值观：

①追求成为世界级领先企业。华为的追求是在电子信息领域实现顾客的梦想，并依靠点点滴滴、锲而不舍的艰苦追求，使华为成为世界级领先企业。如果华为不树立一个企业发展的目标和导向，就无法建立起客户对华为的信赖，也无法使员工拥有远大奋斗目标和脚踏实地的精神。因为对于电子网络产品，大家担心的是其将来能否升级，将来有无新技术的替代，本次投资会不会在技术进步中被淘汰。华为若想发展，就一定要有世界级领先的追求。

②认真负责和有效管理的员工是华为最大的财富。尊重知识、尊重个性、集体奋斗、不迁就有功的员工，是华为可持续发展的内在因素。华为强调集体奋斗，也给个人一个发挥才能的平台。也就是说，华为容许个人主义的存在，但必须融入集体主义之中。华为十分重视对员工的培训工作，每年为培训工作的付出是巨大的。华为在招聘、录用过程中，最注重员工的素质、潜能、品格、学历，其次才是经验。

③开放合作地发展核心技术。华为广泛吸收世界电子信息领域的最新研究成果，虚心向国内外优秀企业学习，在独立自主的基础上，开放合作地发展领先的核心技术体系，凭借卓越的产品立于世界通信强者之林。

④使顾客、员工与合作者结成共同体。每个企业都有它自身价值的评判标准，追求利益最大化的同时要兼顾员工的个人利益，其中必须依靠优秀健康的企业文化来构筑一座牢不可破的"人心长城"，将催人奋进、聚人激情的企业目标与员工个人努力结合在一起。通过实现客户的利益，在利益链条上进行客户、企业、供应商的合理分解，各得其所，形成利益共同体。

（4）华为基本法。企业各种文化理念的落实都必须要有一套相应的机制，使监督机制和奖惩机制达到权责统一。在中国的电信产业中，华为绝对算得上是制度最健全的一家民营企业，许多企业和分析人士在剖析华为的成功因素时，总会想起华为的基本法和华为内部的各种文件。

"华为基本法"1995年开始制定，1998年诞生，2000年在业界流行，2006年进行了修改与重订。基本法分6章，共103条，它是华为成长的见证。"华为基本法"最大的作用就是将高层的思维真正转化为大家能够看得见、摸得着的东西，使彼此之间能够达成共识，这是一个权力智慧化的过程。它引导员工去思考和认同华为文化，进而丰富华为文化，将企业文化以"法"的形式予以规范，这也是华为的一大创新。华为已将其文化作为一种重要的资源，并以企业宪章的形式使其成为制度文化。

（5）华为的"狼性"文化。华为今天的成功一半归功于"狼性"文化，华为市场系统流行了多年的"胜则举杯相庆，败则拼死相救"，是对华为"狼性"文化的最好概括和总结。"狼性"被看成是华为企业文化的一个象征。

①"狼性"就是团队精神。营销战略是华为的核心竞争力,而营销战略的核心,就是拥有一支由"狼"组成的营销团队。近30年来,华为取得的业绩是惊人的,不仅在中国少有,而且在世界通信业的历史上也不多见。华为需要一种精神把这支高速运转的团队凝聚起来,使企业充满活力,那就是团队精神。华为非常崇尚"狼性"文化,狼有三种特性:其一,有良好的嗅觉;其二,反应敏捷;其三,发现猎物集体攻击。华为认为"狼性"是企业学习的榜样。

②"狼性"就是进攻精神。从华为的实践来看,华为特殊的"狼性"精神实质就在于追求卓越的进攻精神,这是华为"狼性"的核心。而任正非强烈的危机意识则强化了这种"狼性"精神,他认为企业越是高速成长、越是发展顺利,就越容易忽视隐藏在背后的管理问题。任正非在平时总是大力强调这种忧患意识,培养下属的危机感。

"狼性"文化已被众多企业认同并引入经营管理体制中来。实践证明,狼的智慧、狼的韬略以及狼的团结协作精神对于指导企业的运营和发展起到了极大的推动作用。

(6)华为的创新文化。华为认为"站在前人的肩膀上前进,哪怕只前进一毫米"就是创新。这种创新从本质上说,是最大限度吸收前人和他人研究成果上的更进一步,是追求精益求精、发扬工匠精神的一种创新。华为用自己的实践证明了"只前进一毫米"的价值。曾经,华为卖到湖南省的交换机产品在冬天容易短路。试了几次,最后发现竟是老鼠在设备上撒尿导致断电。针对这个小问题,华为的工程师改造了产品,很快就将问题解决了,并成功开拓了市场。即使被认为是华为两大颠覆性技术创新的代表——分布式基站和SingleRAN(即"一个网络架构、一次工程建设、一个团队维护"),其理论基础也早已被学界认可。在这一点上,华为并非基础理论的原创者,而是创新产品的实践者,是该领域研究成果的集大成者。不要小看这些细微创新,正是这些小创新,让华为成为把全球通信行业搅得天翻地覆的大企业。

(7)华为自省文化。华为有个很好的制度,称为"民主生活会"。在民主生活会上,大家不论职位高低,都可以完全放开地批评与自我批评,既可以敞开心扉审视反省自我,也可以当面指出别人(包括与会的最高领导)的问题,令其改正。一个团队如果内部有问题不能够很快得到解决,就会导致团队成员的情绪越来越差,团队队员之间的隔阂越来越严重,严重影响了整个团队的战斗力,这在组织行为学上称为"组织毒素"。华为的"民主生活会"是排除"组织毒素"非常有效的手段。

3.点评

在中国,企业文化被各家企业说烂了,但是真正理解企业文化和实施企业文化战略的企业并不多,华为就是其中之一。企业文化是华为之所以成为华为的一个不可缺少的东西。华为的企业文化可以用这样几个词语来概括:团结、奉献、学习、创新、获益与公平。华为的企业文化还有一个特点:做实。企业文化在华为不单单是口号,而是实际行动。

从华为文化的特点来看,其来源有三:一是国内外著名企业的先进管理经验;二是中国传统文化的精华;三是现有华为企业家创造性思维所产生的管理思想。其中,华为企业家群体的管理思想是华为文化的主流,这种管理思想不断创新,使得华为文化生生不息。

三、京东企业文化

1.背景资料

京东于 2004 年正式涉足电商领域。2014 年 5 月，京东集团在美国纳斯达克证券交易所正式挂牌上市，是中国第一个成功赴美上市的大型综合型电商平台。2015 年 7 月，京东凭借高成长性入选纳斯达克 100 指数和纳斯达克 100 平均加权指数。2020 年 6 月，京东集团正式在香港联交所二次上市，募集资金约 345.58 亿港元，用于投资以供应链为基础的关键技术创新，以进一步提升用户体验及提高运营效率。

京东集团定位于"以供应链为基础的技术与服务企业"，目前业务已涉及零售、数字科技、物流、技术服务、健康、保险、智联云和海外等领域，其中核心业务分为零售、数字科技、物流、技术服务四大板块。

2.京东企业文化的特色

京东经过十几年的发展逐渐确立了自己的企业文化。

（1）京东的使命：技术为本，致力于更高效和可持续的世界。

（2）京东的愿景：成为全球最值得信赖的企业。

京东企业文化最为显著的变化就是把较为具体、明确的目标改为更加长远的愿景。京东原来的目标"做中国最大、全球前五强的电子商务公司"看起来更像是针对其最强大的竞争对手阿里巴巴的，因为目前"中国最大"的就是阿里巴巴。京东过去十多年的发展历程是一个不断超越"巨人"的过程，从自主式 B2C 的当当、卓越到传统零售巨头国美、苏宁，京东的低成本、高效率搅动了原有的行业利益格局，在行业内成为众矢之的。而对阿里巴巴，刘强东在内部邮件中坦言："不得不承认，淘宝现在做得比我们好，但是京东最不缺的就是超越，京东人最不怕的就是行业巨头。"

（3）京东的核心价值观：

①客户为先。客户为先始终是京东不断前行的动力源泉。我们的客户不仅包括消费者，还包括全方位的合作伙伴，我们要以乙方的心态、平等的关系来对待客户，尊重客户，态度谦卑，心怀敬畏；在日常工作中，我们要时刻贴近客户，深入一线，将客户的需求一跟到底，做到全面洞察客户需求，不断超越客户的预期，不断为客户创造更大的价值。

②诚信。诚信是京东的商业准绳。遵纪守法、廉洁自律、不说假话、不故意隐瞒、不信谣、不传谣是我们的底线。信守承诺、说到做到是我们立身、立业、立家之本；客观评价、公正对待身边的每一个同事是我们的根本原则。全体京东人对诚信的坚守，才能让我们成为一家持续伟大的公司。

③协作。协作是对每位京东人团队精神的基本要求。因为公司利益最大化是个人利益最大化的基础，这就要求我们每个人在协作中打破部门墙，站高一级看问题；努力成就他人，积极换位思考；做到决策前畅所欲言，决策后坚决执行，绝不拉帮结派。

④感恩。感恩是京东人为人处世的情怀，心怀感恩，会让人一生快乐。在平时的相处中，要善于发现他人优点，宽容不记仇；在遇到问题时不抱怨，传递正能量；获

得他人提供的资源和帮助时，珍惜不浪费，做到滴水之恩，涌泉相报。

⑤拼搏。拼搏是京东人身上最闪亮的精神。它驱动着所有京东人在公司、业务、客户有任何需要的时候，能全情投入、主动付出、多做贡献；工作中要激情饱满、主动挑战新目标；接受任务后要高效执行不拖沓，面对困难要不断改善，寻找新思路、新方法；享受工作、有事业追求是京东人始终不变的精神。

⑥担任。担当是京东人的胸怀和责任感。揽事不揽权；在合作中主动承担责任，对结果负责；出现问题勇于承认错误，善于自我批评；做问题的发现者，更要做问题的终结者；将自己的担当汇聚成整个企业的担当，做一个可以独当一面的京东人。

企业文化专栏8-4

组织变革背后，京东重寻价值观

2020年5月19日，在京东"老员工日"前夕，刘强东发出了一封内部信，总结了京东2019年遇到的问题。

"业务上，被太多机会所吸引，什么都想做，但能力却未必支撑，回过头来看才发现并没有创造什么价值——客户的体验没有提升，行业的成本效率也没有优化。我们投资了很多项目，最终发现自己并不具备'点石成金'的能力。我们也没有做好准备去开放，很大程度上仍旧是一体化的思维，习惯于自己做、强控制。很多投后的融合并不成功。"

2018年12月底，徐雷带领京东商城高管在广东肇庆开了一次战略研讨会，意在让高管们畅所欲言。研讨会开了三天三夜，讨论十分激烈。

2019年2月17日，刘强东突然宣布召开京东集团管理人员大会。会上，他宣布了数项人事任免决定，包括时任CHO隆雨轮岗由余睿接任，去旧立新。在当前互联网行业，"年轻化"已成为一种趋势。

资料来源　编者根据相关资料整理。

3.点评

"客户为先、诚信、协作、感恩、拼搏、担当"，这是充满创业激情的价值观，也是引领每个京东人成就自我的价值观，更是践行京东责任的价值观。

刘强东建立了以"价值链整合"为核心的京东模式，大大降低了社会交易成本，提升了社会交易效率，为社会、行业、用户创造了价值。

四、腾讯企业文化

1.背景资料

腾讯成立于1998年11月，是目前中国领先的互联网增值服务提供商之一。成立20多年来，腾讯一直秉承"一切以用户价值为依归"的经营理念，为亿级海量用户提供稳定优质的各类服务，始终处于稳健发展的状态。2004年6月16日，腾讯控股有限公司在香港联交所主板公开上市。

目前，腾讯把"连接一切"作为战略目标，提供社交平台与数字内容两项核心服务。通过即时通信工具QQ、移动社交和通信服务工具微信和WeChat、门户网站腾讯网（QQ.com）、腾讯游戏、社交网络平台QQ空间等中国领先的网络平台，满足互联网用户沟通、资讯、娱乐和金融等方面的需求。腾讯的发展深刻地影响和改变了数以亿计网民的沟通方式和生活习惯，并为中国互联网行业开创了更加广阔的应用前景。

在2017年《财富》世界500强排行榜中，腾讯排名第478位。

2018年12月，腾讯旗下腾讯音乐娱乐集团在美国纽约证券交易所上市。

2019年9月，腾讯发布"科技向善"新愿景。

2.腾讯企业文化特征

（1）腾讯的愿景与使命：用户为本，科技向善。

一切以用户价值为依归，将社会责任融入产品及服务之中；推动科技创新与文化传承，助力各行各业升级，促进社会的可持续发展。

（2）腾讯的核心价值观：

①正直。坚守底线，以德为先，坦诚公正不唯上。

②进取。无功便是过，勇于突破有担当。

③协作。开放协同，持续进化。

④创造。超越创新，探索未来。

3.腾讯企业文化的特点

（1）团队文化：快乐活力型大学。

腾讯视员工为企业的第一财富。马化腾说："对于腾讯来说，业务和资金都不是最重要的。业务可以拓展、更换，资金可以吸收、调整，而人才却是最不可轻易替代的，是我们最宝贵的财富。"腾讯从来没有停止过对快乐工作方式的探讨，腾讯相信，努力使员工"工作并快乐着"更能激发员工的创造力。腾讯公司致力于打造快乐有活力的"腾讯大学"，高度重视人力资本的持续增值，为员工提供丰富的培训与学习机会，帮助员工持续成长，不仅追求产品及业务保持业内领先地位，还追求整体人才素质在业内的领先地位。所以，腾讯内部员工的满意度在业内是非常高的，腾讯也保持了行业内非常低的离职率，腾讯在社会上树立起了非常良好的雇主品牌，腾讯不断创造快乐有活力的环境来吸引人才、留住人才，让员工的精彩在腾讯得到延伸。

（2）企业家精神：专注文化。

腾讯的企业家精神"锐意进取，追求卓越"是腾讯人将长期的实践与理论结合而形成的一套独特的思维理念。总结腾讯的历史，我们会发现这一切都可以归于企业家的精神贡献——马化腾的专注精神。所谓"专注"，就是集中精力、全心全意、坚持不懈。马化腾就是这样一个人，一个崇尚专注的人。而他努力构建的团队也在其影响下一步步走向以专注型领导层为核心的专注型团队。在这个探索过程中，我们可以发现，专注已经在腾讯的企业文化里留下了深深的烙印，从而造就了专注于即时通信及相关增值业务的服务运营商——腾讯王国。

（3）创新导向：整合创新。

在腾讯的企业理念中，有这样几句话："不断激发个人创意，完善创新机制，以全面的技术创新、管理创新、经营模式创新，推动公司不断成长。"腾讯建立了一个坚实的自主创新平台，在这个平台上，公司发展一日千里。"腾讯的技术创新氛围很宽松，每个人的想法都可以提出来，公司觉得可行就给予支持。目前公司推出的大量产品都来自普通研发人员的创意，公司的文化是鼓励员工创新。"腾讯公司CEO马化腾表示，"作为互联网企业，自主创新非常重要。"

案例分析 8-3

腾讯新愿景、使命：科技向善

2018年5月5日，有自媒体人发布了一篇题为《腾讯没有梦想》的文章，直指腾讯正在丧失产品能力和创业精神，变成一家投资公司、一家没有愿景（或者说没有强烈梦想）的公司。

此文一出，迅速引爆网络，仅仅2小时，文章阅读量就突破了10万。从后来公开的情况看，包括马化腾、刘炽平等在内的腾讯高管均看到了这篇文章，虽然他们并未公开正面回应，但腾讯公关总监张军的回应也传递出了腾讯的态度——"会吸纳，接受监督"。

整整一年后，2019年5月5日，马化腾在微信朋友圈转发了《腾讯优图突破"跨年龄人脸识别"，助力警方寻回被拐十年儿童》一文，并配以文字："科技向善，我们新的愿景与使命。"没有采访、没有通稿、没有发布会，只有简单的13个字，却开启了腾讯一个全新的阶段。

资料来源　张超. 腾讯提出"科技向善"、百度力争"最懂用户"：科技公司更新愿景和使命［EB/OL］.［2020-12-12］. https://www.cyzone.cn/article/524209.html.

问题：腾讯改变企业愿景与使命的初衷是什么？

分析提示：随着公司业务越来越多元化，越来越多的人才加入腾讯。因此，腾讯的企业文化在传承历史的同时，也开启了面向未来的全新进化，企业不能也没有忘记对社会的责任——回馈社会。

（4）用户价值：健康的快乐文化。

与腾讯企业文化中的"快乐文化"相媲美的还有"健康文化"。健康文化最先也是出现在快乐文化的内涵中，是腾讯针对网络健康及网络游戏提出来的。以棋牌、益智为主的QQ休闲游戏在具有较强的趣味性、可玩性的同时，其内容与形式比传统的多角色网络游戏要健康、干净得多，从而从源头上大大降低甚至消除了网络游戏所带来的负面影响。腾讯的健康文化绝不仅仅停留在休闲游戏和健康活跃的用户平台上，它还体现在腾讯快乐健康的文化理念中，表现在员工健康积极的态度上，体现在QQ企鹅健康可爱的形象上……它一直是腾讯企业文化的一个重要组成部分，在腾讯的成长过程中，发挥着不容忽视的作用，它与腾讯的快乐文化互相渗透、相互承接。

4.点评

腾讯希望通过不断激发个人创意，构建学习型组织，完善创新机制，以全面的技术创新、管理创新、经营模式创新，推动公司不断成长。它致力于成为以用户价值和需求为核心、关注创新、倡导在线生活的顶尖互联网企业。

腾讯发展到今天，必须要承担与之匹配的社会责任。科技本身力量巨大，科技发展日益迅猛，如何善用科技，将在极大程度上影响人类社会的福祉。

单元三　中国企业文化面临的主要问题 //////

我国企业研究企业文化的历史比较短，在企业文化建设方面的经验积累也比较少，如今我国许多企业正处在企业文化建设的新起点上，为了使企业文化建设更加扎实、有效，我们必须先了解一下中国企业文化建设方面存在的认识误区和主要问题。

一、中国企业文化建设的认识误区

什么样的思想产生什么样的文化，如果在企业文化的认识上出现了误区，那必然会导致企业在决策上的失误，在发展中偏离方向。

1."标语"文化

很多企业搞企业文化建设就是给企业贴上一些"标语"，搞几个朗朗上口的响亮口号。为了体现企业"文化"氛围，标语过节挂、检查挂、活动挂，大门上挂、会议室挂，似乎挂得越多，说明企业文化搞得越好。

2."活动"文化

一些企业认为企业文化就是跳跳舞，唱唱歌，搞一些比赛。如企业组织一些员工打完篮球打排球，打完排球踢足球，搞完体育搞文艺，为了把"文化"搞上去，大有你方唱罢我登场的势头，其实这些只是企业文化宣传的一种途径。

3."读书"文化

有些企业以为文化就是书本上的东西，领导、员工多读书，就能搞好企业文化。于是，企业今天推荐一本书，明天推荐一本书，最终企业出钱不少，可员工读书不多，书本文化难以转换到企业文化之中。

4."宣传"文化

有一些企业搞内部报纸、内部BBS、文化活动，在电视台亮相，加大媒体广告的宣传，邀请报纸杂志写几篇文章，认为企业文化是"吹出来""写出来"的，还有些企业把企业识别系统（CIS）误当成企业文化的全部。

5."模仿"文化

企业不经认真思考，把外国同行业的文化搬到中国来，把别的企业的文化搬到自己的企业来，有的随便改改，有的一字不变。芬兰的诺基亚公司有一句非常著名的口号——"以人为本"，就被中国很多企业搬来作为自己企业文化的内涵，但一些企业视员工安全、健康、意见和建议于不顾，还高唱"以人为本"之歌。真正精华的东西没学到，学到的只是一些华丽的用语。

6."速成"文化

对企业文化缺乏一种长远规划，未与企业共同愿景相结合，今年把企业文化的内涵定为"以人为本"，明年又说是"质量第一"，后年又变成"服务第一"。企业文化只凭领导一张嘴，换一个领导变一种说法，出口就来，"文化"速成。

7.“领导”文化

认为企业文化有与没有、好与差都是领导的事情，有什么样的领导就有什么样的企业文化。领导把自己的思想、理念表现出来，强加于企业，根本无视企业的客观事实、员工的权利。

二、中国企业文化建设应重视的问题

1.企业文化建设要把握和体现企业文化的主要内涵和要素

企业文化建设的主要内涵和要素是价值理念和行为规范，也可将其称为理念文化和行为文化，它们是企业文化建设中最重要的、最基本的、绝不可少的两个组成部分。要从丰富繁多的企业文化内容中突出这两个方面，有两点值得注意：

（1）不能把企业文化手册搞成若干理念口号的简单汇编，而没有行为规范、行为文化。那样做不仅会失去体系上、逻辑上的完备性，而且会失去企业文化的实践性和可操作价值。

（2）需要特别引起关注和解决的问题是，在一本企业文化手册中，应注意解决好理念系统和行为系统的关系问题。价值理念本身蕴含着应有的行为方式、行为规范、行为习惯；而行为方式、行为规范、行为习惯又体现着价值理念的引导，二者有内在逻辑关系，是浑然一体的。这也可以说是理念引导行为，行为体现理念；理念渗透于行为，行为使理念看得见、摸得着。我们绝不能把二者搞成机械的、互不相干的、失去内在联系的、孤立的两个板块。

2.提炼和确立企业的价值理念需要把握的总原则

提炼、培育和确立企业的价值理念有一个总的原则，就是在社会主义核心价值体系的引领下，实现企业价值、员工个体价值与社会价值（包括用户价值）的有机统一。这三个方面缺一不可，必须是均衡协调发展，而不能顾此失彼。

3.在企业文化建设中，要处理好企业家文化与员工文化的关系

实践经验告诉我们，企业文化是企业家文化与员工文化的有机统一，而不能把企业文化简单地归结为“老板文化”。建设企业文化，要坚持两个“文化自觉”，即既要有企业家、企业决策者、企业领导人的积极性和文化自觉，还要有广大员工的积极性和文化自觉。这两个积极性、两个文化自觉缺一不可。企业家、企业决策者、企业领导人是企业文化的第一倡导者、第一设计者、第一宣传者和第一实践者。同时，在一个企业中，企业文化必须为广大员工所确认、所认同、所信奉、所实践。卓越的企业文化都有这样一个特性，实现“两个大家”，即大家建设企业文化，建设大家的企业文化。

4.在企业文化建设中要把握企业文化建设的基本点

（1）坚持“以人为本”，着力于增强企业整体素质，提升企业核心竞争力与综合竞争力。在企业文化建设中，主要问题已不是要不要坚持“以人为本”的问题，而是应当深入研究在企业文化中如何坚持“以人为本”，怎样体现“以人为本”的问题。

（2）企业文化中的核心价值观则是企业核心竞争力的灵魂。

5.在企业文化设计中要挖掘和体现"中国特色"的文化根脉和深厚底蕴

建设有中国特色的先进企业文化，一是不能忽视中华民族悠久丰厚的传统文化根脉，实现现代企业理念与优秀传统文化的有机融合；二是不能忽视地域特色文化的长久影响力。这里的关键是"融合"二字，在企业文化建设纲要和企业文化手册设计中，企业理念与优秀传统文化应当是有机融合的，而不是机械套用、简单罗列起来的。

6.在建设中探寻体现大众化、通俗化的有效途径和方式方法

企业文化设计、企业文化手册要特色鲜明、个性突出、简明扼要、有效管用，这是多年来众多行业的企业文化实践经验的概括。在企业，企业文化是大众文化，而不是固守在学术殿堂中的书斋文化，要化繁为简，而不能化简为繁；要深入浅出，而不能浅入深出；要让人一听就懂，一看就明白。企业文化建设切忌烦琐化、玄虚化、空洞化、雷同化。

7.企业文化要落地生根

企业文化不能停留在文本之中，不能仅仅贴在墙上、写在纸上、说在嘴上，不能"双脚离地"，而必须入耳、入脑、入心，让理念扎根于广大员工的心灵深处，并且转化为思维方式、行为方式、行为自觉、行为规范、行为习惯，体现在企业经营管理的各个层次、各个方面，从而转化为行动、经营业绩。

案例分析 8-4

长寿企业的文化共性

日本经济学者后藤俊夫历时22年，对日本25 000多家持续经营超过100年的企业进行了研究，发现日本的长寿企业中有儒家文化基因。

在日本注册的260多万家企业中，超过100年的企业达2.5万家，超过1 000年的企业有21家。后藤俊夫表示："日本之所以长期传承匠心精神，就是因为这种'为家人努力，为社会做贡献，即便要自我牺牲，也会继续这么做'的儒家文化的渗透。"更有不少日本企业将儒家文化的"先义后利"作为企业精神。创建于公元578年的金刚组，至今已成立1 442年，是世界上最长寿的企业。它将儒家思想的"仁爱"与"修身、齐家、治国"有机结合，注重员工培养，实行终身雇佣制，积极履行社会责任，实现了企业的"仁"和员工的"忠"的有效、良性互动。

资料来源　梁忻. 长寿企业的文化共性 [J]. 企业管理，2020（1）.

[项目测试]

一、简答题

1.简述受中国传统文化影响的中国企业文化特点。

2.简述中国企业文化建设的特点。

3.分析阿里巴巴企业文化与中国传统文化的渊源。

4.简述中国企业文化建设中存在的认识误区。

5.分析中国企业文化建设应重视的问题。

二、案例分析题

成败皆因企业文化

L公司是位于沿海五线城市的一家汽车配件公司。因为搭上了商用车快速普及的东风，L公司获得了迅猛发展，成为业内首家产值过10亿元的公司。随着汽车市场的逐渐降温，L公司又陷入增长乏力的窘境，寻找新的增长点成为公司的当务之急。

经过多方调研，L公司管理层将目标瞄向了车载摄像头模块市场。为了抢占先机，L公司不惜花费重金从一家国外知名企业挖来了整个影像算法团队，并将其与内部遴选的一批制造经验丰富的人员合并成新的事业部，期望在强强联手之下再造一个L公司。结果，事与愿违——成立四年的新事业部至今颗粒无收。

L公司的人力资源部门对那批离职的软件团队人员做过访谈，发现问题主要集中在以下三方面：

1.管理制度太严苛

制造型企业普遍都有一套严苛的管理机制，对员工的行为进行严格限制，这让新加入的团队成员大感不适。L公司明确规定公司员工必须8点准时上班，这对于"夜猫子"的程序员们来说是一个巨大挑战。

2.获利压力不适应

L公司对于新组建的车载摄像头模块团队在研发投入、设备投资、人员招聘等方面给予了全面支持，同时也提出了期望——半年实现盈利。但半年后不仅收入渺茫，投入也只增不减，这让公司不少人颇有微词，同部门的制造团队也抱怨他们拖后腿。不少软件开发人员愤愤不平，也有抱怨情绪。

3.内部环境太压抑

被诟病最多的是团队内部的争权夺利。两个具有不同文化背景的团队合作，双方都需要有包容的心态才能尽快磨合。合作之初，因为半年目标未达成，两个团队已经矛盾重重。冲突愈演愈烈，好几次都闹到了L公司高层会议上，但公司的处理方式只是"和稀泥"。

随着最后一个程序员的离开，L公司的这场新市场的开拓终于以失败告终。失败的原因主要在于L公司本身——过去由成功经验塑造的企业文化导致其无法适应新事业的发展。

第一，制造管理经验主义。

传统制造业深受泰勒的科学管理思潮的影响，推崇标准化、流程化、制度化的管理模式，将人看成一个无须发挥太多主动性，按照标准动作完成任务即可的机器。L公司深刻践行了这种模式：不仅规定了每条流水线上每个人的操作动作，还精确规定了工人离开生产线去餐厅吃饭所花费的时间及上卫生间的次数。严苛的管理只会让软件人员觉得压抑，从而导致效率低下、漏洞百出。

第二，固化的盈利模式。

硬件制造的商业模式非常简单：将购买的原材料按需求加工后输出给客户即交易结束，尽管后续可能会出现退换货问题。而以软件为核心的模块产品则不同，简单的产品交付并不是交易的结束，有时恰是交易的开始。这就决定了这类产品有着较长的生命周期，并且前期需要大量投入，然后慢慢等待收获。L公司没有意识到这一点，以常规思路考核新业务，只能使结果进一步恶化。

第三，排他性行为准则。

L公司非常重视公司企业文化建设，不仅创始人亲自落实各项工作，更是将此与每个部门的年度考核相挂钩。对于未完成要求的部门，直接扣减负责人当年奖金的50%。L公司近几年的高速发展也印证了企业文化的价值，使得员工心悦诚服地接受了这些思想。所以当被认同的文化遇到挑战时，本企业员工就会产生抵触情绪。

资料来源　陈崇刚. 成败皆因企业文化［J］. 企业管理，2019（12）.

问题：为什么企业文化成了"祸首"？

分析提示：一家公司的企业文化更多体现了公司创始人在一路披荆斩棘中所形成的认知及成功的经验。这些成功的认知和经验对后来者而言是很好的借鉴，但是并不意味着放之四海而皆准。企业文化是在特定环境下的产物，当外部环境发生变化时，曾被证明正确的认知和经验极有可能失效。新观念、新思路能让公司保持活力，与时俱进。很多面临险境的公司转型成功，与他们重塑企业文化不无关系。

［项目实训］

实训主题：企业实地参观和访谈

1.内容与要求

（1）联系一家有中国特色文化的企业作为参观对象，可以以小组为单位，也可以以班级为单位；

（2）每人准备一份企业文化访谈提纲；

（3）参观并访谈，用照片记录与企业文化有关的事物，找到相关人员进行访谈。

2.成果与检验

（1）每位同学提交一张最具代表性的照片，根据照片内容阐述其与企业文化的联系；

（2）整理访谈记录，总结该企业文化建设的特点；

（3）提交参观与访谈的心得体会。

跨文化管理

【学习目标】

＊知识目标：

1. 了解日本企业文化；

2. 了解美国企业文化；

3. 了解欧盟企业文化。

＊技能目标：

1. 收集企业文化案例的能力；

2. 整理分析企业文化案例的能力。

引例

海尔的跨文化管理

海尔并购了美国 GE 家电，当时 GE 的经营非常差。国际并购有一个规律，叫"七七定律"，它表示在跨国并购中，70% 的并购没有实现预期的商业价值，而其中又有 70% 失败于并购后的文化整合。为此，海尔提出了"沙拉式文化体系"。沙拉里有不同的蔬菜和水果，代表各个国家、各个企业不同的文化，但沙拉酱是统一的，就是"人单合一"。"人"就是员工，"单"就是用户的需求。海尔和其他企业的并购方式不同：没有派一个人去，还是原来的人，前提条件是这个领导团队必须接受和运用海尔模式。

张瑞敏说，我们今天兼并你，我既不是你的领导，也不是你的上级，我是你的股东，这是我最正确的定位。我要你改变的是什么呢？你过去只有顾客，没有用户，把产品卖出去就算了。用户到底需要什么？不知道。并购之后，我们要把所有的顾客变成用户。这样做了之后，2018 年美国整体的家电企业是负增长，但 GE 家电呈现两位数增长。现在 GE 家电非常认同"人单合一"。美国人最引以为豪的那句话，独立宣言第二段的第一句：人人生而平等。

资料来源　张瑞敏. 海尔大变革：让每个人都是自己的 CEO［J］. 中国商人，2020（Z1）.

这一案例表明：有些海外企业之所以需要被并购，可能是因为自身经营遇到了一定的困难，需要借此来维持运转。因此，能否对这类企业实施有效的管理，如何做好企业文化方面的融合，是企业在实施并购以前就应该深入研究的问题。

单元一　跨文化管理概述

当今世界，全球化已经成为时代的潮流。为了更好地抓住全球化的机遇，应对国际化经营所带来的挑战，管理者有必要了解跨文化情境下的管理理论知识和具体实践，以此获得和提升跨文化管理技能。

一、跨文化管理的内容

跨文化管理是20世纪末欧美等西方国家为了迎合国际商务活动的需要而兴起的一门新兴学科，主要研究和比较不同国家和文化中的组织行为，探讨如何提高管理者在不同文化里提升管理绩效的方法。

跨文化管理又称"交叉文化管理"（cross cultural management），即在全球化经营中，对子公司所在国的文化采取包容的管理方法，在跨文化条件下克服异质文化的冲突，并据以创造出企业独特的文化，从而形成卓有成效的管理过程。其目的在于，在不同形态的文化氛围中设计出切实可行的组织结构和管理机制，在管理过程中寻找超越文化冲突的企业目标，以维系具有不同文化背景的员工的共同行为准则，从而最大限度地控制和利用企业的潜力与价值。全球化经营企业只有进行了成功的跨文化管理，才能使企业的经营得以顺利运转，竞争力得以增强，市场占有率得以扩大。

进行跨文化管理，要求管理者改变传统的单元文化的管理观念，把管理重心转向对企业所具有的多元文化的把握和文化差异的认识上，运用文化的协同作用，克服多元文化和文化差异带来的困难，充分发挥多元文化和文化差异所具有的潜能和优势，使国际企业具有生机和活力。需要强调的是，跨文化管理，绝不是文化的同一化，而是在保持本土文化的基础上兼收并蓄，不断创新，建立既有自己特色又充分吸纳人类先进文化成果的管理模式。

跨文化管理包含了两方面的内容。一方面是企业外部的跨文化管理问题，即针对来自不同文化背景并且与企业打交道的供应商、顾客、竞争者、相关利益群体等的管理；另一方面是企业内部的跨文化管理，即针对不同文化背景的雇员的管理。

二、跨文化管理的特征

跨文化管理过程困难多多，这是由跨文化管理本身所具备的特征决定的（见表9-1）。

表9-1 　　　　　　　　　　　　跨文化管理的特征

序号	特征	原因	举例	注意点
1	多元化	跨文化管理，涉及不同文化背景的人（母国员工、外派员工、本地员工和第三国员工）、物、事的管理，人员结构较为复杂	比如，同样是沉默，来自一种民族文化的成员可能以此来表示支持和理解，而来自另一种民族文化的人们则以此表示漠不关心，还有的民族文化很可能意味着反对	同样的要求和规定，不同文化的成员很可能按照不同的行为方式执行，从而产生不同的结果

序号	特征	原因	举例	注意点
2	复杂性	在跨文化的环境中，处于不同文化背景的各方经理人员由于不同的价值观念、思维方式、习惯作风等的差异	比如，经营目标、市场选择、原材料的选用、管理方式、做事风格、作业安排及对作业重要性的认识、变革要求等不同，可能给企业的经营埋下隐患	这些隐患处理不当就会导致混乱和冲突，使决策的执行变得更加困难
3	过程性	跨国经营企业或者合资企业处于一个"文化边际域"中，即处在不同文化交汇与撞击的区域内。在这个区域中，不同的文化环境，还有不同的经济、社会和政治等因素，必会形成较大的文化差异	比如，差异只有逐渐被人们理解和认知，进而产生关心、认同心理，才能取得共识，建立全新的共同的企业文化。跨文化企业要形成自己的企业文化不是一朝一夕的事，需要一个很长的过程	在这一过程中，所有成员都要了解对方的文化模式，进行文化沟通以消除障碍，接受企业全新的特有文化
4	风险性	劳动关系问题是跨国企业经营的重要问题，因为各国的法律、管理体系、劳动关系的背景都不同，因此，当管理人员采取的管理方式不为员工所接受时，就有可能产生管理失败的风险	比如，跨国企业还有可能面临组织风险（企业在开展国际化业务经营时，由于各子市场和分支机构的分散与独特性，使企业的管理、决策和协调变得复杂而带来的风险）和沟通风险（管理人员面对不同文化、语言等沟通障碍，引起沟通误会，从而导致沟通失败所带来的风险）	风险存在的同时，沟通的成本也大大增加

案例分析 9-1

宜家包容团结的企业文化

在宜家，每个员工既相信自己，也相信自己的工作伙伴、团队成员。宜家通过传播企业文化来培养自己的精兵强将。莫倍先生自从1986年担任宜家CEO以来，一直把员工培训放在战略的高度来对待，通过培训来维护、宣传企业文化，培养合格的员工。

招聘员工时，宜家很重视员工的多样化。这种多样化表现在员工的肤色、性别、教育背景、语言、思维与表达方式等方面。宜家的人力资源管理部门每年都要统计、调整管理层的性别比例。各分公司员工的国籍、种族等情况也要定期向总部汇报。关心人类和多样性与包容性是宜家的愿景，也是宜家的价值观。宜家集团认为重视的多样性和包容性是正确之举。认可员工的不同特点能够提升创造力，为宜家的发展带来活力。因此，宜家通过员工招聘环节，努力打造多样和包容的工作环境，尊重员工个性，任人唯贤，在这里员工可以尽情做自己。

因此，宜家对员工的态度与要求，都反映了其相信员工自身价值、团结、热爱

185

生活、与众不同的文化底蕴。

资料来源 成烨. 宜家家居企业文化案例分析 [J]. 福建质量管理, 2019（24）.

问题：如何理解宜家文化的多样性和包容性？

分析提示：团结是宜家文化的核心。当员工们相信彼此、朝同一方向努力、一起分享乐趣时，才是一个强大的团队。宜家不仅看重自己的家居产品，更看重的是许多充满创意和灵感的人。

单元二 日本企业文化

一、日本企业文化整体评价

20世纪80年代日本经济横扫全球之际，日本企业获得广泛的赞誉，终身雇佣制和集体主义成了国际企业的样板。可当日本经济陷入低落的十年之时，日本企业又因为创新匮乏和反应迟钝成为被批判的靶子。然而迄今为止，在世界500强企业排行榜中，日本企业比比皆是。在现代市场经济体系下，几乎在所有重要的行业中都能看到日本知名企业的影子。

与创新叛逆、雷厉风行的美国企业文化相比，日本企业文化有其自身的特色，这既是日本企业称雄世界的动因，也是约束日本企业进一步发展的桎梏。

企业文化专栏9-1

从伊势丹看日本企业文化

伊势丹是日本著名的百货集团，有着百余年的经营历史，代表了典型的日本企业经营模式。伊势丹以百货为业务中心，旗下另有消费金融、零售等多个事业部门。目前，伊势丹经营着11家分店和旗下30家子公司，设立了30多家海外公司。

1. "家"文化

众所周知，日本企业十分重视并充分发挥"团队精神"。而且，日本企业的团队精神不仅表现在外在形式上，也体现在心理感知上。日本企业习惯采用口号激励、参与激励、荣誉激励等形式来激励员工。而且日本社会独有的终身雇佣制、年功序列制和资历等级制也正是为了强化"家"文化这一观念，使员工的心与企业紧紧连在一起，产生强烈的归属感。

2. "人"文化

在天津伊势丹的企业运营中，每个员工都是公司的中坚力量。日本企业文化不同于欧美企业的精英文化：在欧美企业中，精英员工的主见会最先被采用，但在伊势丹的企业文化中，充分强调了对每个"人"的理解。晨会时会充分听取每个员工的意见，总结时也会认真倾听每个员工的报告，突出了"以人为本"的企业文化。

3. "和"文化

日本企业文化深受儒教、佛教的影响，盛行"和"观念。"和"的主要内涵是爱人、仁慈、和谐、互助、团结、合作、忍让等，日本文化不仅吸收了儒学"人和"思想，还把它引入企业文化中，并进行了淋漓尽致的发挥。伊势丹经常会举办各类大型活动，在工作之余放松员工的心情。天津伊势丹还在公司内部发起了"微笑比拼"，评选出十几名工作中最真诚微笑的员工并由社长亲自颁发奖状。每个早晨，员工们都会在一起练习微笑，并互相监督。

作为东亚企业文化的成功代表，日本企业文化值得我国学习和借鉴。

资料来源　崔妍，刘少东. 日本企业文化探微 ——以天津伊势丹为例 [J]. 文化创新比较研究，2019（22）.

二、日本企业文化特征

1. 企业使命与社会责任相统一

积极倡导企业使命与社会责任相统一，以建立和谐的文化环境和氛围（见表9-2）。

表9-2　　　　　　　　　日本企业履行社会责任的指导思想

序号	重点强调内容
1	企业履行社会责任的最主要内容就是切实实现股东和雇员的利益
2	企业履行社会责任的直接外在表现就是为社会公众提供最好的商品和服务
3	在可能的条件下，最大限度地促进所在地区和国家的社会繁荣
4	遵守法律法规，做到及时向社会公布企业信息，保证经营活动的公开和透明
5	把企业发展同造福人类、保护环境、建立循环型社会统一起来

企业的社会责任是近年来世界各国企业界和理论界关注的热点问题之一。日本企业把履行社会责任放在非常重要的位置，并在企业文化建设中进行积极倡导，把企业使命与社会责任统一起来已成为日本企业文化发展的一个趋势。比如，松下电器创始人松下幸之助曾经直言不讳地说："赚钱是企业的使命，商人的目的就是赚钱。"但他同时又声明："担负起贡献社会的责任是经营事业的第一要件。"松下幸之助认为，经营的第一理想应该是贡献社会。正是这种崇高的信念成就了松下的今天。我们知道，最强大的力量来源于人内心的一种坚定的信念。"自来水经营哲学"是松下电器公司最基本的经营理念，相当于宪法中的总纲。松下幸之助的经营信念即在于此："如果一切东西都像自来水一样，能够随便取用的话，社会上的情形就将完全改变了。我的任务就是制造像自来水一样多的电器用具，这是我的生产使命。尽管实际上不容易办到，但我仍要尽力使物品的价格降到最低。"实际上，不仅是松下，丰田、索尼、本田以及富士通、佳能等日本知名企业都具有相似的经营理念：遵守国内外的法律及法规，通过公开、公正的企业活动，争做值得国际社会信赖的企业市民。遵守各国、各地区的文化和风俗习惯，通过扎根当地社会的企业活动，为当地经济建设和社会发展

做出贡献。

日本的企业重视履行社会责任的原因主要有以下几个方面：一是由于长期以来一些杰出的企业家的积极倡导和实践，日本企业形成了自觉履行社会责任的文化传统，这一传统指引着日本企业的发展方向，使日本拥有一大批历经百年而长盛不衰的企业，有力地促进了社会经济的发展，为日本跻身世界经济强国奠定了基础。二是从现实状况看，近年来，日本企业出现了一些丑闻，突出表现在对社会不负责任、数据造假、欺骗社会公众。这些教训使日本企业充分认识到，在经营过程中必须以诚信负责的社会形象取信于公众和消费者，只有这样才能保证企业的健康稳定发展。三是从企业面临的宏观发展环境看，随着世界经济一体化进程的加快，市场竞争日益激烈，公众维权意识日益增强，履行社会责任的状况日益成为衡量企业优劣的重要标准。四是经过长期实践，日本的企业家认识到，在当今人类的社会活动过程中，除了战争，工业企业的生产经营活动是占用社会资源最多、对环境影响最大的实践活动，企业在占用社会资源的同时必须给社会回报，以争取社会的支持与理解，为企业创造长远发展的环境。五是政府的大力倡导。日本政府把推进企业落实社会责任作为重要内容，由经济产业省具体负责推进和实施。由于上述原因，日本的企业都很重视将企业使命与社会责任统一起来，企业家们都清醒地认识到，只有站在履行社会责任这个制高点，才能获得企业长期发展的良好环境，所以应努力为企业发展创造和谐的社会环境和文化氛围。

企业文化专栏9-2

菠菜法则

与欧美企业不同，日资企业推崇循规蹈矩，要"及时报告、及时联络、及时交谈"，这在日语中被简称为"菠菜法则"——事无巨细，check先行，切忌自作主张、自我表现。

日语"菠菜"一词的发音包含3个音节，正巧与"报告、联络、商量"这3个日语单词的前半部分一样，人们借此演绎出"菠菜法则"，正式名称叫"日本企业管理基本法则"。

"菠菜法则"既通俗易懂，又容易执行。"报告"要求简明扼要，言之有物；"联络"要求确认"5W2H"，即何时（When）、何地（Where）、谁（Who）、什么（What）、为什么（Why）、怎样（How）、多少（How much）；"商量"则是与同事或客户充分交换意见，准备完成任务的对策。如果一个员工不能很好运用"菠菜法则"，就有可能受到老板这样训斥："你报告了吗？你联络了吗？你商量了吗？"

"菠菜法则"告诉人们，将"报告、联络和商量"作为日常习惯来培养，不但可以密切上下级之间、同事之间的关系，而且可以将许多看起来繁杂的事情变得简单，使企业的运行机制更顺畅，生产销售更高效。

资料来源　余建军. 用"菠菜法则"提升参谋水平［N］. 解放军报，2017-09-22（6）.

2．"企业以人为本"与"员工以企为家"相统一

把"企业以人为本"与"员工以企为家"统一起来，特别注重建设"人企合一"的发展团队（见表9-3）。

表9-3 日本"人企合一"的特征

序号	特征体现
1	坚持"终身雇佣制""年功序列制"等企业制度基本，保持员工队伍的相对稳定
2	通过实施国际化战略，开拓海外市场，为员工发展创造更多空间
3	不断优化员工的生产生活环境，丰富员工的文化生活

日本企业在企业文化建设中把"企业以人为本"与"员工以企为家"很好地统一起来，努力构建命运共同体，实现了企业和员工的共同发展。进入20世纪90年代，日本泡沫经济破灭，经济处于缓慢增长期，即使在企业面临各种困难的情况下，日本企业仍然坚持以年功序列制为主的分配模式，较好地保持了员工队伍的稳定，增强了企业的凝聚力。为使员工能更好地接受企业的经营哲学，成为企业集团的一分子，日本大多数企业从员工一进入公司就开始对其进行精神上和技能上的培训，但最重要的是使员工在思想上和企业融为一体。日本的雇佣制度采用终身雇佣制，企业从大学刚毕业或刚踏上社会的青年人中挑选员工，然后通过各种考验，选择合适人才，被录用的人将在这个企业里工作到退休为止。只要他们喜欢，可以一直工作到去世。有些大企业设立专门埋葬本企业员工的墓地，它们把去世的员工埋葬在灵塔下，在节日里，企业的领导和员工一起到墓地举行大规模的宗教仪式，以表示对去世员工的缅怀之情，同时也对新员工进行现场教育，使他们更忠于企业。

企业文化专栏9-3

日本企业内工会制度

企业内工会制度、终身雇佣制度、年功序列制度被称为日本经营管理的三大法宝，奠定了日本企业文化的基础，形成了独特的日本企业经营管理模式。

很多日本企业内设置了工会，员工进入企业便成为工会会员，工会干部由会员选举产生。工会的主要任务是维护会员的合法权益，提高工资待遇，改善工作环境等。日本企业内工会并不像欧美产业工会那样对抗企业，使劳资双方关系紧张，而是经常与工会会员谈心，了解会员诉求，再通报给企业，并积极协调劳资双方的关系，体现了"家文化"中"和"的内涵。如果把企业比作一个家，经营者是"严父"，员工是孩子，那么工会便扮演着"慈母"的角色，家庭中"慈母"与孩子相互交谈，再将孩子的意见和愿望告诉"严父"，帮助孩子实现愿望，以此维持家庭的和睦氛围。

每年二三月份，很多日本企业都会举行大规模的工会活动，工人通过这样的渠道向资方提出薪资待遇和福利的要求。日本人把这种社会现象称为"春斗"，但事实上这并不是激烈的对抗行为，而是相互协商。企业内工会在资方和劳方之间运用"和"的思想维持着双方的平衡，维护着企业正常有序的运转，员工则依靠企业发展而实现自我价值。

资料来源 曾令明．论家文化对日本企业文化的影响［J］．中国商论，2020（5）.

189

3.文化传承与文化创新相统一

努力做到文化传承与文化创新相统一，培育支撑企业实现持续发展的文化力量（见表9-4）。

表9-4　　日本"文化传承与创新"统一的具体体现

序号	体现
1	继承民族文化中的优良传统（协调配合的团队意识、注重建立和谐的人际关系等），并通过创新，把企业建成命运共同体、发展共同体和文化共同体
2	注意形成相对稳定的"文化基因"，使之成为促进企业发展的精神财富
3	通过建立资料馆、纪念馆、展览馆等文化设施，使企业创造的文化成果得到了很好的保护，并通过免费向社会开放，使之成为与社会沟通的桥梁，充分展示了自己的历史和文化成果，达到了用文化提升企业形象的目的

据统计，日本创新研究费用占GDP的比重已经超过美国，目前已经达到3.4%左右。其中，用于技术和产品创新的费用仅占1/3左右，而绝大部分费用花在了对现有产品和现有技术的改造、改进上。这也说明了日本人创新的一个态度：对于任何一个产品，一定要挖掘出其最大价值，在某一个领域中，不成为该领域最优秀的企业誓不罢休。强大的科技投入，是发展关键技术的基本保证。

为了使企业在激烈的市场竞争中处于不败之地，用文化提升企业形象，用创新推动企业发展，无疑是日本企业"长寿"的原因。这些企业在不断开发适销对路的新产品、占领市场制高点的同时，非常注重文化的传承和创新，使企业发展既基于深厚的文化积累之上，植根于厚重的民族文化传统之中，又能适应时代变化，不断发展创新。

4."企业家自觉"与"员工自觉"相统一

注重"企业家自觉"与"员工自觉"相统一，确立了"上下同欲"的文化追求。

如何由企业家的自觉影响员工的自觉，则要看企业文化在员工中的内化程度以及员工自觉践行的程度，如图9-1所示。

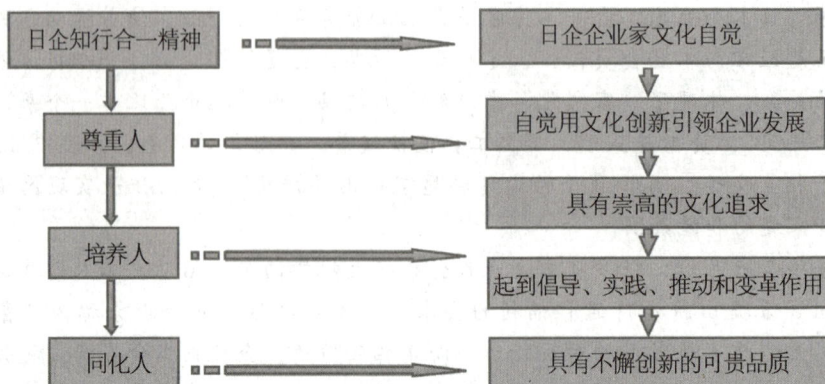

图9-1　企业家自觉和员工自觉的统一

日本企业家对中国古典思想很有研究，率先把中国《孙子兵法》运用到了企业管理和市场竞争，深刻理解了孙子所说的"令民与上同意也，故可以与之死，可以与之生，而不畏危"的含义。日本企业在企业文化建设中，以确立共同的文化追求为目标，把企业家的文化自觉与提高员工的文化执行力统一起来，使企业成为一个文化共同体。

日本企业在企业文化建设上注重知行合一，企业精神、企业理念已经成为企业员工的生存方式和工作习惯的一部分，体现在员工的言行之中。这些企业主要采取以下措施来提高员工的文化执行力：一是尊重人。日本企业重视人不仅把他们作为生产要素来重视，而且把他们真正当成群体的一员，如日本一些大公司在每天清早上班时，公司的经理及高级主管总会列队在公司门口向前来上班的员工微笑行注目礼，以示敬重，其他日本企业普遍实行的"U"型决策方式、"职工建议制度"等方式和制度都是为尊重员工参与管理的愿望而产生的。二是培养人。日本企业对人的培养非常重视，甚至是不惜血本，一般进入企业的人员前10年的重点都是接受教育和培训，他们在待遇方面几乎没有差别，正因为这样，客观上产生了日本企业人才的凝聚力与合作精神。三是同化人。日本企业对员工的同化是从员工进入企业开始，就通过培训、前辈带后生、公司歌曲等方法来诱导、灌输企业的价值观念、行为作风、经营哲学等，从而使企业成员具有共同的信念和精神作风。四是激励人。日本企业的激励办法可以说是全方位的，采用崇高的目标、很高的福利待遇、提供宿舍、补贴交通费用、营造家庭式和谐温馨的企业环境、终身雇佣制度等手法来鼓励员工，使员工想企业之所想，急企业之所急。五是约束人。为保证企业"上下同欲"，日本企业还制定了一整套非常完善的管理制度来约束员工。

企业文化专栏9-4

阿米巴经营模式

阿米巴是日本京瓷公司在20世纪60年代创立的一种经营管理方式，相关的理论研究最早也出现在日本，并逐渐影响到全世界的管理会计理论界与实务界。

阿米巴经营模式的核心思想是：经营公司不能只靠一部分领导，还要靠所有员工都参与经营，要尽可能把公司分割成细小组织，并通俗易懂地公布各个部门的业绩来促进全体员工参与经营。

阿米巴经营模式在企业落地需要两个关键点：一个是哲学基础，即敬天爱人、仁爱立司；另一个是核心方法，即单位时间核算，其思路是使用单位时间核算衡量业绩。

此外，选择阿米巴经营模式作为公司的核心管理工具，还需要整合过去的管理方法，打造支撑未来的价值创造平台。

总之，企业实施阿米巴经营模式的最终目的是全员参与、透明经营、培养人才。

资料来源　于濛. 阿米巴能够助力企业持续发掘新价值［N］. 中国会计报，2017-07-07.

5.企业文化融入生产实践

企业文化融入生产实践，形成了文化与管理相融共进的良性发展格局。

日本企业非常重视"企业文化真正成为企业发展的内在动力"。将企业文化融入

191

生产实践，按照"内化于心、固化于制、外化于行"的建设步骤，促进企业文化与企业管理相融共进，如图9-2所示。

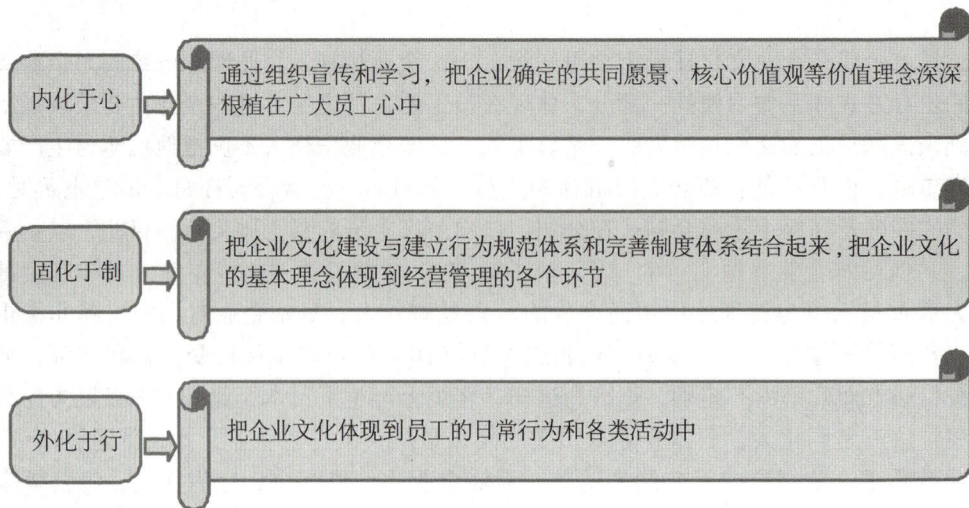

内化于心	通过组织宣传和学习，把企业确定的共同愿景、核心价值观等价值理念深深根植在广大员工心中
固化于制	把企业文化建设与建立行为规范体系和完善制度体系结合起来，把企业文化的基本理念体现到经营管理的各个环节
外化于行	把企业文化体现到员工的日常行为和各类活动中

图9-2 企业文化与企业管理相融

企业文化专栏9-5

日本企业的工匠精神有何特别

笔者考察过许多日本大中小企业，深感日本企业群体的技术结构犹如"金字塔"，成千上万家各怀一技之长的优秀中小制造企业构成"日本制造"金字塔的基础。很多只有十几个乃至上百名员工的中小企业为大企业提供高技术、高质量的零部件和原材料，其中一些企业因为能制造独门产品而被称为"only one"企业。

日本中小企业的一个普遍优秀的品质是，能几十年如一日，甚至几代人如一日，心无旁骛地磨练一技之长。它们所组成的产业集群，正是日本技术实力的基础和底气所在，有学者称之为日本"国宝"，将匠人的光辉业绩赞誉为"人生教科书"。日本人的工匠精神不分等级，不分学历，不分行业，工人、工程师、经营者是平等的，初中生、大学生都可以在生产第一线一展身手。

日本人的工匠精神不仅表现在制造业，也表现在其他行业，特别是服务业。比如每年运行约12万趟的东海道新干线列车，包括灾难时的运行在内，其每年的平均误点时间只有36秒。当今为人们广泛使用的手机"扫一扫"二维码技术，就是日本电装公司在1994年开发的，该公司无偿公开技术后，使之得到了迅速普及。

资料来源 冯昭奎.日本企业的工匠精神有何特别［J］.文史博览，2019（9）.

6."产品"宣传与"文化"经营相统一

注重把"产品"宣传与"文化"经营相统一，培育了企业新的经济增长点。

企业文化建设拥有宣传产品、塑造企业形象的职能，日本在此基础上赋予了企业文化建设以新的功能，在宣传产品的同时，开始经营文化。企业文化建设中已实施了

CI战略，有力地提升了企业自身形象，同时加大对顾客满意（CS）的建设。CS战略在日本企业已经被广泛实施。有的企业在经营理念中提出"洞察下一个需求，创造新的价值"，也就是深入顾客的内心深处，去发现连顾客自己也没察觉到的需求和愿望，并将其变为具体的商品和服务提供给顾客，给顾客以惊喜，继而创造新的需求。

案例分析 9-2

61年不亏损：京瓷赢在哪里？

2020年4月30日，这是京瓷公司自1959年创建以来第61次发布年度财报。京瓷提交的年报从不亏损，这在全球上市公司中极为罕见。在半个多世纪的进程中，京瓷经历了石油危机、日元升值危机、亚洲金融危机，以及当前的全球疫情危机，但其公司公布的历年财务报表，始终呈现一个非常完美的持续上升曲线。

是什么成就了长盛不衰的京瓷公司？"人心"比制度更重要。

1959年4月1日，稻盛和夫在京都市中京区西之京原町101番地正式创建京瓷公司，注册资金仅300万日元，员工不到30人。创业伊始，一家缺乏资金、信用、业绩的作坊式小厂如何生存和发展，是他思考最多的问题。创业初期，京瓷的出发点就是建立"心与心之间的纽带"。"以心为本"的经营理念，就是把关心员工利益放在首要位置。

稻盛和夫认为，"爱""诚""和谐"决定着一个人的心性。自己之喜悦的心性就是"爱"；为社会和他人着想就是"诚"；以不仅希望自己而且希望周围的人都幸福生活之心，达到"和谐"状态。诚、爱、和谐结合到一起即"敬天爱人"。因而，稻盛和夫认为，在资金缺乏、一无所有的情况下，凝聚大家的力量，建立一个互相信任、心心相印的团队，比构建制度更重要。

正是基于"以心为本"经营理念，京瓷公司喊出了不裁员、不减薪的口号，并震惊业界。

资料来源　时光. 61年不亏损：京瓷赢在哪里？[J]. 中国石油企业，2020（6）.

问题："人心"比制度更重要吗？

分析提示："人心"最为重要。人心易善变，且不确定，然而一旦建立起相互信任的关系，人心也会变得无比牢固，值得信赖。日本式经营哲学深受儒家学说影响，带有强烈的东方文化色彩，强调人性和爱，所以"敬天爱人"和"利他经营"成了稻盛和夫的经营管理核心。

单元三　美国企业文化

一、美国企业文化整体评价

美国是现代管理的先行者，企业文化管理经验是其企业通过不断实践总结出来的，同时又应用于实际工作中，已取得了巨大的经济效益。美国历史学家戴维·兰德斯在《国家的贫穷与富裕》一书中断言："如果经济发展给了我们什么启示，那就是文化起到举足轻重的作用。"美国企业文化的管理模式成为各国学习和仿效的对象。美国企业文化是在当代社会实践中形成的，具有尊重个人价值、积极探索创新、务实、重制度、顾客至上等鲜明的时代特色。

在美国，越来越多的企业正在把工作的重点转移到创建企业文化上来。文化观念的支配地位和凝聚作用，已经证实是优秀公司共同的基本特点。在美国企业界中，强烈的文化几乎是不断取得成功的驱动力。一个庞大的组织能够长久生存，最重要的条件并非结构形式或管理技能，而是我们称之为信念的那种精神力量。

随着企业文化的兴起，美国企业管理也在调整，如图9-3所示。

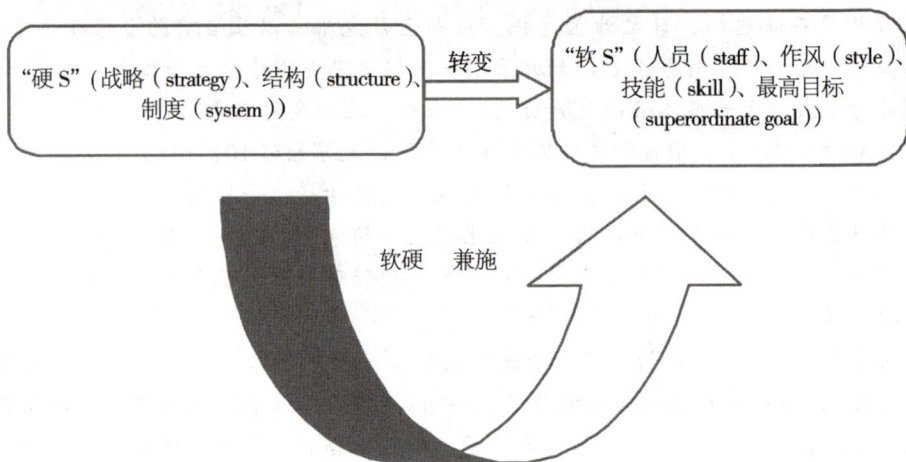

图9-3　美国企业管理的调整

二、美国企业文化特征

1.尊重个人价值，崇尚个人英雄主义

美国是一个移民国家，它的早期居民大多数是从欧洲各国迁移过来的，这些移民来到一个陌生的环境，一切得从头开始，身边没有亲戚朋友的帮助，只能依靠个人奋斗，在生活的磨炼下形成了美国人浓厚的个人主义色彩。另外，美国本身只有不到300年的历史，它直接从奴隶社会进入资本主义社会，没有经历过封建社会，因而它的个性没有受到封建思想的束缚，又因资本主义制度提倡个人主义，使得美国人的个性在资本主义社会中得到了发展。

美国人的个人主义使得美国企业非常尊重员工的个性发展，崇尚个人自由，尊重个人价值。1997年，美国修订了原有的每周工作40小时的劳动法案，制定了弹性工作制度，为员工创造宽松的工作环境，企业充分信任员工的工作能力，相信员工能处理好自己的工作。美国公司尊重个人价值还表现在激励机制上。美国公司会花大量的时间、人力和物力对员工进行知识和岗位能力的培训，提高员工的业务能力，并为员工搭建展示自己能力的平台。另外，美国公司的奖励往往针对个人而不是针对集体，它们相信员工有能力完成自己的工作，它们也要求员工明确自己的职责，对自己的工作负责，员工成绩突出，公司就对员工个人给予奖励。美国企业将自己的股份分配给员工，让员工成为公司的主人，从而发挥员工的主人翁思想，提高员工的责任心和积极性，让员工和企业的命运息息相关。

美国公司尊重个人价值还表现在个人英雄主义上。美国的企业家被美国人当作"新美国英雄"崇拜，人们以这样的商业英雄为榜样，给予他们荣誉和高额的年薪。佳士拿汽车公司总经理艾柯卡的年薪为1 200万美元，而当时美国总统克林顿的年薪才20万美元。美国企业文化之所以尊重个人、强化个人主义是有其原因的，见表9-5。

表9-5　　　　　　　　美国企业文化尊重个人，强化个人主义的原因

序号	角度	原因
1	企业决策方式	在美国企业中，过去管理者只考虑个人意见，很少征求同僚或下属的看法
2	领导与员工的关系	在美国的企业中，过去雇主和雇员纯粹是契约关系、雇佣关系，老板把工人仅仅看作是机器人、经济人和获取利润的工具

2.支持冒险，激励创新

美国企业中顽强的创新精神和激烈的竞争机制随处可见。美国文化是移民文化，移民冒着风险从熟悉的环境来到陌生的地方，经常遇到新的事物，解决新的问题，他们需要打破常规，适应新的环境；他们要不断尝试，不断创新，从挫败中学习，从失败中总结，从成功中得到鼓励，从而形成了美国人的冒险精神和不断创新的精神。美国企业家总是在寻找新机会，探索新的管理方法。可以说，美国企业文化是"创新型文化""竞争型文化"。

在求新、求变的精神鼓舞下，许多成功的企业引进市场法则，建立了激励机制、竞争机制和风险机制，并以此为动力推动企业不断发展。像通用汽车公司、IBM公司、P&G公司、3M公司等成功的企业都有意在企业中创造竞争的环境和机会，让员工们进行竞争，施展自己的才能。许多公司建立了强有力的支持竞争的系统，鼓励人们冒尖，培养和支持"革新迷"。

正是这种强烈的求新、求变精神和激烈的竞争机制，使许多美国企业家脱颖而出，创造了许多"世界第一"，这是美国创新文化长期熏陶的结果。如亨利·福特首创世界第一条大规模生产流水作业线；泰勒最早提出"科学管理"原理；德鲁克最先提出"目标管理制度"；通用汽车公司的斯隆开现代公司管理制的先河，创造了高度集中下的分权制。近年来，西方世界企业文化热如大潮涌起，美国又走在这一潮流的最前面。可以说，激烈的竞争和不断创新是美国许多成功的企业保持活力的源泉。在当前全球竞争空前激烈和不断变革的时代，这一精神尤为重要。创新免不了犯错和失败。从对过去40年来的创业投资统计来看，其成功概率仅为20%，这就要求企业允许创新者失败。国际数据集团总裁麦戈文说："在美国，企业鼓励你去尝试做一些事情，即使你失败了，也会因为试过而获得荣誉。"美国通用电气公司曾经有2 000万美元投资计划因不可预测的市场原因而导致失败，执行此次计划的人却得到了奖励，其经理的职务不降反升，人们大惑不解，通用电气公司的时任CEO韦尔奇道出了原因，那就是只要你的理由和方法是正确的，即使结果是失败，也值得奖励。

不断创新使美国人抢占了许多科学技术的制高点。美国一直对科学技术的发展比

较重视，每年投入大量的人力和物力来开发新的技术，并应用于企业的生产中，使其转化为生产力，进而依靠其技术优势制定行业技术标准，从而获取高额利润。自20世纪50年代以来，美国在计算机领域的投入比较大，其投资额是美国在原子弹上投入的10倍，美国大量的投入和不断创新使其在计算机领域处于世界的前沿，造就了一批计算机领域的巨型公司，如IBM、戴尔、微软等。

企业文化专栏9-6

IBM蓝色巨人转身

数次浴火重生，蓝色巨人IBM在新一轮信息技术革命浪潮中再次谋求转身。

如今，IBM踏上了转型的征程——"以云计算为平台，认知计算为解决方案，专注于企业行业"。正是因为IBM与生俱来的创新基因，以及百余年所积累的技术优势，所以IBM成功完成了数次转型。

IBM一直走在科技创新的前沿。2017年，IBM推出了全球首款50量子位原型机，有超过7.5万名用户通过全球第一批公开可用的量子计算机——IBM Q Experience进行了超过250万次的量子实验。据悉，2018年IBM共计获得9 100项专利，其中近一半是在人工智能、云计算、区块链、量子计算以及其他技术领域。

资料来源　孙亚雄. IBM蓝色巨人转身［J］. 英才，2019（9）.

3.务实精神，制度大于人情

由移民文化组成的美国民族文化，融合了世界各民族文化，形成了美国实用主义哲学。美国实用主义哲学培育了美国人的务实精神，认为"有用就是真理"，注重实际效果，少有形式主义，上级与下级沟通直接，表达意见明确。美国的企业一般以工作业绩来评定员工，不太看重员工的学历和资历，所以在美国企业经常看到年轻的管理者，他们年纪轻轻却拥有骄人的成绩。美国的务实精神使企业喜欢用数字来评价事物，关心效益指标。为了获得最高效率，员工拼命工作，相互竞争。竞争在美国社会无处不在，既有个人之间的竞争也有企业之间的竞争，激烈的竞争使美国公司的员工卖力工作。微软公司老板比尔·盖茨就是一个工作狂，他每周工作7天，每天休息五六个小时，在老板的带动下，微软公司员工也处于长时间的工作状态。

为了便于管理自己的企业，使企业的工作有条不紊地进行，美国企业制定了科学的管理制度和严格的工作标准，对员工的工作内容进行规定，分工精细，职责明确。比如，美国通用电气公司实现规范化管理和规范化工作，细到对员工放置生产工具都有明确规定。公司管理人员在实施制度时，依章办事，不太讲究情感和面子。再比如，美国企业的员工采用"合同雇佣制"，企业会根据实际生产情况来决定雇用工人或解雇工人，人与人的关系是契约关系，而不讲究人与人之间的情面。

企业文化专栏9-7

微软的考勤智慧 打破平衡的竞争机制

位于西雅图的微软公司研发中心，拥有40多名全球顶级的IT精英。这些精英每年为微软创造了大量的财富，公司也为他们提供十分优厚的福利待遇。为了激发员工的创造力，微软公司给予这些员工充分的自由。

在这里工作，兴致来了，你完全可以去打篮球，去健身房，去游泳池，喝咖啡，甚至会有专门的按摩师。只要你愿意，你完全可以像在家里一样，惬意极了。如果是特殊人才，还有更多的优待。公司只有一条规定：按时上下班，哪怕是喝咖啡，你也要坐在公司里喝。可是，员工们自由散漫惯了，而且美国人喜欢过夜生活，所以上班老是迟到，部门经理为此伤透了脑筋。

为此，部门经理制定了严格的考勤奖惩制度。可是根本没人当回事。迟到了，客气的员工还会朝部门经理耸耸肩笑笑，不客气的员工干脆就若无其事。有一回，部门经理扣了一名叫莱特的软件工程师200美元考勤奖。莱特大发雷霆，直接就交了辞呈。事情闹大了，连比尔·盖茨本人都被惊动了。部门经理做得没错，然而莱特又是办公自动化方面公司引进的特殊人才，比尔·盖茨只好亲自调解。最后返还了莱特200美元，这事才算了结。

莱特是留住了，但是迟到现象却大有变本加厉之势。该怎么办呢？

有一天，比尔·盖茨在草坪上散步时，无意中看到了公司的停车场。50个车位上停了40几辆车。而旁边，某些小公司的员工，因为停车位的不足，一些车子一直停到了远处的马路上。看到这里，比尔·盖茨灵光一闪，一个绝妙的好主意产生了。

第二天，比尔·盖茨就让部门经理将公司的停车位卖掉了10个，只剩下40个停车位。上午10点，就有员工不满地向部门经理反映没有停车位，车往哪儿停？部门经理抱歉地说：停车位是租的，到期了，业主不愿续租，公司也没办法。

一个星期后，奇怪的事情发生了。研发中心的40多名员工再也没有迟到的了。因为一旦迟到就意味着要把车停到马路上。如果迟到得厉害了，就连附近的马路也没处停。有一回，一个拖沓的员工居然把车停在了1英里外的马路上。

从此，微软研发中心再也没有人迟到了。

资料来源 朱国勇. 微软的考勤智慧 打破平衡的竞争机制 [J]. 中外管理，2019（7）.

4.强调重视顾客、一切为了顾客的观念

重视顾客的观念，从某种意义上说，就是要在公众心目中树立起企业良好的形象。具体做法是：尊重顾客，不厌其烦地跟顾客建立长久的联系；企业对顾客负责，树立对质量精益求精的精神等。

美国政府和各州政府制定政策和法规来保护消费者的利益。各州政府每年用于质量监督的费用约占总预算的1/4，形成了美国健全的质量保障体系。沃尔玛公司制定了"十步准则"，只要在员工 10 步范围内的顾客，员工必须看着顾客的眼睛，并主动询问是否需要帮助；沃尔玛公司在销售产品时低价出售，让利于消费者，"为顾客节省每一分钱"是沃尔玛公司经营的理念。IBM 公司通常要求员工在接到顾客请求 1 小时内派人去为顾客服务，必须在 24 小时内解决顾客的问题或者给顾客一个满意的答复。

企业文化专栏9-8

"铺张浪费"的亚马逊

亚马逊是美国一家知名的互联网公司，成立于 1995 年，曾经只是一家普通的网上书店，目前已经成为全球商品种类最多而且受到万众瞩目的电商平台。之所以能走到今天，亚马逊有一套独特的管理模式，突出表现为强烈的成本意识。然而，一向节俭的亚马逊在售卖商品时却有"铺张浪费"的一面。

有一次，亚马逊收到一个顾客的投诉，说花同样的价格买回的五根香蕉却大小不一样，举报亚马逊内部没有对这些香蕉进行严格把控。很多人都觉得这个投诉有些可笑，但是亚马逊董事会却因为这次小小的投诉召开了一次专门会议，要求生鲜部门每一次都必须将香蕉进行严格筛选，要求生鲜部员工修剪每一捆香蕉的大小。

所以，每一次大概要有三分之一的香蕉被修剪掉，而这些被修剪掉的香蕉完全可以再次捆绑在一起售卖，但是亚马逊没有这样做，最终将这些香蕉全部免费送人了。所以，在西雅图的街头，你每天都可以看到两辆装载香蕉的车辆，没错，那就是亚马逊提供的一个开放的福利计划——从这里经过的人，无论你是谁都可以免费领到一根香蕉。可想而知，亚马逊售卖的香蕉并没有多少盈利，但是这不妨碍他们继续做下去，而这一做便停不下来了。

资料来源　张海贞．"铺张浪费"的亚马逊 [J]．思维与智慧，2018（14）．

单元四　欧盟国家企业文化

一、欧盟国家企业文化特征

伴随着欧盟一体化进程的发展，尽管欧盟各国在贸易方式、技术等方面出现了越来越明显的趋同性，然而大量的调查研究表明，基于各国既定主流文化之上的企业文化仍存在着不小的差异性。认识和深入理解这种企业文化的多样性将有助于跨国经营企业或合资企业战略的构建和调整，提高企业管理人员的跨文化管理能力（见表 9-6，需要说明的是，尽管英国 2020 年 1 月 31 日正式脱欧，但基于英国与欧盟国家企业文化的共同性，我们在本单元中仍将它们放在一起进行比较说明）。

表 9-6　　　　　　　　　　　英国和欧盟国家的企业文化特征

序号	国家	企业文化特征
1	英国	·富有人情味； ·实用主义； ·保守主义； ·强烈的等级意识； ·鄙视竞争，避免竞争
2	法国	·公众意识强； ·人性化和民主化； ·科学与创新； ·敢于奋斗，勇于挑战
3	德国	·缩短工时； ·高附加值经营； ·注重教育培训制度； ·注重创新研究开发
4	意大利	·相对欠缺的时间观念； ·当面谈妥生意，不喜欢借助媒介，如电话、电子邮件等； ·十分健谈，思维敏捷； ·习惯于身体接触； ·生意场上比较讲究穿着，十分优雅
5	荷兰	·重视对雇员的培养和分配； ·企业中管理层次清晰，管理人员的素质也高，尤其重视新知识、新技术； ·比较正式、保守，在商务谈判时要穿正式西装，谈判也不喜欢拐弯抹角； ·时间观念强，讲究准时； ·做生意喜欢相互招待宴请
6	挪威	·生意场上不注重关系导向，中间人的作用微小； ·具有语言天赋； ·心直口快，讲话通常很坦率、直接； ·做生意相对不太正式； ·倾向轻言细语和沉默寡言； ·"先高后低"的谈判策略
7	瑞典	·注重平等、效率； ·生意为先，通常无须第三方的介绍或推荐，会主动自荐； ·讲究高效率的瑞典人磋商时喜欢立刻进入正题； ·谈判开始的提价符合实际，而不是以一个夸大的数字开始； ·感情保守的交流方式以及出名的谦让和克制力
8	丹麦	·具有适应发展、抓住机遇的能力； ·中小企业居主导地位，中小企业信息流通快，新的想法很容易付之行动； ·实行职业轮换的制度，保证整个劳动力的更新； ·工作时间内十分严肃，态度保守、认真； ·凡事按部就班、计划性强，做生意采取较温和的姿态； ·拥有很强的法治观念，很注意道德，有自己传统的道德标准

企业文化专栏9-9

瑞典宜家：人性化、简单、自给自足的企业文化

逛宜家门店不同于浏览其他死板固化的家具卖场，宜家门店能够给人一种方便、赏心悦目、轻松愉快的购物体验。在这里，你看到的是由各种各样家具组成的一个又一个温馨、舒适的场景。不管在儿童房、在餐厅，还是在卧室的展示厅里，你都可以看到多种不同的家具组合，还可以看到各种家具的说明书和组合图。这些样品和图片是从宜家分布在全球的1 500家家具供应商提供的款式中精选出来的。

宜家卖场的整体布置与员工服务也尽力让购物的过程轻松而且自在。到了宜家，你只要随着地板上画的箭头，就可以从头到尾走完整个商店。你会忘记自己是"顾客"，而是变成一个"参观者"。如果你不需要服务员，就不会有任何店员来打扰你；如果你选购的家具比较大，在商场的入口处就有许多方便灵活的手推车；如果你带了孩子，可以把孩子"寄存"在有专人照看且有很多玩具的游乐区域里，然后你就可以放心地去购物了。如果你逛累了、逛饿了，这里专门开设的餐馆为你准备了香浓的咖啡和各国的风味食品。此外，宜家的每种商品都用瑞典语命名，并被翻译成多种语言文字。

总体而言，顾客在这个轻松自然的环境中会不知不觉被"宜家文化"所感染。许多的生活常识和装饰灵感在这里悄然迸发。

资料来源 成烨. 宜家家居企业文化案例分析 [J]. 福建质量管理，2019（24）.

二、欧盟国家企业文化比较

尽管伴随着欧洲一体化的进程，欧盟诸国彼此的商务惯例、企业文化都呈现出了前所未有的靠拢，然而由于历史原因，欧盟各国的文化氛围、社会价值观等差异必然造成欧盟企业文化的多样性。就如同为人所熟知的美、日跨国公司一样，虽然许多企业都是成功的全球经营的典范，但它们的企业文化却是大不一样的。欧盟各国企业文化的差异，可以从六个方面来比较。

1.权限的分配

总的来说，在欧盟现有的27个成员方中，奥地利企业具有最为民主的企业文化氛围，其次是丹麦、爱尔兰和瑞典。这些国家的企业通常制定了颇具约束力的协调决策程序。企业的决策必须有员工的参与，经过多数员工的同意，而不能由管理层强制执行或强加到每个员工身上。经理们也希望被认为是具有团队凝聚力和平易近人的人。所以劳资双方的关系可以说是相当融洽的。德国企业虽然也采取了民主决策的政策，然而很多重大方针策略是由管理层集中决定，只不过在此过程中，领导层非常重视向工会代表咨询，从员工中汲取改进企业经营管理方面的建议。因而，一般来讲，德国企业领导具有较高的地位和较大的决策权。在英国，企业业务决策权通常下放到中层经理人员手中，决策的制定主要通过商议，而不是根据企业董事会的命令。因此，英国的各层经理们通常被赋予了高度的自主权。而葡萄牙、西班牙、法国、希腊

和比利时的企业都采取与上述国家的企业非常不同的决策方式。诸如南欧的西班牙、意大利、希腊和葡萄牙，尽管企业的决定并非由领导人专制做出，但企业员工出于对企业领导的信任和忠诚，能够自愿接受来自高层的决定。法国的企业则具有欧盟国家中最明显的中央集权色彩，专制化管理随处可见，管理阶层与员工之间的沟通未得到充分的重视。这主要是受法国悠久的君主专制历史和家庭传统观念的影响。

2.规章的繁简

有些企业习惯建立一整套非常细致、繁杂而长期固定化的规章制度来规范公司的经营业务，以便提高企业管理的安全等级。在这方面，最突出的应该是希腊和葡萄牙的企业，其次是比利时、法国和西班牙企业。这些国家企业中的个人或部门期待完善且严格的规章体系给予他们全面的指导，比如明确个人工作职能等，员工们欢迎和依赖这些企业条例。相反，丹麦、爱尔兰、瑞典企业则很少制定如此复杂的规章制度。有些国家的公司甚至可以说从未尝试去建立这种固定体系。在这些企业中，更多地采用多数人认可的原则来自我规范。

3.员工间关系

我们有这样的体会，男权色彩越强烈的社会，越提倡物质主义、竞争、强权及强调性别角色；而女性社会则更提倡和谐关系，无论男女之间，还是上下关系，都强调平等和伙伴关系。奥地利、德国、爱尔兰、意大利属于前者，企业文化中利润导向明显，鼓励每个员工在竞争中力争攀升，用高盈利换取高报酬、高奖金、高职位，这些自然导致员工对企业忠诚度的下降。与此形成对比，瑞典、丹麦、芬兰等国企业文化中更强调雇员工作质量和生活福利，而非单纯追求利润最大化。这并非说企业追求利润回报的目标对它们来说没那么重要，而是说这些企业是以鼓励而不是刺激来达到这一目标。北欧国家企业与员工间的关系因此而融洽和自然。同时，由于企业尽力满足了员工的工作和生活需求，企业的内部向心力随之加强。另外，在很多拉丁语系国家（如意大利）的企业中，人们常用一种传统的性别歧视的眼光去对待妇女。近些年受欧盟社会政策和职业法的影响，这一状况已有了相当程度的改变。在荷兰和斯堪的纳维亚国家，由于历史原因，早已认识到妇女广泛就业所带来的巨大经济和社会效益，因而在商务活动中早就实现了男女平等。

4.集体和个人

这一方面主要指企业是提倡员工的个人表现还是更提倡团队协作；如何平衡集体利益与个人利益；企业赋予个人多大程度独立处理事务的权限；员工是否强烈要求企业保证其私人休息时间和表达个人观点的机会。在这方面，英国的企业文化和美国非常接近，鼓励个人主义、崇尚个人奋斗和表现企业家的管理才能。企业常常鼓励员工间的内部竞争，鼓励不惜一切代价追求最大利润的个人冒险精神。这种风尚不可避免地造成员工对企业依赖度的下降，突出表现在英国各行业内职员跳槽率居高不下。其他欧盟国家在这方面虽然没有英国这么明显，但企业文化却也逐渐趋向于推崇个人表现。葡萄牙和希腊则例外，集体主义的企业风气在公司中占有绝对优势的地位，企业鼓励团队合作与建立共同奋斗目标，在经理层尤其提倡协作精神。

5.长短期目标

英国的企业常常力求通过短期的发展计划来谋求迅速获取回报，而不是像有些国

201

家（如荷兰）的企业那样更着眼于建立长期竞争优势。制定企业规划战略时，目标从短到长排序依次为：德国、瑞典、荷兰。

6.激励措施

在以法国、西班牙为代表的国家中，企业奖励方式通常是给予被奖励人一定的荣誉，让他们感觉到被承认和受到他人的敬佩。德国企业的奖励方式通常是提拔，赋予被奖励人更高的职位和更大的职权。在以瑞典为代表的北欧国家，最佳的奖励是让被奖励人领导更为艰巨而又令人瞩目的新项目。

从上面的比较分析中可以看出，欧盟各国的企业文化是一个共性与个性的统一体。由于欧盟各国较为相似的历史文化底蕴和市场的日益统一，各国企业文化具有共性的一面。同时，由于各民族文化的长期沉淀和所处具体内外环境的不同，其企业文化又呈现出个性的一面，集中表现在独特的人力资源惯例传统、独特的行政系统、独特的经营管理风格、独特的企业生活氛围，以及不同的战略发展目标等。

［项目测试］

一、简答题

1.简述跨文化管理的内涵。

2.简述日本企业文化的特征。

3.简述美国企业文化的特征。

4.比较欧盟各国企业文化。

二、案例分析题

西方管理哲学的灯塔——博雅管理

彼得·德鲁克以"人性化"的思维和"人情味"的诠释，打破了原先有关管理研究的冰冷枷锁和僵化束缚，他将管理视为可以激发人的力量和潜能，并可为社会创造出巨大成果的博雅艺术。他的管理思想几乎覆盖了管理学科的每一个角落，他不仅提出了"目标管理"这一具有划时代意义的新理论，同时还在自我管理、人力资源管理、企业社会责任、领导力、创新与企业家的精神等方面提出了诸多的管理理论，这些理论也为后来的学术研究和管理实践提供了宝贵的精神财富。

他认为管理是有关人的活动，因此要在管理的过程中去洞悉人性——人的任何行动的背后都存在内隐的价值观、信念与承诺。因此管理学不仅是一门科学，也是一门关乎人文素养的学科，而有效的管理就是让人发挥潜能，自由地创造出有利于社会的劳动成果，同时，在这一过程中不断提高自己的人格与能力的自由技艺。也正因如此，德鲁克的博雅管理影响并造就了一代又一代的管理者，纵观当今世界知名企业，如通用电气、微软、亚马逊、Facebook、苹果、英特尔等，在其背后无不充盈着博雅管理的光辉。博雅管理的精髓与价值正在世界上得到越来越多的尊重、认可与传播。

资料来源　耿川，沈锦发，陈为年．当王阳明遇见德鲁克：现代企业博雅管理的本土化［J］．社会科学家，2019（8）．

问题：我们学习西方国家的企业文化有何意义？

分析提示：要活用西方管理的体，注入中国智慧的魂，构建"内化于心、外化于行"、"你中有我、我中有你"、"互补互益、和谐统一、有机弥合"、中西融贯的本土化企业文化管理实践新范式。

［项目实训］

实训主题：欧盟企业文化案例收集与分析

1.内容与要求

（1）5名学生为一组；

（2）利用各种方法收集企业文化方面的案例。

2.成果检验

（1）整理案例并分析；

（2）课堂展示。

主要参考文献

图书类

［1］黄继伟．华为文化手册［M］．北京：中国友谊出版公司，2020．

［2］杨宗勇．用爱经营：宜家的经营哲学［M］．北京：中国法制出版社，2017．

［3］华锐．新时代中国企业［M］．北京：企业管理出版社，2020．

［4］高国华，王乃国．文化：企业制胜之道［M］．苏州：苏州大学出版社，2020．

［5］石伟．企业文化——基于人类学和管理学的视角［M］．北京：中国人民大学出版社，2020．

［6］迪尔，肯尼迪．企业文化——企业生活中的礼仪与仪式［M］．李原，孙健敏，译．北京：中国人民大学出版社，2020．

［7］王思翰．强大原型：有文化的品牌更强大［M］．北京：中华工商联合出版社，2020．

［8］《环球人物》杂志社．创业大咖：创新改变世界［M］．北京：九州出版社，2017．

［9］陈佩华．沃尔玛在中国［M］．上海：复旦大学出版社，2016．

［10］荆玉成．原力觉醒［M］．北京：中信出版社，2016．

［11］松井中三．解密无印良品［M］．吕灵芝，译．北京：新星出版社，2017．

报刊类

［1］王志江．以一流的企业形象当好"一带一路"文化融合的桥梁［J］．企业文明，2020（10）．

［2］翟元堃．从B站跨年晚会看文化融合与媒体融合［J］．西部广播电视，2020（19）．

［3］孟亮，鲜琦．告别情绪耗竭：从"顾客至上"到"员工至上"［J］．清华管理评论，2020（9）．

［4］京新．老字号的传承与突围［J］．协商论坛，2020（9）．

［5］丁宇．创新型企业文化对企业成长的影响——基于3家创新领先企业案例的研究［J］．科技导报，2020（15）．

［6］叶心冉．安踏的新迭代［N］．经济观察报，2020-08-03（19）．

［7］梁睿瑶．复盘小米十年：雷军这样用人、建生态、创模式［J］．中国企业家，2020（7）．

［8］袁帅．曹德旺：说实话 做善事［J］．小康，2020（19）．

［9］王晓红．美力25势不可当——玫琳凯（中国）迎来25周年庆［J］．知识经济，2020（17）．

［10］李东生．若不是变革创新文化基因的推动TCL很难走到今天［J］．中国商人，2020（5）．

[11] 王梓木. 进入新商业文明时代——建立企业与社会的命运共同体 [N]. 中国企业报, 2020-04-21 (8).

[12] 阮芳, 等. 解码未来组织：来自中国互联网企业的启示 [J]. 现代商业银行, 2020 (7).

[13] 张国军. 太二酸菜鱼——网红餐厅的进阶之道 [J]. 销售与市场（管理版）, 2020 (4).

[14] 汪帅东. 日本可口可乐创新文化导入路径及启示 [J]. 技术经济与管理研究, 2020 (3).

[15] 李婷, 岳文欣, 郭琳琳. 三只松鼠品牌推广策略研究 [J]. 财富时代, 2020 (2).

[16] 魏浩征. 组织新生态, 增值与运营并进 [J]. 人力资源, 2020 (1).

[17] 忻榕, 陈威如, 侯正宇. 别让企业文化变成一句"空口号" [J]. 销售与管理, 2020 (1).

[18] 黄绘羽. 文化资本视域下文化品牌分析——以无印良品为例 [J]. 无锡南洋职业技术学院论丛, 2019 (Z1).

[19] 杨杜. 企业文化"三问" [J]. 企业管理, 2019 (12).

[20] 郭佳莹. 潜伏者王兴 [J]. 中国企业家, 2019 (12).

[21] Kiron D, Spindel B. 数字时代, IBM重构人力绩效管理 [J]. 董事会, 2019 (11).

[22] 吴霞, 黄金华. 上海迪士尼赢得最佳雇主奖的原因分析 [J]. 全国流通经济, 2019 (30).

[23] 苗兆光. 小米的二次创业 [J]. 中外企业文化, 2019 (10).

[24] 杨天河. 从腾讯"新愿景"看企业文化建设 [J]. 人力资源, 2019 (6).

[25] 方乐. 企业文化对员工绩效的影响——以蒙牛集团为例 [J]. 纳税, 2019 (10).

[26] 朱泓璋. 虚的做实 实的做虚——华为企业文化与制度建设的互补效应 [J]. 企业管理, 2019 (3).

[27] 刘青. 企业跨国并购文化整合研究——以海尔跨国并购为例 [J]. 特区经济, 2019 (2).

[28] 张军智. 优秀的企业, 为什么都在秉持向善、向上的价值观？ [J]. 年轻人, 2019 (6).

[29] 张杉. 海底捞的"小团体"文化, 是喜还是忧？ [J]. 企业文化, 2018 (7).

[30] 窦林毅. 企业发展越来越需要仪式感 [J]. 销售与市场（管理版）, 2018 (4).

[31] 佚名. 蒙牛和伊利翻车了？ [J]. 销售与市场（管理版）, 2020 (9).

[32] 梁忻. 长寿企业的文化共性 [J]. 企业管理, 2020 (1).

[33] 陈崇刚. 成败皆因企业文化 [J]. 企业管理, 2019 (12).

[34] 张瑞敏. 海尔大变革：让每个人都是自己的CEO [J]. 中国商人,

2020（2）.

[35] 成烨. 宜家家居企业文化案例分析 [J]. 福建质量管理，2019（24）.

[36] 朱万博，祝葵. 从"款待主义"看日本的企业文化 [J]. 中国校外教育，2018（12）.

[37] 冯昭奎. 日本企业的工匠精神有何特别 [J]. 文史博览，2019（9）.

[38] 张霞. 马化腾的"网" [J]. 中国慈善家，2019（3）.

[39] 孙冰. "10后"的"手腕社交"：马化腾的焦虑和微信儿童版的苦心 [J]. 中国经济周刊，2020（19）.

[40] 余之敏. 汪滔：让"大疆"垂直起飞 [J]. 恋爱婚姻家庭，2019（23）.

[41] 郑渝心. 曹德旺：40年只做一块玻璃 [J]. 领导文萃，2019（9）.

[42] 徐立新. 稻盛和夫靠"谢谢"起家 [J]. 读写月报（初中版），2019（3）.

[43] 李海燕. "996"肆虐，如何破局？ [J]. 新产经，2019（5）.

[44] 玉珊. "吃亏"的宗艾商人 [J]. 企业管理，2019（11）.

[45] 魏亚琴. 柳传志：商业传奇 [J]. 上海商业，2020（11）.

[46] 董明珠. 企业家要有担当 [J]. 现代企业文化，2018（19）.

[47] 何振中. 提振士气的管理智慧——评《不懂员工激励，如何做管理》 [J]. 企业管理，2019（5）.